Robert Gottlieb  **Sarah Bernhardt**

Robert Gottlieb

Die Göttliche

# Sarah Bernhardt

Deutsch von Tanja Handels
und Ursula Wulfekamp

L.S.D.

Niemand verstand sich auf das Showbusiness wie Sarah Bernhardt (1844–1923). Sie schmückte ihren Hut mit einer ausgestopften Fledermaus, führte im Reisegepäck stets ihren eigenen Sarg mit sich und wurde auf der Amerika-Tournee 1880 von einem Alligator begleitet. Ihr Schauspiel war legendär, ihr Liebesleben atemberaubend und beide Talente wurden noch übertroffen von ihrer Fähigkeit, aus dem einen wie aus dem anderen Geld zu schlagen.

Robert Gottlieb zeichnet nicht nur ein schillerndes Bild dieser ersten europäischen Diva. Er gräbt tief in der Vergangenheit und spürt Ungereimtheiten auf in Sarah Bernhardts Lebenslügen und Legenden, die frühere Biografen nur zu gern wiederholten – verständlicherweise, denn gelogen hat diese Frau so großartig, dass Dumas einst von dem stets als dünn beschriebenen Star sagte: »So genial wie sie lügt, ist sie in Wahrheit ja vielleicht sogar dick!«

Hier tritt die vielschichtige Persönlichkeit einer Ausnahmeschauspielerin hervor, einer Frau mit zarter Gesundheit aber ungeheuer starkem Willen: Weder ihre traurige familiäre Herkunft als ungeliebter Bastard einer Kurtisane noch der Dünkel in der Comédie-Française konnten Sarah Bernhardt von ihrem Ziel abbringen, die beste und die bestbezahlte Schauspielerin ihrer Zeit zu werden.

Robert Gottlieb, geboren 1931, war Cheflektor bei Simon & Schuster und Alfred A. Knopf. 1987 bis 1992 war er Chefredakteur des *New Yorker*. Er schreibt regelmäßig Buchkritiken für *The New York Review of Books* und für *The New York Observer*.

für Maria Tucci

An einem Sommertag, einige Monate vor ihrem Tod, rief mich meine Großmutter, die damals achtundsiebzig Jahre alt war, in ihr Zimmer im Anwesen Penhoet und sagte: „Lysiane, du bist doch Schriftstellerin, und eines Tages musst du ein Buch über mich schreiben. Deswegen überlasse ich dir jetzt ein paar Gegenstände und Dokumente."
„Aber du hast doch selbst schon deine Memoiren geschrieben", widersprach ich.
„Ja, aber die hören 1881 auf, und jetzt haben wir das Jahr 1922. Außerdem", fügte sie lächelnd hinzu, „vielleicht habe ich darin ja nicht alles gesagt."

Lysiane Bernhardt

Sarah und ihre Mutter Youle

# I

Sarah Bernhardt wurde im Juli oder im September oder im Oktober 1844 geboren. Oder war es 1843? Oder gar 1841?

Sie kam in Paris zur Welt, in der Rue de l'École de Médecine Nummer 5 (dort hängt die Gedenktafel). Oder doch in der Rue St. Honoré Nummer 32? Oder 265? Oder in der Rue de la Michandière 22?

All das werden wir nie mehr erfahren, denn die offiziellen Dokumente gingen mit dem Hôtel de Ville, wo sie lagerten, während des Aufstands der Pariser Kommune 1871 in Flammen auf. Bei einer anderen Person täte das nichts weiter zur Sache, denn wir hätten keinen Grund, an ihrer eigenen Auskunft zu zweifeln.

Aber dröge Wirklichkeit war nicht gerade Sarah Bernhardts Stärke. Wenn sie ihren Alltag bewältigte, war sie vollkommen realistisch, aber wenn sie davon erzählte, geriet sie ins Fabulieren. Weshalb sollte sie sich auch mit weniger bescheiden als der besten aller Geschichten? Die treffendste Bemerkung über Sarahs Wahrheitsliebe verdanken wir Alexandre Dumas *fils,* der mit Verweis auf ihre legendär schlanke Figur einmal liebevoll sagte: „Wissen Sie, so genial wie sie lügt, ist sie in Wahrheit ja vielleicht sogar dick!"

Wir kennen ihre Mutter, doch was ihren Vater betrifft, stehen wir noch immer vor einem Rätsel. Wir glauben zu wissen, wer der Vater ihres Sohnes war, aber können wir uns sicher sein? Ihre frühen Jahre sind geheimnisumwittert – es gibt keine Briefe, keine Erinnerungen ihrer

Familie oder Freunde, und die wenigen erhaltenen Dokumente sind höchst dubios. Ihre wunderbar unzuverlässigen Memoiren *Ma Double Vie* schildern ihr Leben bis etwa Mitte dreißig und sind das einzige uns bekannte unmittelbare Zeugnis ihrer Kindheit und Jugend. Doch all ihren Verschleierungstaktiken und Unterschlagungen, ihren Gedächtnislücken, unaufrichtigen Bekenntnissen und handfesten Lügen zum Trotz können wir ihren Weg nachverfolgen und – wichtiger noch – ihrem eigentlichen Wesen zumindest ein wenig auf die Spur kommen.

Drei grundlegende Umstände prägten ihre Kindheit, von denen zwei jeden Normalsterblichen aus der Bahn werfen würden: Ihre Mutter liebte sie nicht, und sie hatte keinen Vater. Dafür hatte sie einen unbändigen Willen: zu überleben, Erfolg zu haben und vor allem ihren Kopf durchzusetzen. Angeblich – so will sie uns zumindest glauben machen – nahm sie sich im Alter von neun Jahren die Wendung *quand même* zum Motto, der sie ihr Leben lang treu blieb. *Quand même* lässt sich unterschiedlich übersetzen: mit „trotzdem", „gleichwohl", „jetzt erst recht", „trotz allem" oder mit „komme, was da wolle". So unbefriedigend diese Übersetzungen sind, passen sie doch alle zu dem Kind, das Sarah war, und auch zu der Frau, zu der sie heranwachsen sollte.

Die Mutter – Judith, Julie oder Youle Van Hard – besaß durchaus auch Energie und Willenskraft, doch anders als bei Sarah verbargen sich diese Eigenschaften hinter einer Fassade trägen Charmes und einem nahezu phlegmatischen Wesen. Sie war blond und hübsch, musizierte und sang auf ansprechende Weise, war eine reizende Gastgeberin und genoss die großzügige Aufmerksamkeit verschiedener Männer von Welt. So war es ihr gelungen, sich eine behagliche Nische in den höheren Rängen der Pariser Demimonde um 1840 einzurichten. Zwar war sie keine der ganz großen Kurtisanen – der *grandes horizontales* –, hatte aber doch immer ein oder zwei wohlhabende „Gönner", die sie in die eleganten Kurbäder Europas begleiteten.

Youle führte einen ungezwungenen Salon, zu dem sich eine ganze Reihe angesehener Herren einfand, unter anderem ihr Liebhaber Baron Larrey, der Leibarzt Kaiser Louis-Napoléons (schon sein Vater hatte als Militärarzt in der Großen Armee von Napoléon I. gedient), der Komponist Rossini, der Romancier und Dramatiker Dumas *père* sowie

Sarah und ihre Mutter Youle

der Duc de Morny, der uneheliche Halbbruder Louis-Napoléons und wohl einflussreichste Mann Frankreichs. Morny war ein ehrgeiziger, erfolgreicher Unternehmer und der Präsident des *Corps Legislatif*, durch den er politisch großen Einfluss ausübte, ohne sein Leben als Entrepreneur aufzugeben. Seine Maitresse war Youles jüngere, hübschere und lebhaftere Schwester Rosine – wenn nicht gerade Youle selbst diese Rolle bekleidete, was in diesen Kreisen aber nichts zur Sache tat. Wesentlich für Sarahs Entwicklung war, dass Morny, durch wen auch immer, in den engsten Familienkreis eingebunden war.

Zu der Zeit hatten Youle und Rosine schon einiges erlebt. Ihre Mutter Julie (oder Jeanette) Van Hard, eine junge Jüdin deutscher oder auch niederländischer Herkunft, hatte in Amsterdam den jüdischen Augenarzt Maurice Bernard geheiratet. Das Paar hatte fünf oder sechs Töchter (Sarah macht es einem nicht leicht, den Überblick über ihre Tanten zu behalten) und mindestens einen Sohn, Édouard Bernard, der wie Sarah zur Schreibweise „Bernhardt" überging. Als ihr Vater nach dem Tod seiner Frau erneut heiratete, nahmen Youle und Rosine ihr Leben selbst in die Hand und gingen zunächst nach Basel, dann nach London und Le Havre, wo Youle 1843 – gerade etwa fünfzehn Jahre alt – zwei Mädchen zur Welt brachte. Die Zwillinge starben innerhalb weniger Tage. Ihre Geburtsurkunden stellen die ersten überlieferten Dokumente dar, die von Youle erhalten sind. Der Vater der beiden Mädchen wird darin zwar nicht genannt, mutmaßlich handelte es sich jedoch um einen jungen Marineoffizier namens Morel, der aus einer einflussreichen Familie aus Le Havre stammte.

Die ehrgeizige Youle ließ sich nicht beirren, sondern zog weiter nach Paris, wo sie tagsüber als Näherin arbeitete und sich nachts ihrer Laufbahn in der Demimonde widmete. Nach Paris folgten ihr wenig später zwei ihrer Schwestern: Die jüngere Rosine, die Youle in der Hierarchie der Kurtisanen bald übertraf, und die ältere Henriette, die eine Ehe mit dem soliden und vermögenden Geschäftsmann Felix Faure einging. (Die Faures waren der einzige achtbare bürgerliche Umgang, den Sarah in ihrer Kindheit hatte.)

Bald – oder schon längst? – war Youle wieder schwanger und zwar mit Sarah, die in verschiedenen Dokumenten auch mit den Namen

Rosine Benardt (so auf ihrer Bewerbung für das Konservatorium) und Sarah Marie Henriette Bernard (auf der Taufurkunde) auftaucht.

Sehr wahrscheinlich gebührt nämlichem Marineoffizier Morel die Ehre, Sarahs Vater zu sein. Der Anwalt seiner (oder einer anderen) Familie in Le Havre verwaltete später eine Geldsumme, die Sarah anlässlich ihrer Eheschließung erhalten sollte, und bisweilen wollte Morel auch ein Wort bei der Zukunft des jungen Mädchens mitreden. Ein weiterer möglicher Kandidat für die Vaterschaft war ein brillanter junger Jurastudent in Paris, mit dem Youle glücklich in Armut gelebt haben soll (eher unwahrscheinlich!), bis seine Familie eine Trennung erzwang (also eine nicht ganz so tragische Version von *La Dame aux Camélias*, Sarahs größtem Erfolg). In *Ma Double Vie* nennt Sarah den Namen ihres Vaters nicht, doch auf ihrer Taufurkunde, die ihr im Alter von dreizehn Jahren ausgestellt wurde, wird er als Édouard Bernhardt aufgeführt. Aber war das nicht der Name ihres Onkels mütterlicherseits? Es bleibt ein hoffnungsloses Unterfangen, Sarahs frühe Jahre widerspruchsfrei rekonstruieren zu wollen.

Letztlich zählt nur, dass kein Vater in Erscheinung trat. In *Ma Double Vie* schildert Sarah folgende höchst unwahrscheinliche Geschichte: Sie habe ihren Vater nur selten gesehen, denn wegen seiner Geschäfte, worin diese auch immer bestanden, sei er meist unterwegs gewesen, bis er völlig unerwartet in Italien gestorben sei. Allerdings habe er zuvor Youle begleitet, um Sarah an der Klosterschule eines Damenstifts anzumelden, die sie auf seinen ausdrücklichen Wunsch hin besuchen sollte – offenbar die einzige gemeinsame Unternehmung der drei. Am Abend vor ihrer Einschulung habe ihr Vater zu ihr gesagt: „Hör zu, Sarah. Wenn du im Kloster schön brav bist, hole ich dich in vier Jahren dort ab, dann gehen wir miteinander auf Reisen, und du lernst ein paar wunderschöne Länder kennen." „Oh, ich werde ganz brav sein! Brav wie Tante Henriette", rief Sarah. Und weiter heißt es in den Memoiren: „Ich meinte meine Tante Faure, und alle lächelten, als ich das sagte."

Nach dem Essen unterhielten sie und ihr Vater sich ernsthaft unter vier Augen. „Er erzählte mir viele traurige Dinge, die ich noch nie gehört hatte. Und obwohl ich so klein war, verstand ich ihn, und ich saß auf seinem Schoß und lehnte den Kopf an seine Schulter. Ich hörte allem, was er sagte, genau zu und weinte leise, so sehr bedrückten mich seine Worte. Mein armer Vater! Ich sollte ihn nicht mehr sehen, nie wieder." Und auch wir hören nie wieder von ihm. Sarah lässt nur noch einmal *en passant* fallen, dass er schön gewesen sei wie ein junger Gott (was sonst? Natürlich müssen sowohl Sarahs Vater als auch ihre Mutter mehr als bloß gut aussehend gewesen sein) und dass sie ihn wegen seiner verführerischen Stimme und seiner sanften, langsamen Bewegungen geliebt habe.

Offensichtlich musste Sarah unbedingt daran glauben können, dass diesem schemenhaften Vater ihr Wohl am Herzen lag, dass er sich trotz seiner Abwesenheit liebevoll um sie sorgte. Diese Sehnsucht nach elterlicher Liebe zeigt sich auch noch in dem albernen Roman *Petite Idole*, den sie im Alter verfasste: Der wunderschönen Espérance, der geliebten Tochter einer angesehenen Familie, ist es bestimmt, eine große Schauspielerin zu werden und zwar in weit jüngeren Jahren als Sarah und mit weit weniger Schwierigkeiten als diese. Das junge Mädchen wird von ihren überaus liebe- und verständnisvollen, hoch kultivierten Eltern vergöttert, die bereit sind, wirklich alles für das Wohlergehen ihrer Tochter zu opfern (einschließlich der Aufnahme des Vaters, eines Philosophen, in die Académie Française). Das rührende Wunschdenken, das dieses Romandetail offenbart, verdeutlicht die Traumata von Sarahs Kindheit. Nach über fünfzig Jahren litt die berühmteste Frau ihrer Zeit noch immer an dem Umstand, ein ungewolltes und ungeliebtes Kind gewesen zu sein.

Diese Geschichte erzählte sie mehr als einmal. Natürlich in ihren Memoiren, dann gegen Ende ihres Lebens auch ihrer Enkeltochter Lysiane und deren Mann, dem Dramatiker Louis Verneuil. Jeder der beiden verfasste eine hagiographische Lebensgeschichte der Sarah Bernhardt, vermutlich auf der Grundlage ihrer Erzählungen. Verneuil war besessen von ihr, und seine Ehe mit Lysiane wurde wenige Monate nach Sarahs Tod geschieden, was den Verdacht nahelegt, dass es zwischen ihnen mehr um Sarah Bernhardt ging als um einander.

Zudem gab Sarah 1898 dem befreundeten Journalisten Jules Huret mehrere Interviews, die er auf ihr Betreiben hin zu einer Biographie erweiterte.

Sarahs Schwester Jeanne

Sarahs Schwester Régine

Und dann gibt es noch den Bericht, mit dem Thérèse Berton sich nach dem Tod ihres Mannes Pierre zwar vor allem selbst in ein gutes Licht rücken wollte, der stellenweise aber durchaus überzeugend klingt. Pierre war mehrere Jahre auf der Bühne und im Bett der Mann an Sarahs Seite gewesen, und zwar in der Zeit, als sie sich allmählich einen Namen machte. Madame Berton brachte Sarah unverkennbar Groll und Neid, wenn nicht sogar Hass entgegen, hatte aber während der endlosen Tourneen, die Berton und Sarah Bernhardt unternahmen, nachdem ihre Affäre längst zu einer kollegialen Freundschaft geworden war, notgedrungen Jahre in ihrer Gesellschaft verbracht, weil sie nun ihrerseits nicht von der Seite ihres Mannes weichen wollte. (Pierre Berton war ein sehr guter Schauspieler, ohne der Diva auf der Bühne die Schau zu stehlen.) Madame Berton versichert uns, Sarah habe sie als engste Vertraute betrachtet und sei fest davon ausgegangen, dass Thérèse nach ihrem Tod die ganze Wahrheit und nichts als die Wahrheit von der Freundin erzählen würde. Andernfalls hätte sie es natürlich nie gewagt, Sarahs Leben zu Papier zu bringen.

„Habe ich das Recht, dieses so eifersüchtig gehütete Geheimnis zu lüften, das fast achtzig Jahre im Busen der über vier Epochen hinweg größten Frau verschlossen blieb? ... Habe ich das Recht, den Schleier von dem leblosen Gesicht zu reißen und der Welt einen frischen Blick auf das so vertraute Antlitz zu gewähren, auf das sie darunter ein neues und seltsam verwandeltes Wesen erkenne?" Nach langem Ringen, das ihr „viele schlaflose Nächte bereitete", kam Madame Berton zu dem Schluss, dass sie das Recht dazu hatte – ja, sogar die Pflicht. „[Sarah] hätte keinesfalls gewollt, dass die Umstände ihres Lebens der Gnade erfindungsreicher Chronisten ausgeliefert werden."

Die Geschichte von Sarahs Geburt à la Berton: In Frankfurt verliebt sich die hübsche und junge Julie Van Hard Hals über Kopf in einen jungen Franzosen, der als Kurier im diplomatischen Dienst arbeitet, und folgt ihm nach Paris. Dort schreiten seine (adligen) Eltern ein, worauf der junge Mann Julie ohne Vorwarnung und ohne Geld sitzen lässt. Wochenlang lebt sie, „eine Fremde in der Fremde, so gut sie es eben vermochte... Was immer sie tat, man darf es ihr nicht zum Vorwurf machen." (Will heißen, Sarahs Mutter verkaufte sich.) Schließlich machte sie die Bekanntschaft eines Jurastudenten, der ebenfalls aus Le Havre stammte und „zu den wildesten jungen Männern im Quartier Latin" gehörte; in den Unterlagen der Pariser Universität wurde er als Édouard Bernhardt geführt. Allerdings hieß dieser Mann nach allem, was Sarah später erfuhr, mit Nachnamen de Therard und mit Vornamen Paul. Er war es auch, der die kleine Wohnung in der Rue de l'École de Médecine mietete, wo Sarah geboren wurde (oder auch nicht). Doch zwei Wochen vor diesem Ereignis kehrte Édouard/Paul Bernhardt/de Therard nach Le Havre zurück, von wo er „der einsamen Mutter feurige Briefe schrieb und regelmäßig Geld für den Unterhalt des Kindes schickte."

Könnte das der Wahrheit entsprechen, vielleicht auch nur in Teilen? Wenn ihr Vater in Paris studierte, wäre es nachvollziehbar, dass seine Wohnung in der Rue de l'École de Médecine im Herzen des Quartier Latin lag. (Eine wahrscheinlichere, weil nüchternere Erklärung wäre allerdings, dass es sich dabei um die Adresse von Julies Hebamme handelte.) Könnte es sein, dass de Therard angesichts des sich ankündigenden Kindes eine Variante von Julies Namen annahm – Bernard –, anstatt seinen eigenen zu verwenden, und sich darüber hinaus den Vornamen ihres Bruders lieh? Auch das werden wir nie erfahren.

Der Grund für all die Lügen und Heimlichkeiten, mit denen Sarah ihre Geburt umgab, war Thérèse Bertons Darstellung zufolge ihre Sorge, die Welt könnte von ihrer unehelichen Herkunft erfahren. Das aber ist höchst unwahrscheinlich angesichts der Tatsache, dass eine uneheliche Geburt in ihren Kreisen einer gesellschaftlichen Anerkennung nicht im Wege stand. Schließlich war der Duc de Morny stolz auf seine außereheliche Abstammung (seine Mutter war Königin Hortense von Holland), und – ein noch schlagkräftigeres Argument – weder Sarah noch ihr Sohn Maurice versuchten je, Maurice' Unehelichkeit zu verheimlichen. Im Gegenteil, Sarah kokettierte stets damit und scherzte über die mögliche Identität seines Vaters.

Aber ist es überhaupt wichtig, wer Sarahs Vater wirklich war? Ja, weil es ihr selbst wichtig war. Die Familie war ihr wichtig. Sie nannte ihren Sohn Maurice nach ihrem Großvater, sie selbst trug den Namen ihrer Tante Rosine, sie kümmerte sich zeit ihres Lebens aufopfernd um ihre Mutter und ihre beiden Halbschwestern, und Maurice blieb bis zu ihrem Tod ihr Ein und Alles. Einer ihrer Biographen erklärt, eine enge Familienbindung sei eine typisch jüdische Eigenschaft. Ihrem Vater, wer immer er gewesen sein mochte, fehlte dieser Familiensinn jedenfalls – aber dass der Jude war, hat ja auch niemand behauptet.

So bedeutsam die Gestalt ihres abwesenden Vaters für Sarahs seelische Entwicklung war, Youles konkrete Anwesenheit – wenn sie sich denn mit ihrer Tochter befasste – war es nicht minder. Man kann durchaus Mitgefühl entwickeln mit dieser nicht einmal zwanzigjährigen Frau, die versuchte, sich in der Pariser Demimonde zu etablieren, ganz auf sich allein gestellt und obendrein mit einem Baby belastet. Vielleicht verübelte sie der Kleinen ihre Existenz, vielleicht erinnerte das Baby sie auch zu sehr an den Vater, der sie im Stich gelassen hatte. Was auch der Grund gewesen sein mochte, für Sarah interessierte sich Youle von Anfang an kaum. Dabei war sie zu Muttergefühlen sehr wohl in der Lage: Ihre zweite Tochter Jeanne, geboren 1851 (Vater unbekannt), vergötterte sie, umsorgte sie aufs Zärtlichste, und Youle machte kein Geheimnis daraus, dass sie die Zweitgeborene weit mehr liebte als Sarah.

Mit drei Jahren wurde Sarah in ein kleines bretonisches Dorf bei Quimperle gebracht und dort von einer Frau versorgt, die vermutlich auch Édouard Bernhardt groß gezogen hatte – Édouard, den mutmaßlichen Vater, nicht Édouard, den Onkel. Dort, in einem schlichten Bauernhaus, verbrachte Sarah ihre frühe Kindheit. Als erste Sprache lernte sie Bretonisch, nicht Französisch, und erhielt keinerlei Schulbildung. „Meine Mutter war neunzehn Jahre alt, ich war drei; von meinen Tanten war die eine siebzehn, die andere zwanzig. Eine weitere war fünfzehn und die Älteste achtundzwanzig. Letztere lebte allerdings mit ihren sechs Kindern auf Martinique. Meine Großmutter war blind, mein Großvater tot. Und mein Vater war seit zwei Jahren in China. Was er dort tat, weiß ich nicht." (Wir auch nicht, und es gibt auch keinen Grund zu glauben, dass er tatsächlich dort gewesen ist.) Youle besuchte ihre Tochter so gut wie nie. Sarah war praktisch ein Pflegekind.

Doch dann ereignete sich – nach wie vor Sarahs eigenem Bericht zufolge – ein schreckliches Unglück, das schließlich zum Beginn eines neuen Lebens für sie führte. Eines Tages, als die Amme draußen auf dem Feld Kartoffeln erntete, während ihr Mann krank ans Bett gefesselt lag, brachte die Kleine es fertig, ins Kaminfeuer zu fallen. Nachbarn hörten die Schreie des Pflegevaters, und „man warf mich, die ich über und über qualmte, in einen großen Eimer frisch gemolkener Milch." Wenige Tage später „kamen meine Tanten aus aller Welt angereist. Außer sich vor Sorge eilte meine Mutter aus Brüssel mit dem Baron Larrey herbei ... Später wurde mir erzählt, nichts sei je so schmerzlich und zugleich so anmutig anzusehen gewesen wie die Verzweiflung meiner Mutter." Endlich hatte Sarah Youles Aufmerksamkeit. „Mama sah bewundernswert schön aus, wie eine Madonna mit ihrem goldenen Haar und mit Wimpern so lang, dass sie einen Schatten auf ihre Wangen warfen, wenn sie den Blick senkte. Mama gab allen Geld, sie hätte sogar ihr goldenes Haar hergegeben, ihre weißen, schmalen Finger, ihre kleinen Füße, ja ihr Leben, um ihr Kind zu retten." In ihrer Verzweiflung und ihrer Liebe war Youle genauso aufrichtig wie sonst in ihrer Achtlosigkeit. Sarah wurde alle zwei Stunden eine frische Maske aus Butter aufgetragen. Und das half! „Offenbar blieb nicht eine Narbe zurück. Meine Haut war vielleicht etwas zu rosa, aber mehr nicht."

Einige Wochen später, so heißt es bei Sarah weiter, quartierte Youle ihre Tochter, die Amme und deren Mann in einem kleinen Haus am Ufer der Seine in Neuilly ein, wo sie zu dritt die folgenden zwei Jahre verbrachten. Youle ging wieder auf Reisen, schickte „Geld, Süßigkeiten und Spielzeug" und sah Sarah laut Thérèse Berton in all der Zeit nur ein einziges Mal – und das durch Zufall.

In der Biographie, die Louis Verneuil nach Sarahs Schilderungen schrieb, ist allerdings nichts zu lesen von einer Feuerstelle, von rettenden Milchbädern und Buttermasken. Vielmehr berichtet er, dass der Weg in die Bretagne zu weit und anstrengend und für Youle zu zeitaufwendig war, wenn „die Lust sie überkam, ihr Kind zu küssen". Die Mutter habe Sarah nur deshalb nach Neuilly geholt, „weil das Kind sie so weniger Mühe kostete". Nach allem, was wir über Youle wissen, klingt das durchaus plausibel.

Nun folgt eine Szene, die direkt aus *Les Misérables* stammen könnte: Der Pflegevater stirbt, die Amme heiratet wieder und bezieht mit ihrem neuen Gatten, einem Concierge, ein Mietshaus in der Rue de Provence, einer Straße im mondänen „Boulevard"-Viertel von Paris. Wo Youle ist, weiß die Amme nicht, Tante Rosines Anschrift hat sie verloren. Sarah ist einfach unter falscher Adresse abgegeben und mehr oder minder vergessen worden. Die kleine, zum Hof hin gelegene Concierge-Wohnung ist dunkel, beengt und trist. Sie hat nur ein einziges Fensterchen, und Sarah sehnt sich nach dem weiten Himmel und dem vielen Grün, wie sie es aus der Bretagne und Neuilly kennt und liebt. „Ich will weg!... Hier ist alles ganz grau! Hier ist alles hässlich! Ich will den Himmel über der Straße sehen!" Und eines Tages passiert ein Wunder: Eine Kutsche fährt in den Hof, eine elegante Dame steigt aus und erkundigt sich nach einer Wohnung in dem Haus. Und wahrhaftig – es ist Tante Rosine! Sarah wirft sich, heruntergekommen wie sie ist, der vornehmen Dame in die Arme, und Rosine – entsetzt, ihre Nichte in solchen Verhältnissen anzutreffen –, gibt der Kinderfrau etwas Geld und verspricht, das Mädchen am nächsten Tag abzuholen. (Youle ist natürlich auf Reisen.)

Sarah hat jedoch keinen Grund, Tante Rosine zu glauben, und wirft sich verzweifelt vor die anfahrende Kutsche. „Danach nichts... Nacht... Ich hatte mir den Arm zweimal gebrochen und mir die linke Kniescheibe verletzt. Erst einige Stunden später kam ich in einem großen, schönen, wohlriechenden Bett wieder zu mir." Bald eilt Youle an ihre Seite, wie auch alle anderen Tanten und Cousinen, und es dauert zwei Jahre, bis sich Sarah von diesem Sturz erholt. Von jener Zeit ist ihr nur „eine vage Erinnerung an Liebkosungen und an eine anhaltende Benommenheit" geblieben.

So lautet die eher dramatische als glaubwürdige Geschichte in Sarahs Memoiren, die von den meisten Biographen artig wiederholt wurde. Thérèse Berton schmückt das Ganze noch aus: In ihrer Version wirft sich Sarah nicht nur vor Rosines Kutsche, sondern stürzt sich gleich aus dem Fensterchen in den Hinterhof. Sarah selbst erzählte Jules Huret, ihre Mutter – und nicht Rosine – sei an dem traumatischen Tag in der Rue de Provence erschienen, und in der Eile, Youle zu umarmen, sei sie aus dem Fenster gefallen.

Prosaischer ist die Theorie, dass die Mutter bereits in der Rue de Provence lebte (was einige Jahre später laut Jeannes offizieller Geburtsurkunde wirklich der Fall war) und dass sie selbst der Amme und deren Mann die Stelle und die Wohnung des Concierge besorgt hatte.

Sarah hatte zeit ihres Lebens eine Vorliebe für dramatische Szenen. Flammen, Fensterstürze und Verlassenwerden waren für sie interessanter – und zweifellos weniger schmerzlich – als die offensichtliche Tatsache, dass Youle eine nachlässige und verantwortungslose Mutter war. Die exaltierten Geschichten, in denen sich Sarah einrichtete, übertünchen eine harte emotionale Realität. Ruth Brandon, eine der scharfsichtigsten unter ihren Biographen, schrieb: „Zweifellos kann man davon ausgehen, dass Sarahs Darstellung im Kern einer Wahrheit entspricht: dass sie im tatsächlichen oder übertragenen Sinne den Eindruck hatte, ihre Mutter sei ihr abhanden gekommen, und dass sie sich, im tatsächlichen oder übertragenen Sinne, zum Fenster hinausstürzen und die Knochen brechen musste, um deren Aufmerksamkeit zu erregen."

# II

Als Sarah schließlich wieder bei Kräften war – was immer ihr gefehlt haben mochte, denn abgesehen von den Knochenbrüchen neigte sie auch zu Tuberkulose –, wurde Youle bewusst, dass ihrer Tochter jede Schulbildung fehlte. Mit sieben Jahren konnte sie weder lesen noch schreiben und auch die einfachsten Rechenaufgaben nicht lösen. Die Antwort darauf hieß Schule, was zugleich auch eine gute Möglichkeit bot, Sarah aus dem Weg zu schaffen, war Youle doch mittlerweile mit Jeanne schwanger. Und so wurde Sarah auf das angesehene Internat der Madame Fressard im Vorort Auteuil geschickt – außer Sichtweite, aber erreichbar.

Dort blieb sie zwei Jahre und lernte tatsächlich Lesen, Schreiben und sogar ansatzweise Rechnen. Wie sie uns berichtet, lernte sie auch, im Kanon zu singen und Taschentücher zu besticken (für ihre abwesende Mutter natürlich: Youle kam sie praktisch nie besuchen). Zum ersten Mal im Leben hatte Sarah Freundinnen. Madame Fressard war liebevoll, es gab einen großen Garten, und jede Woche kam eine junge Schauspielerin der Comédie-Française, um den Mädchen Gedichte vorzutragen. Sarah war hingerissen von ihr, setzte sich abends auf ihr Bett und rezitierte aus Racines großem religiösen Drama *Athalie:* „Tremble, fille digne de moi…" Mit über siebzig Jahren spielte sie die Rolle der Athalie dann tatsächlich.

Zogen die anderen Mädchen sie wegen ihrer Begeisterung auf, wurde Sarah wütend, scheuchte sie umher und „versetzte ihnen Fußtritte und

Ohrfeigen." Zu derartigen Wutausbrüchen kam es häufiger, und jedes Mal musste sie dann zwei oder drei Tage auf der Krankenstation verbringen. Sie selbst sagte, die Ausbrüche seien wie „Wahnsinnsanfälle" gewesen.

Thérèse Berton zufolge stand Sarah in Auteuil einmal als Feenkönigin auf der Bühne des Schultheaters, als mitten in die zweite Szene ihre Mutter, Tante Rosine und der Duc de Morny hereinplatzten. Von lähmendem Lampenfieber gepackt, brach Sarah weinend zusammen und lief in ihr Zimmer, gefolgt von ihrer Mutter, die mit kaltem Blick sagte: „Und das soll mein Kind sein!" Morny hingegen tröstete Sarah: „Mach dir nichts daraus, *ma petite*. Eines Tages wirst du allen zeigen, dass eine große Schauspielerin in dir steckt, nicht wahr?" Diese letzte Bemerkung ist so offensichtlich erfunden, dass man sich fragt, ob nicht der ganze Zwischenfall eine Erfindung ist. Nachdem Sarah sich wieder in ein Fieber geschluchzt und vier Tage krank im Bett gelegen hatte, fragte sie sich: „Warum war meine Mutter so grausam, so kalt zu ihrer Tochter gewesen? Ich wusste, dass sie im Jahr zuvor noch ein Kind bekommen hatte [Sarah hatte ihre Schwester Jeanne offenbar noch nicht zu Gesicht bekommen], und mit kindlicher Intuition fand ich die richtige Antwort: Mutter liebte das Baby mehr als mich – wenn sie mich denn überhaupt liebte."

Des Weiteren vertraute Sarah Madame Berton an: „Ach! Es war nicht das letzte Mal, dass das abweisende Verhalten meiner Mutter mich in Verzweiflung stürzte und ich darüber krank wurde. Gegen ihre Missbilligung stumpfte ich nie ab, ihre beißende Kritik traf mich unweigerlich bis ins Herz." (Youle äußerte tatsächlich nie ein anerkennendes oder lobendes Wort über die Auftritte ihrer Tochter, selbst dann nicht, als Sarah zur größten Schauspielerin Frankreichs aufgestiegen war.) Welche Teile von Sarahs Geschichte und der Version Thérèse Bertons der Wahrheit entsprechen, ist fraglich, nicht aber die Heftigkeit, mit der Sarah ihre abwesende und abweisende Mutter liebte und sich nach ihr sehnte.

Laut Madame Berton besuchte Youle ihre Tochter während der zwei Jahre in Auteuil bei ganzen drei Gelegenheiten und ihr Vater nur ein einziges Mal. Eines Tages wurde Sarah aus dem Unterricht in Madame

Fressards Büro gerufen, wo sie „einen sehr gut gekleideten Mann von etwa dreißig mit gewichstem Schnurrbart" sitzen sah. Nachdem er rund zehn Minuten mit ihr gesprochen hatte („Oh, sie wächst ja zu einer richtigen kleinen Schönheit heran!"), verschwand er wieder, woraufhin Madame Fressard zu ihrem Schützling meinte: „Ich glaube, du musst deinen Vater sehr, sehr lieb haben. Ein so gut aussehender Mann!" „Wie kann ich ihn lieb haben?", erwiderte die Kleine. „Ich habe ihn doch nie zuvor gesehen."

Das entspricht allerdings nicht dem Bericht von Louis Verneuil. Demnach besuchte „Édouard Bernhardt" sie mehrmals in Auteuil, und obwohl er anfangs mit der Schule durchaus zufrieden war, kam er nach einer Weile zu dem Schluss, dass Sarahs Erziehung dort nicht ganz seinen Vorstellungen entsprach – insbesondere, was ihre religiöse Erziehung betraf. Und da ihr Vater, wie Sarah erklärte, das Schulgeld zahlte, war er es auch, der über ihre Erziehung bestimmte. (Youle kam für ihre Kleidung auf.) Und er bestimmte, dass Sarah das nicht minder vornehme Internat Grandchamps in Versailles besuchen sollte. Als jüdische Mutter war Youle zwar nicht begeistert von der Vorstellung, dass ihre Tochter katholisch erzogen würde, doch gab es durchaus Gründe, die dafür sprachen. Wenn Sarah später ein achtbareres Leben führen sollte als ihre Kurtisanenmutter, musste sie lernen, sich wie eine Dame zu bewegen und zu benehmen, und das wäre in der allzu leichtlebigen – und vorwiegend männlich geprägten – Welt ihrer Mutter nahezu unmöglich.

Im Alter von neun Jahren erfuhr Sarah offenbar aus heiterem Himmel, dass sie auf Anweisung ihres Vaters Madame Fressards Institution verlassen und in eine Klosterschule gebracht werden sollte. Das löste einen weiteren heftigen Wutanfall aus. „Der Gedanke, dass schon wieder über mich bestimmt wurde, ohne dass ich nach meinen Bedürfnissen und Wünschen gefragt wurde, versetzte mich in eine unsägliche Wut." Sie wälzte sich auf dem Boden, lief schreiend in den Garten und stürzte sich in den Teich, bis sie überwältigt und völlig erschöpft in Tante Rosines Kutsche weggebracht wurde. „Ich blieb drei Tage bei ihr und hatte so hohes Fieber, dass man um mein Leben fürchtete."

Ruhe wurde verordnet, und so verbrachte Sarah mehrere Wochen im Landhaus der Faures, wo sie mit ihrem Cousin und ihrer Cousine spielte und im Bach fischte. Als ihr Cousin sie spöttisch aufforderte, über einen breiten Graben zu springen, tat sie es natürlich und brach sich dabei das Handgelenk. „Und während ich weggetragen wurde, rief ich zornig: ‚Ja, ich würde es wieder tun, *quand même*, wenn jemand mich so herausfordert. Ich werde mein Leben lang nur tun, wozu ich Lust habe.'" Dies war der Moment, so möchte sie uns glauben machen, in dem sie *quand même* zu ihrem Motto erkor. (Andere berichten, dazu sei es erst Jahre später gekommen.) Ihre Tante Henriette, die Sarah nicht mochte, missbilligte ihr ungebärdiges Wesen, doch ihr Onkel Faure reagierte wie immer gütig und verständnisvoll. Ihr Leben lang respektierte sie seine Meinung und hielt ihn in Ehren; vielleicht amüsierte es sie auch, dass er schließlich seiner Ehe entfloh, indem er Kartäusermönch wurde.

Mit mehr Sorge um ihre Tochter, als Sarah ihr je zugestehen konnte, verließ Youle ihr eigenes Krankenlager im Ausland, um ihre Tochter selbst nach Versailles zu bringen. Als sie vor dem Klostertor ankamen, geriet Sarah in Panik, weil das Gebäude aussah wie ein Gefängnis. Doch dann öffnete sich die Tür im vergitterten Tor, und Sarah verliebte sich auf den ersten Blick in die kleine, runde Frau, die sie begrüßte. „Ich sah das sanfteste, das fröhlichste Gesicht, das es überhaupt geben kann… Ihre vertrauenerweckende, zuversichtliche und heitere Ausstrahlung trieben mich sofort in die Arme von Mutter Sainte-Sophie, der Oberin im Kloster Grandchamps." Schnell hatte die Mutter Oberin sie mit den Worten beruhigt, sie könne einen eigenen kleinen Garten haben. „Das Kloster erschien mir nicht mehr wie ein Gefängnis, sondern wie das Paradies."

Dort sollte Sarah sechs Jahre unter der gütigen Führung von Mutter Sainte-Sophie verbringen, die sie offensichtlich verstand, liebte und förderte. Die Oberin hatte sofort erkannt, dass Sarah ein Kind war, das man zu nichts zwingen konnte und das Autoritäten immer trotzen würde. Aber sie erkannte auch, dass Sarah warmherzig und mit Zuneigung und Mitgefühl schnell zu gewinnen war. Laut Lysiane sagte Youle einmal zu Mutter Sainte-Sophie: „Sie haben mein kleines wildes Tier bezwungen." „Aber nein", erwiderte darauf die Mutter Oberin. „Ich habe es nur gezähmt."

Das Kind zeigte sich auch hier ausgesprochen temperamentvoll, ein Wildfang, eine Rädelsführerin und alles andere als eine vorbildliche Schülerin: Gute Noten hatte sie nur in Erdkunde und Kunst. Ihre große Liebe galt den Tieren, sie sammelte Grillen, Eidechsen und Spinnen (die sie begeistert mit Fliegen fütterte). Ständig geriet sie in Schwierigkeiten, und drei Mal stand sie kurz davor, wegen eines allzu derben Streichs von der Schule verwiesen zu werden. Aber die anderen Mädchen schauten zu ihr auf: „Endlich war ich zu einer wichtigen Persönlichkeit geworden, und das genügte meinem kindlichen Stolz." Wie Sarah berichtet, hörte sie zufällig einmal Mutter Sainte-Sophie jemandem zuflüstern: „Dieses Kind gehört zu den Besten, die wir hier haben. Wenn sie mit dem heiligen Öl gesalbt ist, wird sie vollkommen sein" – also nach der Taufe.

In Auteuil hatte sie auch ihren ersten Bühnenerfolg. Sie spielte den Erzengel Raphael in einer Inszenierung der apokryphen Geschichte von Tobias, der seinen blinden Vater heilt. Sie wollte unbedingt eine Rolle bekommen, war todtraurig, als sie leer ausging, und selig, als das kleine Mädchen, dem die Rolle zugedacht war, derart Angst bekam, dass es nicht auftreten konnte. Man braucht wohl nicht zu erwähnen, dass Sarah in ihrer eigenen Darstellung der Ereignisse einen wahren Triumph feierte. Anlass der Aufführung war ein Besuch des Erzbischofs von Paris in der Klosterschule, und der versprach, zur Taufe des kleinen jüdischen Mädchens wiederzukehren. (Bevor es dazu kam, wurde er allerdings von einem wahnsinnigen Priester ermordet, den er exkommuniziert hatte.)

Ihr Übertritt zum Katholizismus war ein einschneidender Schritt. Am 21. Mai 1856 wurde die bald zwölfjährige Sarah, vor allem auf Drängen ihres Vaters hin, getauft; eine Woche später empfing sie die Erste Kommunion. Die stets praktisch denkende Youle hatte dafür gesorgt, dass Jeanne (mittlerweile fünf) und die zweijährige Régine als neuester Familienzuwachs gemeinsam mit ihrer älteren Schwester die Taufe empfingen. Wie bereits erwähnt, wird auf Sarahs Taufurkunde Édouard Bernhardt als ihr Vater genannt. Der hatte versprochen, an diesem Tag dabei zu sein, war jedoch einige Wochen zuvor überraschend in Pisa gestorben. Diese Tragödie, gepaart mit Sarahs plötzlichem inbrünstigen (oder morbiden?) religiösen Eifer, führte zu einem ihrer typischen Zusammenbrüche, gefolgt von einer Lungenentzündung: Fieber, völlige Erschöpfung, „Lebensgefahr". Man befand einstimmig, dass sie eine längere Erholung brauchte, und Youle reiste mit der Familie in einen beliebten Kurort in den Pyrenäen, wo Sarah wieder zu Kräften kam, ihre gute Laune zurückgewann und sich allmählich einen ganzen Tierpark zulegte, angefangen mit einer Schar Ziegen, die sie ins Kloster mitnehmen wollte. („Allen Ernstes bat ich Mama um Erlaubnis, Ziegenhirtin werden zu dürfen.") Nach den üblichen Dramen wurden ihr zwei Ziegen zugestanden (wegen der Milch) sowie eine Amsel.

Die Jahre in der Klosterschule hatten ihren Zweck erfüllt. Das „kleine jüdische Mädchen" hatte die Manieren und die Ausdrucksweise der besseren Pariser Gesellschaft erlernt und war jetzt nicht nur offiziell katholisch, sondern hatte sich auch mit der ihr eigenen Dramatik in den neuen Glauben gestürzt und beabsichtigte nun, Nonne zu werden (da Ziegenhirtin ja nicht in Frage kam). Ihr leidenschaftlicher Wunsch, auf Dauer im Kloster zu bleiben, stieß bei Youle nicht auf Gegenliebe, und auch Mutter Sainte-Sophie entdeckte bei der aufsässigen Sarah – wenig verwunderlich – kaum Anzeichen einer wahren Berufung. Auf einen neuerlichen Streich folgte erneut eine Lungenentzündung. („Dreiundzwanzig Tage schwebte ich zwischen Leben und Tod... Mutter Sainte-Sophie wich keinen Augenblick von meiner Seite.") Schließlich holte Youle sie ab und fuhr mit ihr nach Paris – zum letzten Mal. Sarahs Tage im Kloster waren vorüber, auch wenn sie nach wie vor entschlossen war, Nonne im Schuldienst zu werden. Das sollte nicht sein, aber sie versicherte, die Erinnerung an ihre geliebte Mutter Oberin habe sie zeit ihres Lebens beflügelt.

# III

Das war 1859, und wenn wir 1844 als ihr Geburtsjahr betrachten, war Sarah fast fünfzehn und damit praktisch eine erwachsene Frau. So stellte sich die Frage, was nun aus ihr werden sollte. Viele Möglichkeiten gab es nicht. Das Kloster kam nicht mehr in Frage. Eine Heirat in die höhere Gesellschaft war eher unwahrscheinlich, trotz ihrer guten Erziehung, schließlich war sie die uneheliche Tochter einer jüdischen Kurtisane. Hatte sie das Zeug dazu, sich ähnlich wie ihre Mutter und ihre Tante Rosine eine Existenz in der Demimonde aufzubauen? Auch das schien eher unwahrscheinlich: Sie sah zwar hinreißend aus, aber ihre Schönheit war ebenso unkonventionell wie ihr Auftreten. Außerdem hatte sie kein Interesse daran, in einer solchen Welt zu leben. Eine bürgerliche Ehe? Das war Youles bevorzugte Lösung, und zwar je früher, desto besser. Ab fünfzehn war eine Heirat legal möglich, und eine Eheschließung würde Sarahs Mutter nicht nur weitere Kosten ersparen, ihr weltläufiges Leben wäre auch nicht mehr von der Anwesenheit ihrer mürrischen, kränklichen Tochter beeinträchtigt.

Als Zwischenlösung engagierte Youle eine fromme, liebevolle Dame guter Herkunft – Mademoiselle de Brabender –, die Sarah als Gouvernante und Anstandsdame begleiten sollte. (Mademoiselles beste Empfehlung war, dass sie am russischen Zarenhof als Hauslehrerin einer Großherzogin gedient hatte.) Zum Glück liebte Sarah sie, und Mademoiselle de Brabender erwiderte diese Liebe.

Noch glücklicher fügte es sich, dass über der großzügigen Wohnung, die Youle und Rosine sich inzwischen teilten, eine junge verheiratete Frau lebte, Madame Guérard (ihr Mann, Mediävist und deutlich älter als sie, starb wenig später), eine freundliche, sanfte Person, mit der Youle engen Umgang hatte – die beiden Frauen spielten zusammen Karten und tauschten Klatsch und Vertraulichkeiten aus. Als sich Madame Guérard und Sarah kennenlernten, fühlten sie sich sofort zueinander hingezogen, und daraus entwickelte sich bald eine Freundschaft, die zur engsten in Sarahs Leben werden sollte: Über vierzig Jahre lang stand Madame Guérard (von Sarah immer *mon p'tit dame* genannt) ihr loyal zur Seite. „Sie war bei meiner Geburt dabei", berichtete Sarah laut Huret – was eindeutig nicht der Wahrheit entsprach –, „sie war bei der Geburt meines Sohnes Maurice dabei und bei der Geburt meiner Enkeltochter." Ihr vertraute Sarah blind. (Als sie auf ihrer ersten Amerikatournee darauf bestand, vor jeder Aufführung in Goldmünzen bezahlt zu werden, verwaltete Madame Guérard den Lederbeutel mit den Einnahmen.) Später sagte Sarah einmal, Madame Guérards Tod im Jahr 1900 – Sarah war Mitte fünfzig – sei für sie der schlimmste Schicksalsschlag ihres Lebens gewesen, und das ist durchaus verständlich. Nicht nur unterstützte Madame Guérard die jüngere Frau bedingungslos, sie war ein integraler Bestandteil ihres Lebens. Mit ihr starben auch Sarahs Jugend, ihr Ringen um Erfolg, ihre größten Triumphe, ihre Liebesaffären. Sie ersetzte die gute Mutter, die Sarah nie gehabt hatte. Und sie hielt sich so sehr im Hintergrund, dass wir nicht einmal ihren Vornamen kennen.

Madame Guérard erlebte auch eine der folgenschwersten Szenen in Sarahs Jugend mit, die in jeder Biographie erwähnt wird, angefangen mit ihrer eigenen. Sarah sitzt lustlos in der Wohnung herum, weiß nichts mit sich anzufangen, als Maman ihr aufträgt, das blaue Kleid anzuziehen und in den Salon zu kommen: Der Familienrat wolle über ihre Zukunft entscheiden. Als Sarah eintritt, sind auf der Bühne bereits alle Figuren versammelt, die eine Hauptrolle in ihrem Leben spielen: ihre Mutter und Tante Rosine natürlich, Tante und Onkel Faure, Mademoiselle de Brabender, Madame Guérard, ihr Patenonkel Monsieur Régis, der alte Familienfreund Monsieur Meydieu; aus Le Havre ist Maître G. angereist, der Notar der Familie väterlicherseits („der böse Geist mei-

Sarahs Tante Rosine

nes Vaters"), und als – Star des Stücks – der Duc de Morny in seiner Eigenschaft als Liebhaber und Berater beider Schwestern, der wie immer alles amüsiert und distanziert verfolgt.

Der Vorhang hebt sich. Sarah beharrt noch immer auf dem Kloster. „Um ins Kloster zu gehen, muss man viel Geld haben", sagt der böse Maître G., „und du besitzt keinen Sou." Sarah flüstert: „Ich habe doch das Geld, das Papa mir hinterlassen hat." Maître G.: „Dein Vater hat etwas Geld hinterlassen, damit du heiraten kannst." Sarah: „Gut, dann heirate ich eben den lieben Gott." Youle unterbricht, das würde sie sehr unglücklich machen: „Du weißt, nach deiner Schwester liebe ich dich mehr als alles auf der Welt."

Allmählich langweilt sich der Duc de Morny ein wenig (wer kann es ihm verdenken?) und erhebt sich zum Abgang: „Wisst ihr, was ihr mit dem Kind machen solltet? Schickt es aufs Conservatoire." „Das Conservatoire?", fragt sich Sarah. „Was für eine Idee war das denn? Was hatte es zu bedeuten?" Wie könnte sie, praktisch eine Nonne, auch nur daran denken, auf der Bühne zu stehen?

Die anderen Mitwirkenden treten ab, und Sarah erlebt die zweite Überraschung des Tages: Ihr wird mitgeteilt, dass sie noch am selben Abend ins Theater ausgeführt werde – und zwar in die Comédie-Française! Sie hat noch nie ein richtiges Theaterstück gesehen. Sie, Youle, Monsieur Régis und Mademoiselle de Brabender begeben sich mit der Kutsche zum Theater und nehmen ihre Plätze in der Loge ein, die Dumas *père,* einem Stammgast aus Youles Salon gehört. „Als sich der Vorhang langsam hob, glaubte ich, in Ohnmacht zu fallen. Es war, als höbe sich der Vorhang zu meiner Zukunft. Diese Säulen – man gab Racines *Britannicus* – würden meine Paläste sein, diese Friese an der Decke mein Himmel, dieser Boden würde meine zarte Last tragen." Während des zweiten Stücks, Molières *Amphitryon,* bricht sie zur Erheiterung des Publikums in Tränen aus. Ihr Patenonkel explodiert. „Mein Gott, was ist dieses Kind dumm!"

„Und das", bemerkt Sarah süffisant am Kapitelende in ihrem Memoiren, „war der Anfang meiner künstlerischen Laufbahn."

Mit ihrem Ausbruch hat sie sich lächerlich gemacht und ihre Mutter ernsthaft verärgert. Am Ende des Abends begleitet Dumas persönlich

Sarah und Madame Guérard

die Gesellschaft nach Hause, hilft dabei, Sarah in ihr Zimmer zu tragen (nach all der Aufregung ist sie vor emotionaler Erschöpfung eingeschlafen), beugt sich über sie, gibt ihr einen Kuss und flüstert: „Gute Nacht, mein Sternchen." Dieses schmückende Detail stammt aus Lysianes Biographie. Sarah erklärte ihrer Enkeltochter, weshalb sie die Dumas-Szene in ihren eigenen Memoiren verschwieg: „Nun ja, vor seinem Tod haben er und meine Familie sich böse zerstritten, und ich habe Maman versprochen, niemals davon zu reden. Aber jetzt! Jetzt ist das doch alles so lange her, über ein halbes Jahrhundert!"

Allerdings klingt die ganze Episode höchst unglaubwürdig, angefangen mit der Bemerkung, Sarah habe noch nie zuvor ein Theaterstück gesehen. Zu der Zeit wohnte Youle in der Nachbarschaft der Comédie-Française, und wie es hieß, habe Sarah sich oft vor dem Theater herumgetrieben und mit den Schauspielern und Schauspielerinnen geplaudert, die sie in Aufführungen schleusten.

Und dann ein derart hochkarätig besetzter Familienrat, um das Schicksal einer eigensinnigen Jugendlichen zu erörtern! Echt klingt an dieser Geschichte nur Sarahs lebenslanges Bedürfnis nach Szenen, in deren Mittelpunkt sie steht – und je mehr Nebendarsteller, desto besser. Eine sehr viel glaubwürdigere Schilderung finden wir bei ihrem Vertrauten Louis Verneuil, dem gegenüber Sarah auf Ausschmückungen und Umdichtungen offenbar weitgehend verzichtete. Was hatte sie mit achtundsiebzig auch noch zu verlieren, wenn sie sich an die schlichte Wahrheit hielt? Zunächst berichtet sie, dass Youle die langjährige und letzte Geliebte Mornys war, der sich um ihr Wohlergehen und das ihrer Kinder kümmerte. Als ihm klar wurde, wie sehr Youle das Problem ihrer ältesten Tochter belastete, beschloss er, sie von dieser quälenden Sorge zu befreien. Verneuil: „Eines Abends, als wundersamerweise nur Madame Guérard zu Gast war, sagte der Duc de Morny beiläufig: ‚Wenn ich Sarah hieße, wüsste ich genau, was ich täte.' Das junge Mädchen war wie üblich in Träumereien versunken. Aufgeschreckt fragte sie: ‚Und was würden Sie tun?' ‚Ich würde versuchen, aufs Conservatoire zu kommen.'"

Anfangs war Sarah bockig, doch die Aussicht, hart auf ein klar umrissenes Ziel hinzuarbeiten, gefiel ihr – Faulheit konnte ihr nie nach-

Der Duc de Morny

gesagt werden! –, und am nächsten Tag suchte sie „in ihren Schulbüchern nach den Tragödien Racines und Corneilles und begann sofort, alle Rollen zu lernen, ganz gleich, ob Männer- oder Frauenrollen." Verneuil fasst es kurz und bündig zusammen: „Im Alter von beinahe sechzehn Jahren hatte sie noch nie daran gedacht, Schauspielerin zu werden. Damit die ungeliebte Tochter der Mutter nicht mehr zur Last fiel, schlug einer von Youles Liebhabern eines Tages vor: ‚Warum versuchen wir nicht, eine Schauspielerin aus ihr zu machen?' Und um von ihrer Mutter wegzukommen, deren Leben als Mätresse ihr missfiel, erwiderte Sarah: ‚Also gut, versuchen wir es.'"

Damit beginnt die letzte der endlos wiedergekäuten dramatischen Szenen aus Sarahs Jugend. Nach einem Monat fieberhafter Vorbereitungen – bei denen unter anderen Dumas persönlich sie anleitet – geht Sarah in Begleitung Mademoiselle de Brabenders und Madame Guérards zum Vorsprechen ins Conservatoire. Dort trifft sie auf selbstbewusste junge Männer und Frauen, die allesamt von ihrer Familie begleitet werden und sich über Sarahs nichtstandesgemäße Eskorte lustig machen. Kurz vor Beginn ihres Auftritts fragt das gelangweilte Faktotum, das sie den Juroren präsentiert, welches Stück sie spielen werde. „*L'École des Femmes*", erwidert sie. Und wer sei ihr Stichwortgeber? Aber niemand hatte ihr gesagt, dass sie einen Partner brauche! Und jetzt ist auf die Schnelle keiner mehr aufzutreiben. In dem Fall, erklärt Sarah, werde sie keine Szene aus einem Drama darbieten, sondern vielmehr die berühmte Fabel *Les Deux Pigeons* von la Fontaine vortragen. Unerhört! „Soll das ein Scherz sein? Wir sind hier doch nicht im Kindergarten!", ruft einer der Prüfer empört. Aber Sarah lässt nicht locker.

Sie setzt an, gerät ins Stocken, die Jury ist irritiert. Doch der gütige Konservatoriumsdirektor Daniel Auber, Komponist großer Erfolge wie *Le Domino Noir* und *Fra Diavolo*, ermutigt sie, noch einmal anzufangen, und innerhalb von Sekunden sind die Prüfer gebannt von ihrer exquisiten Stimme und ihrer perfekten Aussprache. Als sie den Raum verlassen will, fragt Auber: „Sie heißen Sarah?" „Ja, Monsieur." „Sind Sie Jüdin?" „Gebürtig ja, Monsieur, aber ich bin getauft." „Sie ist getauft", informiert Auber sein Gremium. „Um ein derart hübsches Kind wäre es sonst auch schade gewesen." Dann teilt er Sarah mit, dass sie nicht nur angenommen ist, sondern dass gleich zwei der Prüfer sie zur Schülerin haben möchten. Aufgeregt und voller Stolz läuft sie nach draußen, wo ihre Begleiterinnen und die anderen Bewerber warten, und platzt mit ihrer Neuigkeit heraus. Noch mehr Aufruhr! Nie wurde jemand auf der Stelle angenommen, alle müssen auf die offizielle Mitteilung warten. Wider jede Erwartung hat sie triumphiert. Trotz allem. *Quand même.*

Zweifellos bestach Sarah das Prüfungsgremium mit ihrer Stimme und ihrer ungewöhnlichen Erscheinung – so blass und dünn –, doch dass sie angenommen werden würde, stand von vorneherein fest. Wie Verneuil erklärt, „kritzelte Auber während des Vorsprechens hastig ein paar Worte auf ein Blatt Papier" und reichte es an seine Kollegen weiter. „Als sie den Namen des Duc de Morny lasen, der nicht nur allmächtig war, sondern sich an der Comédie-Française auch großer Beliebtheit erfreute, hörten sie dem Vortrag sofort aufmerksamer und wohlwollender zu. [...] Eine Stunde später erfuhr Sarah, dass sie unter den hundert bis zweihundert Bewerbern, die vorgesprochen hatten, zu den fünfzehn oder zwanzig Auserwählten zählte." Nicht nur war sie ein Protegé Mornys – ja, die Tochter seiner Mätresse –, der einflussreiche Mann hatte sich sogar dazu herabgelassen, seinen Freund Auber in dessen Büro aufzusuchen und ihm den Fall auseinanderzusetzen. Niemandem in Frankreich wäre es im Traum eingefallen, den Bruder des Kaisers zu beleidigen und eine derartige Empfehlung zu missachten. In dem Moment, als Morny den Vorschlag machte, Sarah könne doch Schauspielerin werden, war sie am Conservatoire bereits angenommen.

# IV

Sarah war eine eifrige, nach Auskunft mancher sogar besessene Schülerin, obwohl sie nicht mit allem übereinstimmte, was man ihr beibrachte. Jahrzehnte später erzählte sie ihren eigenen Schülern etwa, man habe sie gelehrt, niemals mit dem Rücken zum Publikum zu sprechen – eine Lektion, die sie ablehnte und missachtete. Tatsächlich war sie gerade berühmt für die Dramatik, die sie mit dem Rücken zum Publikum in eine Äußerung zu legen vermochte. Insbesondere verachtete sie die strengen Vorschriften zur Haltung auf der Bühne, nach denen sie sich einprägen musste, auf welche Art eine bestimmte Figur in einem Stück genau zu sitzen, zu stehen und sich zu bewegen hatte. Bestätigt wird ihre Erinnerung an diese mechanische Schauspielpraxis durch einen Brief von Charles Dickens an John Forster aus dem Jahr 1856, also nur wenige Jahre vor Sarahs Eintritt ins Conservatoire: „An [der Comédie-Française] gibt es eine leidige klassische Tradition, die einen schaudern lässt […] Man wird es leid, in endlosen Akten einen Mann zu sehen, der sich erinnert, indem er sich mit der flachen Hand an die Stirn schlägt, Sätze aus sich herausschleudert, während er sich schüttelt, und sie mit dem rechten Zeigefinger über dem Kopf zu Pyramiden auftürmt. Im typischen Lustspiel sieht man zwei Sofas und drei kleine Tische; ein Mann mit Hut tritt ein, um mit einem anderem Mann zu sprechen – und man weiß vorher genau, wann er sich vom einen Sofa erheben wird, um sich auf dem anderen niederzulassen, und seinen Hut vom einen Tisch nimmt, um ihn auf den anderen zu legen. Das alles kommt einem geradewegs so lachhaft vor wie eine gute Farce." Für Sarah gab es nur eine Art zu spielen, und das war ihre eigene. Doch wenn sie bei sich die eine oder andere tatsächliche Schwäche erkannte, arbeitete sie hart daran, diese auszumerzen. So erzählte sie Jules Huret: „Ich hatte große Schwierigkeiten zu überwinden. Von meiner Mutter hatte ich einen gravierenden Fehler geerbt – ich sprach mit zusammengebissenen Zähnen. Wann immer jemand meinen Stil parodiert, greift er diese Eigenart auf. [...] Um mich von der Angewohnheit zu befreien, gaben mir die Lehrer am Conservatoire kleine Gummibälle, die mich daran hinderten, den Mund zu schließen."

Bisweilen heißt es, sie sei bei ihren Mitschülern nicht besonders beliebt gewesen – sie war zu aufsässig, rückte sich selbst zu gern in den Vordergrund. Dennoch hatte sie dort mehrere Freundinnen und auch eine Art Freund, den etwa gleichaltrigen Schüler Paul Parfouru, der sich später Paul Porel nannte. Er reüssierte zunächst als Schauspieler, später war er Leiter des Variétés-Theaters und des Odéon und heiratete die großartige und beliebte französische Schauspielerin Réjane, die einzige Rivalin, die Sarah wirklich bewunderte.

Lange nach Porels Tod erwähnt sein Sohn Jacques in seinen Memoiren ein Foto, das Sarah seinem Vater geschenkt hatte: „Die innige Widmung lässt darauf schließen, dass die beiden mehr als nur befreundet waren." Gegenüber den Biographen Arthur Gold und Robert Fizdale zeigte sich Jacques, als die beiden für ihr Buch *The Divine Sarah* recherchierten, noch auskunftsfreudiger: „Stell dir vor, Jacques", habe sein Vater zu ihm gesagt, „du, der du Sarah so verehrst, stell dir vor, wie diese faszinierende Frau mit sechzehn war – ihre Verve, ihr strahlendes Lächeln, ihre Lebhaftigkeit!" Sarah und Paul Porel blieben bis an ihr Lebensende befreundet.

Alle Kinder ihrer engen Freunde liebten Sarah, und sie liebte die Kinder. (Das galt nicht nur für Jacques Porel, sondern auch für Edmond Rostands Sohn – nach Maurice Bernhardt auf den Namen Maurice getauft –, der ein schwärmerisches Buch über sie schrieb, und Lucien Guitrys Sohn, den berühmten Sacha.) In Jacques Porels wunderbaren Memoiren – die leider nur auf Französisch vorliegen – werden Sarahs

Offenheit, ihre Wärme, ihr gesunder Menschenverstand und ihre Großherzigkeit anschaulich geschildert.

Den vielleicht besten Eindruck von Sarah während ihrer Zeit am Conservatoire verdanken wir allerdings den unveröffentlichten Memoiren Paul Porels, aus denen sein Sohn ausführlich zitiert. Einleitend erwähnt Jacques beiläufig, dass sein Vater und Sarah im selben Jahr geboren wurden: 1843. (So viel zu 1844.) Beide verließen das Conservatoire im Juli 1862 als Schüler von Régnier und Provost, zwei herausragenden Schauspielern und erstklassigen Pädagogen. „Obwohl Provost Sarahs Talent, ihre Individualität und ihre Anmut anerkannte, konnte er sie nicht leiden. Mit ihrem Ungestüm und ihren ewigen Verspätungen faszinierte sie ihn und trieb ihn gleichzeitig auf die Palme; er war sehr streng mit ihr." Als er mit ihr eine Szene aus Voltaires *Zaïre* einstudierte, ließ er sie zwei Stunden auf einem Podest stehen und „korrigierte jede unausgereifte Geste, jeden gepressten Aufschrei, jede falsche Intonation. Er war unerbittlich – und außerordentlich anregend." Am Ende des Unterrichts warf er ihr einen bösen Blick zu und urteilte: „Nun, das müssen Sie sich merken, die Rolle dürfen Sie niemals spielen." Rund zwölf Jahre später sollte sie in eben dieser Rolle triumphieren. Provost mochte rüde gewesen sein, doch Sarah hatte alles gelernt, was er sie zu lehren vermochte. Keine vorübergehende Unannehmlichkeit sollte zwischen ihr und ihrem neuen Ziel stehen: die größte Schauspielerin der Welt zu werden.

Allerdings reihte sich für sie am Conservatoire nicht eben Erfolg an Erfolg. Jeweils am Ende der beiden Unterrichtsjahre führten die Schüler vor einem Prüfungsgremium je eine Szene aus einer Tragödie und einer Komödie auf. 1861 erhielt Sarah einen zweiten Preis für die Tragödie und eine Würdigung für die Komödie, was sie als eine gewisse Ermutigung empfand. Im zweiten Jahr allerdings ging sie bei der Tragödie leer aus, obwohl sie überzeugt gewesen war, den ersten Preis zu gewinnen, und bekam nur den zweiten Preis für die Komödie. Sicher, die Umstände hatten es nicht gut mit ihr gemeint – sie war katastrophal frisiert, und man hatte ihr zwei unpassende Rollen aufgezwungen. Dennoch, und obwohl sie das Jahr über gute Noten bekommen hatte, waren Sarah und, schlimmer noch, ihre Mutter enttäuscht. In deren

Augen war sie eine Versagerin und eine Schande. Als ihre Tochter nach der Prüfung nach Hause kam, hielt Youle mit dieser Meinung nicht hinter dem Berg. Wie Sarah in ihren Memoiren schreibt, sagte ihr Patenonkel Monsieur Régis zu ihr: „Nun gut, du bist gescheitert. Wieso solltest du jetzt noch weiter auf eine Theaterlaufbahn hinarbeiten? Du bist mager und klein. Aus der Nähe ist dein Gesicht ja ganz ordentlich, aber aus der Entfernung ist es hässlich. Und deine Stimme trägt nicht." Kein Wunder, dass sie an jenem Abend zutiefst verzweifelt zu Bett ging. „Hätte ich ein Gift zur Hand gehabt, ich hätte es genommen", erzählte sie Thérèse Berton.

Um Mitternacht dann steckte Madame Guérard ein Briefchen unter ihrer Tür durch: „Während du schliefst, ließ der Duc de Morny deiner Mutter ausrichten, dass dein Engagement an der Comédie-Française bestätigt wurde. Siehst du, mein Schatz, du brauchst dir keine Sorgen zu machen, deine Zukunft ist gesichert." Morny hatte Camille Doucet aufgesucht, der ebenfalls ein Freund der Familie war und zuständig für die beiden offiziellen Theaterhäuser – die Comédie-Française und das Odéon. Am nächsten Tag traf das offizielle Bestätigungsschreiben ein, und tags darauf wurde Sarah an der Comédie-Française vorstellig, auf Youles Drängen hin allzu vornehm ausstaffiert mit einem, wie sie schrieb, „scheußlichen kohlgrünen Kleid", das Tante Rosine gehörte und in dem sie aussah „wie ein Affe". Dort nahm sie ihren Vertrag in Empfang, den Youle unterschreiben musste, denn Sarah war noch minderjährig. Sie würde zwar nur die Anfängergage in Höhe von fünfzig Francs im Monat bekommen, aber sie war ein Mitglied der Comédie-Française.

# V

Was für ein Mensch war Sarah an diesem Wendepunkt ihres Lebens? Wie sah ihr Alltag aus? Wie wirkte sie auf andere?

Vor allem war sie mager. Das war ihr Markenzeichen, deswegen wurde sie mindestens fünfundzwanzig Jahre lang verspottet und karikiert: „Sie ist so dünn, dass sie schwanger aussieht, wenn sie eine Tablette schluckt." „Wenn sie badet, sinkt der Wasserspiegel." ... Auf den heutigen Betrachter der zahllosen berühmten Bilder wirkt sie zwar nicht übermäßig dünn, doch in ihrer Zeit dominierten üppige Frauen. Erst nachdem Sarah sich im mittleren Alter einer schweren Unterleibsoperation unterziehen musste, sprachen die Leute nicht mehr von ihrer Magerkeit, sondern lästerten vielmehr über ihre jugendliche Erscheinung.

Zum Glück für die Nachwelt machte der großartige Fotograf Félix Nadar eine Reihe hinreißender Aufnahmen von der jungen Sarah. Zu dem Zeitpunkt wird sie sechzehn gewesen sein, vielleicht auch ein, zwei Jahre älter. Ruhig und nachdenklich steht sie da, einen Umhang nachlässig um die Schultern gelegt. Ungezähmte Locken umrahmen ihr Gesicht, das Haar wirkt dunkler als ihr natürliches Rotgold. Die Augen sind rätselhaft und fast verstörend – mehrere Zeitgenossen berichten, dass Sarahs Augen je nach Stimmung die Farbe veränderten, von Grau über Grün bis hin zu Blau. Sie hat eine hohe Stirn und eine nicht ganz ebenmäßige Nase (jüdisch, wie es hieß). Insgesamt wirkt sie geheim-

Die berühmten Porträts von Félix Nadar

nisvoll, leidenschaftlich, gespannt, aber reserviert, eher tragisch als selbstbewusst. Diese junge Frau ist eine einzigartige Erscheinung.

Fast ebenso berühmt wie die Nadar-Porträts ist eine anonyme Aufnahme, auf der sie bis zum Nabel unbekleidet zu sehen ist, einen Fächer kokett vors Gesicht gehalten, ein Auge lugt über den Rand. Ihre Brüste sind klein und spitz, die Taille nach heutigen Maßstäben beileibe nicht schmal. Manche bezweifelten, dass tatsächlich Sarah Bernhardt für dieses entzückende Foto Modell gestanden hat. Aber da sie Anfang der 1860er Jahre dringend Geld brauchte, kann man davon ausgehen, dass sie gegen Bezahlung für diese Aufnahme posierte. Außerdem war das Modellstehen für sie zweite Natur, dieser Nebenbeschäftigung ging sie zeit ihres Lebens nach.

Ihre Stimme wird als silbrig – *une voix d'argent* – und eher schwach beschrieben; es sollten noch viele Jahre vergehen, ehe sie wegen ihrer goldenen Stimme berühmt wurde. Ihre Aussprache und ihr Ausdruck waren exquisit, Rezitieren lag ihr im Blut. Sie war klein, keine 1,60 Meter groß, und maßvoll im Essen und Trinken. Außerdem war sie, wie schon ihre ganze Kindheit hindurch, von zarter Gesundheit, dennoch für jeden Spaß zu haben und ausgesprochen spontan – oft allzu spontan.

Eine lebendige und liebevolle Schilderung von Sarah Bernhardt bei der Arbeit findet sich in einem Brief des Dramatikers Octave Feuillet, in dessen Stück *Le Sphinx* sie 1874 die zweite *jeune première* spielte, während ihre gute Freundin und Rivalin, die hübsche, fröhliche Sophie Croizette, die Hauptrolle übernahm. Feuillet schrieb an seine Frau:

> Im Gegensatz zu den anderen Schauspielerinnen wirft sie sich für die Proben in Schale [...] Samt von Kopf bis Fuß [...] Die Haare in wilden Locken, meist einen Blumenstrauß im Arm, studiert sie die Szene konzentriert ein, wie man es von ihr erwartet, und manchmal nimmt sie wunderschöne Posen à la Rachel ein.
>
> Kaum ist die Szene zu Ende, tanzt und springt sie wild umher, setzt sich ans Klavier und begleitet sich selbst bei einem abstrusen Negerlied, das sie sehr hübsch vorträgt. Dann steht sie auf und marschiert hin und her wie ein

Zirkusclown, nascht Pralinen aus ihrer Handtasche und zieht sich die Lippen nach. Nichts ist entzückender zu sehen, als Sarah und Croizette wie sie, gefolgt von ihren Müttern [in Sarahs Fall natürlich Madame Guérard], gemeinsam das Theater verlassen und, zwei aufgeschreckten Göttinnen gleich, die Nase in der Luft, den Strohhut keck oben auf der ausladenden blonden Frisur, den Sonnenschirm zwirbelnd, schnatternd und lachend auf die Patisserie Chibouste zusteuern, um sich die Mäulchen mit Kuchen zu stopfen.

Herumalbern, singen, posieren – das war zweifellos alles Ausdruck ihrer Ausgelassenheit, aber es deutet auch auf Sarahs unstillbares Bedürfnis hin, immer im Mittelpunkt zu stehen, ob auf der Bühne oder im Leben.

Anfangs – während ihrer Jahre am Conservatoire und in der ersten Zeit an der Comédie-Française – wohnte Sarah noch zu Hause und wurde von Youle unablässig gedrängt, auf eigenen Füßen zu stehen. Noch als sie auf bestem Wege war, Schauspielerin zu werden, versuchte ihre Familie, sie unter die Haube zu bringen – ein Handschuhmacher, ein Gerber und ein Apotheker kamen angeblich in die engere Auswahl. „Meine Mutter ist selbst nicht verheiratet, aber ich soll Ehefrau werden! Meine Mutter ist Jüdin und will nicht, dass ihre Tochter Nonne wird!", fuhr sie laut Thérèse Berton eines Abends auf. Man kann schon verstehen, dass sie Youle auf die Palme trieb. Doch Sarah war fest entschlossen, nur aus Liebe zu heiraten. Zu der Zeit sah sie ihre Mutter nur selten, die Mahlzeiten nahm sie mit Mademoiselle de Brabender und der kleinen Régine im Kinderzimmer ein. Sie widmete sich ganz ihrer Schauspielausbildung und gab sogar den Malunterricht auf, bei dem sie sich ganz passabel geschlagen hatte: Die Malschule hatte ihr Bild *Winter auf den Champs-Élysées* mit einem Preis ausgezeichnet, und dem verdankte sie im Oktober 1860 im *Mercure de France* ihre allererste Rezension: „Mademoiselle Bernhardt besitzt für ihre Jugend außergewöhnliches Talent." Da war sie sechzehn Jahre alt.

Ein weniger schönes Bild ihres Lebens zu dieser Zeit zeichnet der berüchtigte Schlüsselroman *Les Mémoires de Sarah Barnum* von

Marie Colombier, die von Sarahs Intimfreundin zu ihrer Intimfeindin wurde und eine wichtige Rolle in ihrem Leben spielte. Am Conservatoire und auch danach standen sich die beiden sehr nah, und man kommt an Colombier als Augenzeugin von Sarahs späterer Jugend nicht vorbei – sie ging in Youles Wohnung ein und aus und war nicht nur Sarahs Kollegin, sondern auch ihre Vertraute. Marie war ein munteres, pummeliges, liederliches junges Mädchen, aber auch eine genaue Beobachterin und eine begabte und scharfzüngige Schriftstellerin. In ihrem ersten Buch über Sarah, in dem sie deren erste Amerikatournee 1880 schildert, zügelte sie ihren Sarkasmus noch ein wenig. Im zweiten Buch dann, entstanden nach einem erbitterten Streit zwischen den beiden Frauen, ist aus „Bernhardt" „Barnum" geworden, ein bissiger Verweis auf Sarahs Hang zur Eigenwerbung im Stil des gleichnamigen amerikanischen Schaustellers. Es steckt voller Gehässigkeiten, Verleumdungen, Grausamkeiten und bösestem Antisemitismus – und beruht dennoch bis zu einem gewissen Grad auf der Wahrheit. Und genau das ist die große Herausforderung für alle Biographen Sarah Bernhardts: Die Wahrheit von der üblen Nachrede zu trennen.

In *Sarah Barnum* spricht Colombier immer wieder von Youles Kälte gegenüber ihrer ältesten Tochter und auch von ihrem Geiz. In der folgenden Szene ist Sarahs Patenonkel – hier „Monsieur Riges" genannt – zu Gast beim Abendessen:

> Die Jüdin [Youle] stupste Sarah immer wieder am Ellbogen. Nachdem das Mädchen lange Zeit getan hatte, als bemerke es die Hinweise nicht, wurde es mit einem heimlichen Fußtritt unter dem Tisch und nicht minder eindeutigen Blicken aufgefordert, von seinem Stuhl aufzustehen und den „guten Freund" zu küssen. Sofort glommen die Augen des alten Mannes wie heiße Kohlen, auf die ein Sauerstoffstrahl trifft. Die junge Schauspielerin, wie versteinert vom funkelnden Blick ihrer Mutter, mit dem diese sie unentwegt bedachte, verbarg ihren Ekel und ließ sich liebkosen, konnte aber das Schaudern nicht unterdrücken, das sie jedes Mal überlief, wenn Monsieur Riges' kalte Lippen ihren Hals berührten oder

Aufgenommen in Nadars Studio

> sich an ihrem zarten Kinn festsaugten. Ihre Willfährigkeit
> wurde mit einer Banknote belohnt... Da hellte sich Madame
> Barnums Miene auf. Doch beflügelt von seiner eigenen
> Großzügigkeit zog der Alte Sarah auf seinen Schoß. Die Linke
> legte er ihr um die Taille, mit der anderen glättete er lang-
> sam und einschmeichelnd ihren Rock [...]

Kaum hatte sich der alte Mann verabschiedet, „setzte sich die Mutter an den Tisch und nahm ihr die Banknote ab". Unterstützt von Tante Rosette [Rosine] tadelte sie ihre Tochter „mit unverhohlener Grausamkeit dafür, sich nicht mehr Mühe mit ihrem Auftritt gegeben und somit die Gelegenheit verspielt zu haben, nicht nur eine, sondern zwei Banknoten von Monsieur Riges zu bekommen." Von nun an, so zürnte die Mutter, müsse Sarah sich allein in der Welt durchschlagen.

Sarahs jüngere Schwestern waren bei dieser abstoßenden Szene ebenfalls zugegen – und sollen wir davon ausgehen, dass auch Marie Colombier selbst Zeugin war? Zweifellos war es ihre Absicht, dem Leser ihre Geschichte als kaum verhüllte Reportage zu vermitteln.

Wäre dies der einzige Hinweis auf Youles Bemühungen, Sarah als gewinnträchtige Investition zu nutzen – und inwieweit würde sich ein solcher Versuch letztlich von Colettes Geschichte der Gigi unterscheiden? –, könnten wir ihn als eine von Marie Colombiers Gehässigkeiten abtun. Doch viele Leute in Paris sprachen freimütig von Youles Versuchen, ihre Töchter den eigenen abgelegten Liebhabern anzutragen, und dieser Umstand wird von einer berühmten Passage im plauderhaften Tagebuch der Brüder Goncourt bestätigt: „Zufällig im Restaurant Brebant aufgeschnappt: ,Die Familie Sarah Bernhardt – also, das ist eine Familie! Die Töchter waren kaum dreizehn, da hat die Mutter schon Huren aus ihnen gemacht.'" Auf Sarah kann das zwar kaum zutreffen, denn mit dreizehn war sie sicher in ihrer Klosterschule verwahrt, aber wie es sich mit Jeanne und Régine verhielt, ist weit weniger klar.

In dieser Zeit fand sich Sarahs erster richtiger Liebhaber, ein adretter Husar und Lebemann namens Émile, Comte de Keratry. Wie üblich gibt es über die Umstände dieser Bekanntschaft widersprüchliche Aussagen. Sarah selbst erwähnt den jungen Mann in ihren Memoiren nur flüchtig: Ihre Tante lädt anlässlich Sarahs Engagement an der Comédie-Française (also 1862) zum Diner mit Morny, Camille Doucet und Rossini als Gästen. Als Letzterer sie ein Gedicht rezitieren hört, setzt er sich ans Klavier und improvisiert eine reizende Melodie, die mannigfache Gefühle in ihr auslöst. Und, ach ja: Zugegen ist auch der Comte de Keratry, der Sarah ein paar wunderbare Komplimente macht und sie bittet, auch im Haus seiner Mutter einige Gedichte vorzutragen. Könnte es anständiger zugegangen sein? Dann erwähnt sie ihn nicht mehr, bis sich beide fast ein Jahrzehnt später während der Belagerung von Paris unter dramatischen Umständen wiederbegegnen.

Marie Colombier weiß eine andere Geschichte zu berichten. Maman und Tante Rosine führen Sarah ins Theater, wo diese die richtige Sorte Mann umgarnen soll. Und es klappt! Ein gut aussehender, schmucker junger Aristokrat begleitet sie nach Hause. Bald sind sie ein Paar. Émile de Keratry, „ein Lebemann, war von Sarahs bizarrer Mischung aus Naivität und Verderbtheit fasziniert. Sarah hingegen fühlte sich zwar zu ihm hingezogen, aber sie liebte ihn nicht, und nach seinen leidenschaftlichen Umarmungen mochte sie ihn noch weniger. [...] Hier zeigte sich bereits die begnadete Schauspielerin. Sie gab dem jungen Offizier das Gefühl, er müsse sie überreden, seine Geldgeschenke anzunehmen und ihm zu erlauben, sich noch auf andere Art nützlich zu machen. Als sie nach Hause kam, warf sie das Geld auf den Tisch und sagte zu ihrer Mutter: ‚Ich hoffe, du lässt mich ab jetzt in Ruhe.'" Am nächsten Tag mietete Youle eine größere Wohnung mit eigenem Eingang für Sarah. Ihre amouröse Laufbahn hatte begonnen.

# VI

Vom Beginn ihrer Bühnenlaufbahn gibt es ausnahmsweise keine widersprüchlichen Darstellungen. Er war wenig vielversprechend, wie selbst Sarah in ihren Memoiren einräumt. Das erste der drei traditionellen Debüts für neue Schauspieler, bei dem Sarah die Titelrolle in Racines *Iphigénie* spielte, fand am 11. August 1862 statt. Sie hatte Lampenfieber – *le trac* –, und darunter würde sie zeit ihres Lebens leiden. Das Publikum bestand vorwiegend aus Lehrern, die ihre Ferien nutzten, und Besuchern aus der Provinz. „Ich brachte das Stück zu Ende, aber ich hinterließ keinen Eindruck."

Die Reaktion der Kritiker war verhalten. Francisque Sarcey, der einflussreichste Theaterrezensent Frankreichs, kommentierte knapp: „Mademoiselle Bernhardt ... ist ein großes hübsches Mädchen mit schlanker Figur und höchst ansprechender Mimik; die obere Hälfte ihres Gesichts ist ausgesprochen schön. Ihre Körperhaltung ist sehr gut und ihre Aussprache wunderbar klar. Mehr lässt sich für den Moment nicht über sie sagen." Dies ist die einzige bekannte Beschreibung davon, dass Sarah groß gewesen sei. Alle anderen, von ihrem Patenonkel bis hin zum Koch auf einer ihrer Amerikatourneen, bezeichneten sie als klein. Wahrscheinlich erklärt sich diese Diskrepanz daraus, dass Schauspielerinnen und Tänzerinnen auf der Bühne gemeinhin größer wirken als im normalen Leben. Wenn man die Kleider von Stars wie Marlene Dietrich und Joan Crawford sieht, merkt man, dass auch sie ausgesprochen klein waren. Lou Tellegen, der Anfang des 20. Jahrhunderts Sarahs Bühnenpartner und Liebhaber war, sagte: „Sie war sehr schlank und nicht allzu groß; oft wurde sie als *fausse maigre* bezeichnet, aber sie hatte die Haltung einer Königin. Sie hielt sich wunderbar gerade, und wenn sie neben mir stand, den Rücken durchgedrückt, den Kopf zurückgeworfen, wirkte sie beinahe so groß wie ich."

Ihr zweites Debüt, in Scribes *Valérie*, wurde kaum besprochen, das dritte dann, in Molières *Les Femmes Savantes (Die gelehrten Frauen)*, veranlasste Sarcey zu den Worten: „Es war eine klägliche Aufführung. [...] Dass Mademoiselle Bernhardt bedeutungslos ist, macht im Grunde weiter nichts – sie ist Debütantin, und unter den vielen, die uns jedes Jahr vorgestellt werden, ist es nur natürlich, dass einige scheitern." Und wie reagierte ihre Mutter auf diese abwertenden Bemerkungen? „Da hast du's!", sagte sie. „Die ganze Welt hält dich für dumm, und die ganze Welt weiß, dass du meine Tochter bist!"

Laut Thérèse Berton nahm Sarah am selben Abend Gift und schwebte „fünf Tage lang zwischen Leben und Tod. [...] Als Gründe für diese schreckliche Tat gab sie an: ‚Das Leben war sinnlos, ich wollte sehen, wie es ist, tot zu sein.'" Wahrscheinlicher ist jedoch, dass sie sich einfach in den Schlaf weinte.

Unter normalen Umständen hätte Sarah entweder früher oder später an der Comédie-Française den Durchbruch geschafft, oder ihr Name wäre sang- und klanglos untergegangen. Aber die Umstände waren natürlich nicht normal.

Fast mehr als jeden anderen Menschen liebte Sarah ihre kleine Schwester Régine. Youles jüngste Tochter war von Anfang an ein schwieriges Kind gewesen, eigensinnig, fordernd, aufbrausend. Auch sie litt unter der fehlenden Liebe ihrer Mutter – für Youle zählte einzig und allein Jeanne, die mittlere Tochter. Deshalb klammerte sich Régine an Sarah, die sich liebevoll um sie kümmerte und sie auch oft ins Theater mitnahm.

Anlässlich von Molières Geburtstag trat jedes Jahr die ganze Truppe auf die Bühne, um die Büste des großen Dramatikers zu ehren. „Es sollte mein erster Auftritt bei einer solchen Zeremonie sein, und meine kleine Schwester [...] bettelte mich an, sie mitzunehmen." Während Sarah auf ihren Auftritt wartete, trat Régine in den Kulissen versehentlich auf die Schleppe einer bedeutenden älteren Schauspielerin, Madame Nathalie, die herumfuhr und die Kleine gegen eine Marmorsäule schleuderte, sodass Régine zu bluten begann und weinte. Da versetzte Sarah der älteren Schauspielerin zwei schallende Ohrfeigen und schrie sie an: „Du gemeine Schlampe!" – Ohnmachtsanfälle, Aufruhr, Gelächter.

Es kam, wie es kommen musste. Nathalie, eine führende *sociétaire* – der höchste Rang, den man als Schauspieler an der Comédie-Française bekleiden konnte –, verlangte unterwürfige Abbitte. Doch Sarah dachte nicht einmal daran, sich auch nur zu entschuldigen: „Soll sie sich doch zuerst bei meiner Schwester entschuldigen." Drohungen seitens der Theaterverwaltung, Unversöhnlichkeit seitens Sarah. Wenige Tage später zerriss sie ihren Vertrag und stürmte aus dem Theater. Im März 1863, acht Monate nach ihrem Debüt und nach wenig beachteten und beachtenswerten Auftritten in vier Stücken, verließ Sarah Bernhardt die Comédie-Française und sollte erst knapp zehn Jahre später wieder dort auftreten.

Zwar hatte sie ihre Stelle verloren, doch war sie über Nacht in der Pariser Theaterwelt zu einer berüchtigten Berühmtheit geworden, von einem Nichts zum skandalumwitterten Gesprächsstoff und Spekulationsobjekt aufgestiegen. Es war der erste Marketing-Coup ihrer Laufbahn – der erste von vielen.

Sarahs Liebhaber, der Fürst de Ligne

# VII

Fast sofort bekam Sarah ein neues Engagement, ausgerechnet durch die Vermittlung ihres verhassten Patenonkels Monsieur Régis, und zwar am Gymnase, einem mondänen Boulevardtheater, das sich auf temporeiche Dramen und Komödien spezialisiert hatte. Ein Jahr blieb Sarah dort und spielte in einem halben Dutzend Inszenierungen, entweder als zweite Besetzung oder unbedeutende Rollen in unbedeutenden Stücken. Im letzten – *Un Mari Qui Lance sa Femme* (etwa: „Ein Mann, der seine Frau entführt") – übernahm sie die komische Nebenrolle als russische Prinzessin Dimchinka. (Youle: „Du warst lächerlich. Ich war sehr enttäuscht.") Nach der üblichen schlaflosen Nacht schlich Sarah am nächsten Tag einem Impuls folgend aus dem Haus, nahm zur Gesellschaft das Dienstmädchen einer Nachbarin mit, ließ einen Zettel für ihre Mutter und einen wirren Brief an die Verwaltung des Gymnase zurück – „Erbarmt euch einer armen Verrückten!" – und reiste überstürzt nach Spanien, wo sie sich an den Sehenswürdigkeiten berauschte und das Leben in vollen Zügen genoss, bis sie auf die Nachricht hin, ihre Mutter sei schwer erkrankt, genauso überstürzt nach Paris zurückkehrte.

Als sie heimkam, erholte sich Youle gerade von einer schweren Rippenfellentzündung. An der entsprechenden Stelle in *Ma Double Vie* schreibt Sarah so aufschlussreich und aufrichtig wie sonst nie über Youle:

Sie war sanft, aber auch sehr entschlossen, und diese Entschlossenheit artete bisweilen zu regelrechten Wutanfällen aus; dann wurde sie kreidebleich, um ihre Augen bildeten sich lilafarbene Ringe, die Lippen zitterten, die Zähne klapperten, ihre schönen Augen blickten starr, die Worte blieben ihr im Halse stecken, sie brachte nur noch krächzende, abgehackte Keuchlaute hervor. Schließlich fiel sie in Ohnmacht, die Halsschlagader schwoll an, Hände und Füße wurden eiskalt, und manchmal dauerte es Stunden, bis sie wieder zu sich kam.

Die Ärzte hatten uns gesagt, dass sie eines Tages an einem solchen Anfall sterben würde, und so taten wir alles, um diesen schrecklichen Zustand zu vermeiden.

„Ich hingegen", so fährt Sarah fort, „ich bin nicht sanft. Ich bin aktiv, ich bin kämpferisch, und ich will alles immer sofort. Die meiner Mutter eigene sanfte Entschlossenheit ist mir fremd. Mir rauscht das Blut schneller in den Schläfen, als ich es zu beherrschen vermag."

Ein Zusammenleben zweier derart temperamentvoller Frauen konnte auf Dauer nicht gut gehen. Zu Sarahs Glück bekam sie zu eben dieser Zeit etwas Geld von ihrer holländischen Großmutter, sodass sie in der Nähe eine eigene Wohnung anmieten konnte. Damit hatte sie die eigenen, abgeschlossenen vier Wände, die sie für die nächste Phase ihres Lebens brauchte. Die kleine Régine, mittlerweile etwa neun Jahre alt, flehte Sarah an, sie mitzunehmen. „Nimm sie", sagte Youle, „sie ist unerträglich." Régine küsste und umarmte ihre Mutter leidenschaftlich und rief: „Du bist froh, dass ich gehe, nicht wahr? Jetzt bleibt alles für deine Jeanne." Als Antwort beugte sich Youle zu Jeanne und sagte zu ihr gewandt: „Jetzt bleiben wir beide zusammen." „Ich war derart fassungslos", schreibt Sarah, „dass ich die Augen schloss, um es nicht mit ansehen zu müssen."

Sarahs Spanienreise nimmt in ihren Memoiren viele Seiten ein, doch das Ganze hört sich verdächtig nach einer Geschichte an, die zur Vertuschung unschöner Wahrheiten erfunden wurde. Da Sarahs Sohn Maurice am 22. Dezember 1864 geboren wurde, mag sie bei ihrer Flucht vom Gymnase im April womöglich bereits von ihrer Schwangerschaft gewusst haben (auch wenn er in ihren Memoiren erst im Alter von vier Jahren auftaucht). Wer aber war sein Vater?

Im Scherz erzählte Sarah gern, es sei dieser oder jener höchst unwahrscheinliche Kandidat gewesen (Victor Hugo, General Boulanger, sogar der Herzog von Clarence, der, wie einer von Sarahs Biographen anmerkt, 1864 geboren wurde – also im selben Jahr wie Maurice), allerdings deutete sie auch an, in Wirklichkeit sei es der adrette junge belgische Fürst de Ligne. Wie all ihre Liebhaber wird er in ihren Memoiren nicht namentlich genannt oder auch nur erwähnt, aber sie ließ immer durchblicken, dass er die große Liebe ihres Lebens war. Sarahs widersprüchliche Schilderungen über die Umstände ihrer Begegnung und den Verlauf ihrer Beziehung sind allesamt zweifelhaft, doch offenbar kannten sich die beiden tatsächlich und begannen rasch eine Liaison, aus der Maurice hervorging.

Louis Verneuil berichtet, seine angeheiratete Großmutter habe ihm eine romantische und völlig hanebüchene Geschichte dazu erzählt: Als Mitglied des Gymnase nimmt Sarah an einer privaten Lesung im Palais des Tuileries teil und blamiert sich und das Theater, indem sie in Gegenwart des Kaisers ein Gedicht von Victor Hugo rezitiert. Entweder weiß sie nicht, dass der Kaiser den großen Dichter wegen seiner republikanischen Ansichten nach Guernsey verbannt hat, oder es kümmert sie nicht.

Kaiser und Hofstaat verlassen aufgebracht den Saal, und Sarah wird vom Theaterdirektor streng gerügt. Als dieser sie am Handgelenk packt, schreit sie „vor Wut und Schmerz". Aus einer dunklen Ecke ertönt daraufhin eine Männerstimme: „Seien Sie so freundlich und lassen Sie das Kind in Ruhe." Der Direktor: „Was mischen Sie sich hier in fremde Angelegenheiten ein, Monsieur? Wer sind Sie überhaupt?" Der Held: „Ich bin Fürst Henri de Ligne. Und ich erlaube nicht, dass in meiner Gegenwart eine Frau gedemütigt wird, zumal wenn sie so hübsch, naiv und wehrlos ist wie diese junge Dame." Und dann führt eines zum anderen.

„Sie trafen sich am folgenden Tag, und am Tage darauf […] jeden Tag und jede Nacht bis zum Sommer. Bald wurde aus dieser großen Liebe eine wahre Leidenschaft, aufrichtig empfunden von beiden Seiten, das kostbarste und anrührendste Gefühl, das zwei junge Herzen zu verbinden vermag."

Der junge Fürst wird von der belgischen Regierung ins Ausland geschickt, und bei seiner Rückkehr kann er Sarah nicht mehr finden – sie hat allen aufgetragen, ihre Adresse nicht bekanntzugeben, sollte jemand nach ihr forschen. „Sie war außerordentlich stolz, und um nichts in der Welt wollte sie den Anschein erwecken, sie wolle ihn mit ihrer baldigen Mutterschaft erpressen." Doch die Liebe findet ihren Weg. Eine Weile nach Maurices Geburt spürt der Fürst Sarah doch auf, und ihre Leidenschaft erblüht „so innig wie zuvor, jetzt aber noch tiefer empfunden, ernsthafter." Ja, ihr gemeinsames Leben ist „außergewöhnlich und über die Maßen schön", und er beschließt, sie zu heiraten.

Natürlich schreitet seine adelige Familie ein, in Gestalt eines Anverwandten Henris, der nach Paris reist und an Sarahs Tür läutet. Eingedenk der Konsequenzen, die eine Hochzeit mit ihr für Henri haben würde, opfert sie ihre Liebe und gibt ihm den Laufpass. „Doch als der junge Fürst gegangen war – für immer gegangen –, fiel sie ohnmächtig zu Boden. Ein heftiges Fieber schüttelte ihren armen, geschundenen Körper, und fast einen Monat lang bangten Madame Guérard und ihre Familie um ihr Leben."

Hat sie Verneuil das wirklich erzählt? Falls ja, dann erfand sie für seine Frau Lysiane eine ganz andere Liebesgeschichte.

In dieser etwas glaubwürdigeren Version versucht Dumas noch am Abend des Debakels mit Prinzessin Dimchinka sie aufzuheitern und empfiehlt Sarah, Paris auf der Stelle zu verlassen. „Binnen zehn Minuten hatte Dumas der kleinen Bernhardt Flügel verliehen und in ihr die Reiselust geweckt, die jedem Spross des jüdischen Volkes innewohnt." Am nächsten Vormittag begleitet er sie und Madame Guérard nach Brüssel, wo er sie der Obhut guter Freunde anvertraut. Ehe Sarah sich versieht, besucht sie einen Kostümball, bei dem sie – verkleidet als Queen Elizabeth – einen schmucken Mann im Hamlet-Kostüm kennenlernt. Bedeutungsvolle Blicke durch die Masken, kokettes Geplänkel. Als man sich am folgenden Tag wiedersieht, nun ohne Kostümierung, sprühen die Funken – *et voilà*, Maurice.

Maurice Bernhardt, der Sohn Sarah Bernhards und – angeblich – des Fürsten de Ligne

Die nun folgenden Ereignisse sind ähnlich wie bei Verneuil, mit Parallelen zur Spanienreise: Youle sterbenskrank, Sarah eilt nach Paris zurück. Henri folgt ihr, will sie heiraten, doch das darf nicht sein, obwohl Verneuil uns erzählt, um das allzu tragische Ende der Geschichte abzufedern, dass Henri auch danach im Leben der Sarah Bernhardt immer eine außerordentlich ritterliche, loyale und großzügige Rolle gespielt habe. Noch sechzig Jahre später gedachte sie seiner voll Zuneigung und Dankbarkeit.

Während der Fürst in Paris nach ihr sucht (sie speisen im selben Restaurant, sehen sich aber nicht), erfährt Sarah, dass ihre Wohnung in Flammen aufgegangen ist, und bricht ohnmächtig zusammen. Etwas später am selben Abend bemerkt Madame Guérard, dass es ihr doch gar nicht ähnlich sehe, so einfach das Bewusstsein zu verlieren. Derart zur Wahrheit gedrängt, „legte Sarah die Lippen ans Ohr ihrer Freundin, und Madame Guérard durchlebte ein Wechselbad der Gefühle: Zunächst war sie entsetzt, dann entzückt, dann weinte sie. ‚Guter Gott! Was willst du nur tun?' ‚Arbeiten! Arbeiten! Für meine Kunst leben und für das kleine Kind, das bald auf die Welt kommt. O nein, ich brauche dein Mitleid nicht. Ich bin glücklich! Glücklich!'" – Vorhang.

So unterschiedlich diese zwei Versionen die Ereignisse auch schildern, erlaubten sie Lysiane doch beide, die Umstände der Geburt ihres Vaters in rosigstem Licht zu sehen. Zugleich müssen sie Sarahs Bedürfnis befriedigt haben, eine wunderschöne, aber vom Schicksal verhinderte Liebe auf höchster gesellschaftlicher Stufe erlebt zu haben. Ein Fürst, der sie heiraten wollte! Eine makellos aristokratische Herkunft für ihren geliebten Maurice! Heroische Selbstverleugnung! Man darf nicht vergessen: Als Sarah diese Mär einer edlen, wenngleich nicht ganz unbescholten lebenden jungen Dame erfand, die zugunsten des geliebten und hochgeborenen Mannes auf ihr Glück verzichtet, hatte sie bereits über dreitausend Mal die Heldin von *La Dame aux Camélias* gespielt.

Wie immer steuert Marie Colombier ein Korrektiv bei. Sarah spaziert trübsinnig durch die Tuileries, grübelt, mit welchen Mitteln sie ihr Los verbessern kann, da plötzlich: „Ein Mann von eleganter Erscheinung und aristokratischen Zügen musterte sie, ein Monokel im Auge, in aller Seelenruhe." Sollte das der Traumprinz sein, den sie herbeisehnt? Fünf

Minuten später sitzen sie nebeneinander auf einer Bank, eine halbe Stunde später verabschieden sie sich als beste Freunde. Bei dem Mann handelt es sich um „den Fürsten de Dygne – ein hohes Tier –, der es sich zum Ziel gesetzt hatte, ein ausgefallenes Liebesobjekt zu finden und seine Galanterien in aller Welt zu verteilen." Eine Einladung zum trauten Diner wird ausgesprochen und angenommen.

Sie treffen sich etwa einmal die Woche, bis Sarah zu ihrem Entsetzen feststellt, dass sie in anderen Umständen ist. Schnurstracks geht sie zum neuen Haus des Fürsten, das dieser gerade in geselliger Runde einweiht; Sarah gibt ihre Karte ab, und der Fürst kommt heraus, um sie zu begrüßen. Ihre Neuigkeit wird nicht wohlwollend aufgenommen, und sie macht ihm eine Szene. Schließlich, so Colombier, verliert Dygne die Geduld, wird kalt und verletzend. „Meine junge Freundin", sagt er, „da Sie beim Theater sind, empfehle ich Ihnen, bei der herausragenden Actrice Augustine Brohan um wohlmeinenden Rat nachzufragen. Sie ist eine überaus freundliche Person und wird Ihnen einen ihrer klügsten geistreichen Sprüche mit auf den Weg geben: ‚Wenn du dich auf einem Dornenbündel niederlässt, kannst du hinterher nie sagen, welche dich gestochen hat.'" Damit kehrt er lachend zu seinen Gästen zurück.

Sarah hingegen lacht nicht. Sie verliert schier den Verstand, und nicht nur, weil der Fürst sie und das Kind zurückgewiesen hat. Was sie quält, so Colombier hämisch, ist der nagende Zweifel. In den Tagen ihrer größten Not hatte sie gewisse Etablissements frequentiert. Ob sie sich vielleicht tatsächlich „in einer dieser diskreten Einrichtungen ihren gegenwärtigen Zustand eingehandelt" hatte? Die Andeutung, Sarah habe sich in Bordellen angeboten, gehört zu den gehässigsten Seitenhieben Colombiers.

# VIII

Wie dem auch sei, Sarahs Liebesleben entwickelte sich zu diesem Zeitpunkt weit erfolgreicher als ihr Berufsleben. Ab April 1864, als sie das Gymnase verließ, hatte sie über zwei Jahre kein einziges Engagement, bis auf ein Intermezzo als Ersatz in einer Art Märchenspiel mit dem Titel *La Biche au Bois*. Bislang hatte sie als Schauspielerin in keiner Weise auf sich aufmerksam gemacht. Was tat sie, und wovon lebte sie?

Zunächst war sie, laut Thérèse Berton, „in einer leichtlebigen Stadt ein Mitglied der leichtlebigsten Gesellschaft. [...] Ihre Gesundheit war angegriffen, oft hatte sie Hustenanfälle, und ihre Wangen glühten stets verräterisch fiebrig." Gemeinsam mit ihrer erst vierzehnjährigen Schwester Jeanne besuchte sie öffentliche Bälle und „etwas zweifelhafte Geselligkeiten in den Häusern adeliger Bekannter." Nur ein Wunder, so Berton, konnte sie noch vor dem Schicksal zahlloser hübscher, sorgloser und unmoralischer junger Mädchen bewahren. „Aber das nötige Wunder geschah": Die Geburt ihres Sohnes, die sie allerdings kaum überlebte. Ihre Liebe zu Maurice weckte in ihr die Entschlusskraft, zu arbeiten und Erfolg zu haben, die ihr bislang gefehlt hatte. „Das Ziel ihres Lebens war nun, ihm, solange er klein war, den Schutzschild von Achtbarkeit zu bieten, den sie selbst nie gekannt hatte."

Mit ganzen zweihundert Francs in der Tasche, die bald ausgegeben sein würden, so erzählte sie Berton, schrieb Sarah einen Brief an Ligne, bat ihn um Hilfe und flehte ihn an, sich ihrer und des Kindes zu erbarmen. „Die Antwort des Fürsten war grausam und brutal: ‚Ich kenne eine Frau namens Bernhardt', schrieb er, ‚aber ihr Kind kenne ich nicht.'" Dem Schreiben legte er einen Fünfzig-Francs-Schein bei. An diesem Punkt nun, so Berton, spricht Sarah an Lignes Haustür vor und wird eiskalt abgewiesen. Es ist eine gute Szene – tut es da wirklich etwas zur Sache, ob sie sich vor oder nach Maurice' Geburt abgespielt hat?

Über diese Phase ihres Lebens huschten Sarahs erste Biographen, sie selbst eingeschlossen, stets hinweg, doch heute wissen wir, dass sie sich mit Hilfe ihres Verstands – und ihres Körpers – durchschlug. Natürlich nicht als gewöhnliche Prostituierte oder Maitresse, sondern durch ein einzigartiges Arrangement, das sie ihrer Erotik, ihrem Charme und ihrem gesunden Menschenverstand verdankte. Im weißen Salon ihrer neuen Wohnung in der Rue Duphot stellte sie eine Art Hofstaat aus einer Reihe angesehener Herren zusammen, die offenbar nichts dagegen hatten, ihr gemeinsam (und zu einem gerecht aufgeteilten Tarif) die Ehre zu erweisen und sich unverhüllt und einvernehmlich Sarahs Gunst zu teilen. „Erstaunlich ist", erzählte sie Marie Colombier – wenn man Colombier Glauben schenken kann, was ich in diesem Fall tue –, „wie gut sie sich alle verstehen. Sie streiten sich nie, sie scheinen einander förmlich zu verehren. Manchmal denke ich, falls ich einmal verschwinde, würde sich meine Menagerie zum allseitigen Vergnügen weiterhin in meiner Wohnung treffen." Eines der gemeinsamen Projekte dieser Herren bestand offenbar darin, Sarah den prächtigen Sarg zu kaufen, den sie sich schon so lange wünschte und der sie, wie allgemein bekannt, fürderhin auf all ihren Reisen begleitete.

Zu ihren Herrenbekanntschaften dieser Zeit gehörten Marschall Canrobert, ein einflussreicher und geschätzter Vertreter des Kaiserreichs; der immens reiche spanische Vicomte Olympe Aguado, der sich nach einer Weile Jeanne zuwandte; der nicht minder wohlhabende Khalil Bey, ein ägyptischer Diplomat und Kunstsammler; der Industrielle Robert de Brimont; zwei namhafte Journalisten der damaligen Zeit, Émile de Girardin und Arthur Meyer (mit dem Sarah eine lebenslange Freundschaft verband); der Bankier Jacques Stern, der später ihre Freundin und Rivalin Sophie Croizette ehelichte, sowie der Marquis de Caux, der die große Opernsängerin Adelina Patti heiraten sollte.

Marie Colombier berichtet maliziös von einigen Tricks, mit deren Hilfe Sarah ihren „Aktionären" zusätzliche finanzielle Zuwendungen entlockte – so ließ sie sich „zufällig" auffinden, ein blutiges Taschentuch an den Lippen. Dafür hatte sie sich vorher den Gaumen mit einer Nadel aufgestochen. An dieser Stelle ihrer Schilderungen kennt Maries Gehässigkeit fast keine Grenzen – besonders bösartig ist sie in ihren Andeutungen, Sarah habe Jeanne und später Régine angeboten –, aber auch sie kann die positive Wende nicht übergehen, die Sarahs berufliche Laufbahn im Sommer 1866 nahm.

# IX

Nach der Comédie-Française war das Odéon das bedeutendste Theater Frankreichs, und es unterstand deshalb Camille Doucet, dem Leiter der Theaterabteilung im Ministère des Beaux-Arts, einem Familienfreund der Bernhardts, der Sarah jederzeit bereitwillig zur Seite stand. Im Sommer 1866 – verzweifelt auf der Suche nach einem Engagement – schrieb sie ihm und bat ihn um einen Termin. Am nächsten Tag empfing Doucet sie im Ministerium. „Jetzt hören Sie mal gut zu, Sie schreckliches Kind", sagte er. „Sie müssen ruhiger werden und aufhören, Ihre Talente zu vergeuden. Mit der Reiserei, dem Weglaufen und den Ohrfeigen ist jetzt Schluss. Und nun schauen wir mal, wie wir diese ganzen Dummheiten wieder in Ordnung bringen." Er zog einen Brief aus der Schublade und fuhr fort: „Vielleicht ist das ja unsere Rettung." Und er erzählte Sarah, dass sich die neuen Direktoren des Odéon, Charles de Chilly und Félix Duquesnel, kürzlich mit der Bitte um neue Künstler zur Verjüngung ihres Ensembles an ihn gewandt hätten. „Ja, das sollte funktionieren." Einige Tage später bestellte er Sarah wieder ins Ministerium, um ihr mitzuteilen, dass Duquesnel ihren Besuch erwarte. „Aber einfach war das nicht", warnte er sie. „Sie sind zwar noch sehr jung, aber Ihr Starrsinn ist bereits berüchtigt, und ich musste mein Wort geben, dass Sie folgsam sein werden wie ein Lamm." Sarah versprach es ihm hoch und heilig und ging nach Hause, um sich für die Unterredung anzukleiden.

Achtundzwanzig Jahre später schrieb Duquesnel über diese Begegnung mit Sarah:

> Eines Tages kam mein Dienstmädchen aufgelöst zu mir ins Zimmer und sagte: „Monsieur, Monsieur, draußen steht eine chinesische Dame, sie besteht darauf, Sie zu sprechen!" Ich wurde neugierig, hatte ich doch keine Verbindungen zum Reich der Mitte, und trug dem Mädchen auf, die „chinesische Dame" hereinzuführen. Da stand das hinreißendste Wesen, das man sich vorstellen kann – Sarah Bernhardt in der ganzen Herrlichkeit ihrer Jugend. Sie war nicht nur hübsch, sie war gefährlicher als das. Sie trug eine Bluse aus blassem Crêpe de Chine mit schimmernder Stickerei und im chinesischen Stil so geschnitten, dass ihre bloßen Arme und Schultern nur leicht mit Spitze bedeckt waren. An ihrer Taille hing ein kleiner gefiederter Fächer, auf ihrem Kopf saß ein Kegelhut aus fein gewebtem Stroh, von dem Perlen herabhingen, die bei jeder Bewegung erzitterten. Begleitet wurde sie von ihrem Dienstmädchen mit einem wunderhübschen rosig-weißen Baby auf dem Arm: Maurice Bernhardt. Unsere Unterredung war sehr kurz – wir verstanden uns auf Anhieb. Ich spürte, dass ich einem wunderbar begabten Geschöpf von seltener Intelligenz gegenüber stand, hinter dessen zartem Äußeren sich grenzenlose Energie und Willenskraft verbargen. Sie war alles, was an einer Frau betörend und verführerisch ist, mit jeder Pore strahlte sie Kunstsinn aus. Sie brauchte nur in die richtige Richtung gewiesen und der Öffentlichkeit vorgestellt zu werden. Ihre Stimme war kristallklar und ging wie Himmelsmusik direkt zu Herzen.

Und wie schilderte Sarah diese schicksalhafte Begegnung? „Ein junger Mann erschien, elegant, lächelnd, charmant. Dass dieser blonde, fröhliche Mann mein neuer Direktor sein sollte, konnte ich gar nicht fassen." (Das tat sie allerdings bald genug, und ihn dazu.) Um den Formalitäten

Genüge zu tun, musste sie sich erst noch zum Odéon begeben und den Co-Direktor Chilly aufsuchen, mit dem sie einige Monate zuvor eine unerfreuliche Begegnung gehabt hatte. Er ließ sie warten, war unhöflich, und nachdem er ihren Vertrag unterschrieben hatte, sagte er: „Sie wissen wohl, dass Sie nur Duquesnels wegen hier sind. Ich hätte Sie niemals engagiert." Worauf Sarah erwiderte: „Wären nur Sie da gewesen, Monsieur, hätte ich nicht unterschrieben. Also sind wir quitt."

Wie dem auch gewesen sein mag: Drei Jahre nach ihrem unrühmlichen Abgang von der Comédie-Française war Sarah endlich auf dem richtigen Weg. Am populären Odéon, wo es weit entspannter und lockerer zuging, zeigte sie, wozu sie wirklich fähig war, stellte sie zum ersten Mal ihr unglaubliches Talent unter Beweis und gewann sowohl die Kritiker als auch das Publikum für sich. Mit Camille Doucets Fürsprache beim jungen Duquesnel öffnete sich das Tor zu einer atemberaubenden Karriere.

Sarahs Doppeldebüt im Odéon am 15. August 1866 war allerdings wenig vielversprechend: Für Marivaux' geistreiche Komödie *Le Jeu de l'Amour et du Hasard* war sie die falsche Besetzung, und auch als Aricie in *Phèdre* hinterließ sie in einem abscheulichen Kostüm einen kläglichen Eindruck. Hämisch verlangte Chilly, sie solle am Ende ihrer einmonatigen Probezeit gehen, aber Duquesnel hielt an ihr fest und zahlte dem Theater sogar hundert Francs im Monat, um die Kosten für Sarahs Engagement zu decken, so überzeugt war er von ihrem Talent.

Im Lauf der nächsten Monate trat Sarah in einer ganzen Reihe von Rollen auf, meist als klassische Naive, doch erst nach einem knappen Jahr hatte sie ihren ersten Erfolg, und zwar in Racines *Athalie*. Sie spielte den zehnjährigen Zacharie, einige Studenten des Conservatoire sollten die Chöre rezitieren. Bei den Proben pfuschten diese allerdings derart, dass Chilly dazwischenfuhr: „Soll doch die Kleine die Chöre sprechen. Das müsste funktionieren, ihre Stimme ist ja ganz hübsch." Und es funktionierte in der Tat. Alle klatschten, Duquesnel verkniff sich ein Lächeln, und Sarah berichtete: „Die erste Aufführung war ein regelrechter kleiner Triumph für mich! Ein ganz kleiner bloß, aber trotzdem sehr vielversprechend für meine Zukunft. Das Publikum, entzückt von meiner süßen Stimme und ihrer kristallklaren Reinheit, verlangte eine Wiederholung der Sprechchöre, und ich wurde drei Mal von Beifallsstürmen unterbrochen." Doch schon zuvor waren die Kritiker durch Sarahs harte Arbeit allmählich auf sie aufmerksam geworden. So hatte der allmächtige Sarcey über eine Aufführung geschrieben: „Mademoiselle Bernhardt hat mich überrascht!" und lobte im weiteren Verlauf ihre außergewöhnlich perfekte Intonation, ihre Eleganz und ihre erstaunliche Bühnenpräsenz. Und er bemerkte, wie natürlich und unbefangen sie wirkte.

Sieben Monate nach *Athalie* kam der nächste, durchschlagende Erfolg, und zwar als Anna Damby in einer Wiederaufnahme von Dumas' *Kean*. Das Odéon hatte eine Neuinszenierung von Victor Hugos berühmtem *Ruy Blas* angekündigt, einem kaum verhüllten Ruf nach politischen Reformen, das Stück dann aber auf Anweisung der Regierung zurückziehen müssen. Als Ersatz wurde *Kean* ins Programm genommen. Die Premiere wurde von heftigen Protesten antimonarchistischer Studenten der nahe gelegenen Sorbonne begleitet, die politisch damals ebenso radikal waren wie heute und jederzeit bereit zu demonstrieren. Zudem missfiel ihnen, dass Dumas' unbeliebte Maitresse neben ihm in seiner Loge saß. „Wir wollen *Ruy Blas!* Wir wollen *Ruy Blas!*", riefen sie. Dumas war erschüttert und fühlte sich gedemütigt. Als die Aufführung endlich begann, waren die Schauspieler über dem Tumult kaum zu hören, bis Sarah bei ihrem Auftritt an die Rampe trat und, ihrer eigenen Angst zum Trotz, rief, wenn den Studenten Gerechtigkeit so sehr am Herzen liege, sollten sie auch Dumas gegenüber gerecht sein, dem das Verbot von *Ruy Blas* nicht anzulasten sei.

Sarah war bereits zum Liebling dieser leidenschaftlichen jungen Leute geworden, die sich selbst als *Saradoteurs* bezeichneten –, und so beruhigten sich die Studenten, hörten zu und ließen sich von Sarahs Darbietung entzücken und bewegen. Sie hatte ein Fiasko in einen Erfolg verwandelt. Wie *Le Figaro* schrieb: „Sie zähmte das Publikum wie ein kleiner Orpheus." Und Chilly erstattete Duquesnel nicht nur das Geld, das dieser für Sarahs Gage ausgelegt hatte, sondern erhöhte deren Lohn sogar. Von da an duzten sich die beiden und wurden, wie Sarah schrieb, „die allerbesten Freunde."

An Sarahs Seite spielte Charles Berton, der Vater Pierres und Schwiegervater von Thérèse. Diese beharrt in ihrem Bericht widersinnigerweise

Marie Agar und Pierre Berton

darauf, dessen Sohn, also ihr Ehemann, habe den Kean gespielt. Beide Bertons waren am Odéon, und womöglich nahm Sarah zu dieser Zeit die Gewohnheit an, automatisch mit ihrem jeweiligen Bühnenpartner zu schlafen. Wie einer ihrer Biographen uns mitteilt: „Sarah befriedigte ihre Kapricen mit ihren Kollegen vorzugsweise nach der Aufführung in einer Garderobe. Zu dieser Zeit wurden ihr Verhältnisse mit beiden Bertons nachgesagt, dem Vater und dem Sohn."

Thérèse Berton berichtet weiter: „Pierre gestand mir später im Leben, nach unserer Hochzeit, dass die Tage, die Sarah Bernhardt ihm schenkte, ‚wie Momente der Unsterblichkeit waren. Man hatte das Gefühl, man würde nie vergehen!' [...] Allerdings habe ich immer bezweifelt, dass sie Pierre dieselbe volle, aufrichtige und tiefe Leidenschaft entgegenbrachte, die er für sie empfand. Sarahs Wesen war zu komplex, um über lange Zeit hinweg ein tiefes Gefühl aufrechtzuerhalten." Doch angesichts ihrer zweifachen Mission, Sarahs Ruf zu schmälern und zugleich die Bedeutung ihres Mannes hervorzuheben, ist Thérèse Berton zwangsläufig unzuverlässig.

Die Neuinszenierung von *Kean* fand im Februar 1868 statt, und danach dauerte es noch fast ein Jahr, bis Sarah, nachdem sie in mehreren anderen Rollen reüssierte (unter anderem als rührende Cordelia), das Stück und die Rolle fand, die sie zum Star machten. Es war ein Einakter für zwei Personen mit dem Titel *Le Passant (Der Wanderer)*. Der Autor war ein als Dramatiker bislang unbekannter junger Staatsbeamter namens François Coppée, der das Glück hatte, der Geliebte einer sehr geachteten älteren Schauspielerin am Odéon zu sein, Madame Agar, mit der sich Sarah gut verstand. Eines Tages bat Agar sie, ein neues Versdrama Coppées zu lesen mit der Absicht, Sarah solle den jungen Renaissance-Troubadour Zanetto spielen. Dieser kommt eines Abends zufällig in die Stadt und begegnet Silvia in einem Florentiner Garten. Vor dem Weiterziehen ist er einem kleinen Zwischenspiel mit der alternden Kurtisane nicht abgeneigt. Zanetto sollte Sarahs erste bedeutende Hosenrolle werden, die schöne, feminine Agar würde natürlich die Silvia spielen.

Wie Sarah uns berichtet, las sie *Le Passant* auf dem Heimweg vom Theater und machte kehrt, um Duquesnel noch abzufangen, der gerade das Haus verlassen wollte. „Bitte, lies das." „Ich nehme es mit." „Nein, lies es jetzt, auf der Stelle! Soll ich es dir vorlesen? „Nein, nein, deine Stimme ist tückisch. Sie macht noch aus den dümmsten Versen exquisite Lyrik." Aber er willigte ein, das Stück auf der Stelle selbst zu lesen, und als er fertig war, rief er aus: „Es ist hinreißend! Ein absolutes Meisterwerk!" Sie kamen überein, es sofort auszuprobieren, und zwar bei einer Wohltätigkeitsveranstaltung mit den Kulissen eines Stücks, das kurz zuvor durchgefallen war, und Kostümen, die Sarah und Madame Agar selbst bezahlen würden. – Es ist wohl überflüssig zu erwähnen, dass es noch weitere Versionen darüber gibt, wie die beiden Schauspielerinnen *Le Passant* mit List und Tücke auf die Bühne brachten.

Es wurde der erste wirklich große Triumph in Sarahs Karriere, die Aufführung machte sie über Nacht zur berühmtesten jungen Schauspielerin von ganz Paris. Sie und die Agar spielten das Stück hundertvierzig Mal, und wenn Madame Agar einmal nicht zur Verfügung stand, sprang Marie Colombier ein, mit der Sarah damals noch gut befreundet war. Heute erscheint uns *Le Passant* in seiner blumigen Romantik allzu manieriert, doch genau diese Qualität sprach das übersättigte Publikum der damaligen Zeit an. Sarahs charmante Erscheinung in ihrem Troubadour-Kostüm und ihr schöner Vortrag von Coppées reizenden Zeilen begeisterten das Publikum und auch die Kritiker. Der einflussreiche Lyriker und Kritiker Théodore de Banville beschrieb ihren Auftritt: „Sie rezitiert Verse so, wie Nachtigallen singen, wie der Wind seufzt, wie Bächlein plätschern..."

Der Siegeszug von *Le Passant* erreichte seinen Höhepunkt bei einer Galavorstellung im Palais des Tuileries vor dem Kaiser und der Kaiserin. Sarah war Napoléon III. bereits begegnet und bewunderte ihn oder zumindest sein Erscheinungsbild: Ihrer Ansicht nach ähnelte er seinem großen Vorgänger – und Sarah hatte eine Vorliebe für den napoleonischen Look. Höchstwahrscheinlich gingen der Kaiser und die Schauspielerin früher oder später gemeinsam ihrer Vorliebe für sexuelle Abenteuer nach, genauso wie Sarah später auch eine besondere Beziehung zu Edward, dem Prinzen von Wales, haben sollte, in der sich amouröse Romantik und gegenseitige Bewunderung paarten.

Wie wir sehen, hatte Sarah – ungeachtet ihrer früheren Verachtung für den Lebensstil ihrer Mutter – kein Problem damit, ihre Gunst zu verteilen. Während ihrer ersten Jahre am Odéon hatte sie unter anderem auch eine Liaison mit einem der distinguiertesten Männer ihrer Zeit, dem ausgesprochen mondänen Charles Haas, der nicht nur elegant, attraktiv und kultiviert war, sondern auch zur gesellschaftlichen Elite zählte, einer der sehr wenigen jüdischen Mitglieder des Jockey Club und stets gern gesehener Gast bei der Aristokratie des Faubourg St. Germain – *le gratin*. Er zählte Degas und den Prinzen von Wales zu seinen engen Freunden. In den 1860er Jahren war er berühmt für seine Weltläufigkeit und seinen Erfolg bei Frauen. Heute kennt man ihn nur noch als Sarahs Liebhaber und als Vorlage für Prousts Charles Swann. (Sarah lieferte natürlich das Vorbild für Prousts Berma.)

Aus den Briefen, die Sarah Haas damals schrieb, geht deutlich hervor, dass er der Angebetete war und sie die Anbetende. „Ich liebe dich. Mir ist klar, dass du meine Liebe nicht erwiderst, aber bitte tue so als ob. Lieber Freund, komm um drei Uhr zu mir. Das würde mir größte Freude bereiten" ... „Danke für deinen Brief, mein teurer Geliebter. Vor allem danke für deine Besuche" ... „Komm sobald wie möglich wieder, lieber Charles. Ich sehne mich nach dir... Meine Hand, mein ganzes Sein verlangen nach dir." Als er die Affäre beendete und Sarah taktvoll mit Geld abfand, schrieb sie: „Ich nehme es an, aber nur als Darlehen. Danke dir, lieber Freund, danke." Und tatsächlich blieben sie befreundet, bis zu seinem Tod im Jahr 1902. Mit Ex-Liebhabern gut befreundet zu bleiben, gehörte zu Sarahs größten Stärken jenseits der Bühne.

Mit Haas und Arthur Meyer aß Sarah auch gerade zu Abend, als ihre Wohnung in Brand geriet – ein Kindermädchen war achtlos mit den Kerzen gewesen. Einigen Zeugen zufolge sind die drei Freunde in einem Restaurant (der Fürst de Ligne sitzt, wie wir gehört haben, an einem Nachbartisch); anderen zufolge halten sich die drei in Sarahs Wohnung auf, als das Feuer ausbricht. Sarah stürzt nach oben, um den kleinen Maurice zu retten, die Dienstboten zu wecken und ihre alte, zänkische niederländische Großmutter, die bei ihr wohnt, nach unten zu tragen. Dummer- aber durchaus typischerweise hatte Sarah vergessen, die Versicherungspolice zu unterschreiben. Nun ist sie mittel- und obdachlos und findet vorübergehend Unterschlupf bei Youle.

Duquesnel kam ihr zu Hilfe und organisierte eine Benefizgala, um sie finanziell wieder auf die Beine zu stellen. Zur Überraschung vieler bot sich die Sängerin Adelina Patti, die damals verehrt wurde wie keine Zweite, als Stargast des Abends an. Wir erinnern uns, Patti hatte den Marquis de Caux geheiratet, einen von Sarahs früheren „Aktionären", und dieser hatte seine Frau überredet, seiner früheren Geliebten beizustehen. Oder spielte dabei womöglich ein gewisses Element von Erpressung eine Rolle? Wie dem auch sei, der Abend war ein überwältigender Erfolg, Sarah war wieder zahlungsfähig, und das Leben ging weiter, ebenso wie ihre Karriere.

Rasch feierte sie zwei weitere Erfolge: *Le Bâtard*, eine Rechtfertigung der Unehelichkeit, bei der sich nicht nur Vater und Sohn Berton als rivalisierende Brüder gegenüber standen, sondern auch zwei künftige Liebhaber und Bühnenpartner Sarahs in Nebenrollen zu sehen waren: Mounet-Sully und Édouard Angelo. Darauf folgte George Sands *L'Autre*, wiederum mit den Bertons, diesmal allerdings auch auf der Bühne in den Rollen des Vaters und des Sohnes.

Sarah spricht in ihren Memoiren sehr warmherzig über George Sand: „Madame George Sand, ein sanftes und bezauberndes Geschöpf, war außerordentlich schüchtern... Ich betrachtete diese Frau mit schwärmerischer Zuneigung... Ich setzte mich gern zu ihr, nahm ihre Hand und hielt sie so lange wie möglich in der meinen." In Sands Tagebuch sind hingegen ganz andere Beschreibungen zu lesen: „Alle machen sich gut, bis auf Sarah. Sie ist ein gutes Mädchen, aber eindeutig dumm" ... „In vieler Hinsicht ist Sarah dumm, aber sie hat ein ansprechendes Wesen" ... „Sarah und Berton fehlen. Jeanne [Bernhardt] hatte eine Fehlgeburt" ... „Mademoiselle Sarah ließ uns warten. Im Grunde schert sie sich einen Teufel um ihre Schwester, ist faul und spielt ihre Rolle wie das Flittchen, das sie ist" ... „Ich fürchte, Mademoiselle Sarah ist verrückt, aber alle sagen, sie werde ihre Sache gut machen." „Alle spielen besser, insbesondere Sarah ... Endlich identifiziert sie sich mit der jungen, aufrichtigen und interessanten Figur, die sie spielt."

Der Kritiker Théophile Gautier beschrieb Sarahs Schauspiel in *L'Autre* mit den Worten: „Bernhardt, jung und charmant, vermittelt die Züchtigkeit und den Wagemut eines echten Mädchens, das nichts weiß, nichts fürchtet und sich nichts zum Vorwurf macht." – Welch erstaunliche Ähnlichkeiten zwischen der Figur und der Schauspielerin!

Vier Jahre nach ihrem Debüt am Odéon schien Sarah eine erfolgreiche Laufbahn bevorzustehen. Doch man schrieb das Jahr 1870, und im Juli erklärte der französische Kaiser Deutschland den Krieg. Die damit beginnende verheerende preußisch-französische Auseinandersetzung unterbrach Sarahs Aufstieg als Schauspielerin, machte sie aber auf der Bühne des Weltgeschehens zur Heldin. Das war der erste Schritt bei ihrer völlig unerwarteten Verwandlung vom eigensinnigen, leichten Mädchen zur nationalen Ikone.

# X

Fünfzehn Prozent ihrer Memoiren widmet Sarah ihren Erlebnissen im Krieg und malte die zahlreichen dramatischen Szenen knapp fünfunddreißig Jahre später phantasievoll aus. Ihre Beschreibung des Grauens, das sie mit eigenen Augen sah und selbst erlebte, besticht durch Energie und Schwung. Unverkennbar ist, wie sehr der Krieg und ihre Rolle darin sie allem Schrecken zum Trotz beflügelten.

Als der Kaiser im Juli 1870 in den Krieg zog, hielt Sarah sich gerade zur Erholung in Südfrankreich auf und, wie Tausende anderer auch, versuchte sie verzweifelt, nach Paris zurückzukehren. Bald nach ihrer Heimkehr zeigte sich die Katastrophe des französischen Feldzugs in ihrem ganzen Ausmaß. Im September kapitulierte der Kaiser in Sedan mit achtzigtausend Mann, wenig später rückten die Deutschen auf Paris vor, um die Hauptstadt zu belagern, und Sarah beschloss, ihre ganze Familie aus der Gefahrenzone und in Sicherheit zu bringen. Nachdem sie ihnen einen Platz im Zug nach Holland erkämpft hatte, kehrte sie in ihre Wohnung zurück und machte sich bereit, ihrem Land zu helfen. Obwohl sie sagte: „Ich hasse den Krieg! Der Gedanke an ihn bringt mich zur Verzweiflung und lässt mich am ganzen Körper schaudern", kam es ihr nie in den Sinn, vor ihm davonzulaufen. Im Gegenteil: „Ich beschloss, meine Kräfte und mein Wissen einzusetzen, um den Verwundeten beizustehen."

Als verletzte Soldaten in die Stadt strömen, erhält sie von Duquesnel die Erlaubnis, das mittlerweile geschlossene Odéon zu requirieren, und vom Kriegsministerium die Genehmigung, dort ein Lazarett einzurichten. Sofort macht sie sich daran, Vorräte zu beschaffen, sucht Freunde und Bekannte auf und bittet sie um Hilfe. Große Unterstützung bekommt sie vom neuen Präfekten der Seine, der sich, als sie ihm ihre Aufwartung macht, als ein alter Liebhaber entpuppt: ihr Husar, der Comte de Keratry. Nicht, dass sie ihn als solchen zu erkennen gäbe; den Lesern schildert sie ihn lediglich als den jungen Leutnant, dem sie einmal bei ihrer Tante Rosine begegnet ist und der sie seiner Mutter vorgestellt hat („eine reizende Frau"), damit Sarah bei ihren Soireen Gedichte vortrug.

Welche Überraschung, ihm unter diesen Umständen wiederzubegegnen! „Ich hätte nicht im Traum daran gedacht, hier auf Sie zu treffen, aber ich bin entzückt, denn Sie werden mir all meine Wünsche erfüllen. [...] Ich habe schon fünf Verwundete aufgenommen und weitere sind angekündigt." Mit der ihm eigenen Galanterie erwidert Keratry: „Madame, ich bin Ihnen zu Diensten!" Und wenig später ordnet er an, ihr zehn Fässer Rotwein und zwei Fässer Schnaps, dreißigtausend in Kisten verpackte Eier, hundert Säcke Kaffee, Kisten mit Tee, vierzig Kartons Zwieback, tausend Konservenbüchsen und anderes mehr zu schicken. Als ihr Blick auf seinen prächtigen pelzgefütterten Mantel fällt, nimmt sie den ebenfalls an sich und sagt: „Ich brauche noch viele Mäntel, und dieser hier sieht mir sehr warm aus." Lachend überlässt er ihr das Kleidungsstück und fragt nur: „Sie erlauben, dass ich meinen Schal behalte?" – Diese Geschichte ist zu schön – wer wollte da nach ihrem Wahrheitsgehalt fragen?

Andere Freunde steuerten weitere Vorräte bei. Ein Schokoladenhersteller ließ Sarah fünfhundert Pfund Schokolade zukommen, ein Mehlhändler schickte ihr zwanzig Säcke Mehl, andere gaben ihr Sardinen, Linsen, Zucker, Butter, Nachthemden und Bettwäsche, und sie kaufte „einen Restposten von zweihundert Flanellwesten" auf. Sarah räumte das Theater leer, um für die Betten Platz zu schaffen, stellte ihre Köchin dazu ab, sich um die Verpflegung zu kümmern, und ernannte eine der älteren Schauspielerinnen, Madame Lambquin, sowie Marie Colombier (deren Beitrag Sarah wenig überraschend in ihren Memoiren unterschlägt) und natürlich Madame Guérard zu ihren wichtigsten Helferin-

A cause du Bombardement
# L'AMBULANCE
## DE L'ODÉON

*Créée et dirigée par*

# M<sup>lle</sup> SARAH BERNHARDT

*a été transférée*

# RUE TAITBOUT. N° 58

*S'adresser, pour les Admissions ou pour tous Renseignements, à*

**M<sup>lle</sup> SARAH-BERNHARDT**
**M<sup>me</sup> LAMBQUIN**
**M<sup>me</sup> E. GUÉRARD**
**M<sup>me</sup> SÉPÉLIE LEMAIRE**

A l'Ambulance: Rue Taitbout, 58.

Dieses Plakat kündet von der Umwandlung des Odéon in ein Lazarett

nen. Als die Belagerung von Paris begann, war Sarahs Lazarett einsatzbereit.

Und der Bedarf war groß. Die Verwundeten, die Verstümmelten, die Sterbenden wurden in Scharen zu ihr gebracht. Sarah quartierte sie in den Foyers ein, im Zuschauerraum, in den Kulissen, in den Garderoben, auf der Bühne. Fünfzig, sechzig, hundert … und sie versorgte alle selbst, schlief im Theater, pflegte die Männer, sprach ihnen Mut zu, tröstete sie – und signierte Fotos. Eines schenkte sie offenbar einem jungen Soldaten namens Foch, der eines Tages die französischen Armeen befehligen sollte.

Sicher, es war eine Rolle, die sie da spielte, wie Marie Colombier spitzzüngig anmerkt, aber eine Rolle, an die sie glaubte. Zeit ihres Lebens war Sarah Patriotin, und wenn sie einmal beschlossen hatte, dass etwas getan werden musste, erledigte sie es am liebsten selbst. Dabei scheute sie vor nichts zurück.

> Die Bombenangriffe auf Paris gingen weiter. Eines Abends kamen die Brüder von der christlichen Schule und baten uns um Hilfe und Fahrzeuge, um die Toten auf der Anhöhe von Châtillon einzusammeln. Wir fuhren mit zwei meiner Wagen auf das Schlachtfeld.
> 
> Ach, welch grausame Erinnerung, wie eine Szene von Dante! Es war eine eiskalte Nacht, wir kämpften uns mühsam voran. Endlich erkannten wir an den Fackeln und Laternen, dass wir unser Ziel erreicht hatten. Ich stieg mit dem Krankenpfleger und seinem Assistenten aus. Wir mussten langsam gehen, denn bei jedem Schritt konnten wir über Sterbende oder Tote stolpern. Im Gehen riefen wir leise: „Sanitäter! Sanitäter!" Antwortete uns ein Stöhnen, gingen wir darauf zu.
> 
> Ach, der Erste, den ich so fand! Halb lag er auf der Erde, halb war er gegen einen Berg Leichen gelehnt. Ich richtete den Schein meiner Laterne auf sein Gesicht. Ein Ohr und der halbe Oberkiefer waren ihm zerfetzt, große, in der Kälte geronnene Blutklumpen hingen vom Kinn herab. Seine Augen blickten irr. Ich nahm einen Strohhalm, tauchte ihn in die Feldflasche, saugte ein paar Tropfen Schnaps an und flößte sie

dem armen jungen Mann ein. Das wiederholte ich drei oder vier Mal. Es belebte ihn etwas, und wir trugen ihn zu einem unserer Wagen [...]

Es gab so viele Verwundete, dass wir sie gar nicht alle abtransportieren konnten, und ich weinte angesichts meiner Ohnmacht.

Das klingt eindeutig nach der Wahrheit.

Als die Belagerung andauerte und die Artillerieangriffe immer heftiger wurden, erwies sich das Odéon als allzu leichtes Ziel. Zuerst verlegte Sarah ihre Patienten in die Kellerräume, dann ließ sie die Schwerkranken ins Krankenhaus Val-de-Grâce bringen und mietete für die rund zwanzig Konvaleszenten eine große Wohnung an. Sie selbst war erschöpft und zum bloßen Skelett abgemagert. Aber sie hatte etwas Großes geleistet, und alle wussten davon. Sie hatte einen Plan geschmiedet und ihn mit beeindruckendem Einsatz durchgeführt, hatte ihren ganzen, aus wohlhabenden und einflussreichen Personen bestehenden Bekanntenkreis engagiert, damit alle ihr halfen, ihr Ziel zu erreichen. Sie hatte sich mit all ihrer Kraft für ihr Lazarett eingesetzt und sich und der Welt bewiesen, wozu sie fähig war.

Während der Belagerung hatte sie nichts von ihrer Familie in Holland gehört – neben dem sechsjährigen Maurice hielten sich dort ihre Mutter, Jeanne und Régine, Jeannes kleines Kind und ihre Tanten auf –, abgesehen von ein oder zwei kurzen Nachrichten, die der Gesandte der Vereinigten Staaten übermittelt hatte. Dieser war in Paris geblieben, das ansonsten von der Welt abgeschnitten war: „Alle wohlauf. Viel Glück. Tausend Küsse. Deine Mutter." Diese ungewohnt warmherzigen Worte mochten Sarah zunächst beruhigt haben, doch als die Niederlage kam und Ende Januar 1871 der demütigende Waffenstillstand unterzeichnet wurde, erfuhr sie zu ihrer Wut und Enttäuschung, dass die Familie von Den Haag, wo sie sie wähnte, in den luxuriösen Kurort Bad Homburg vor der Höhe im Taunus gezogen war, wo Freunde von Rosine lebten. Das widersprach nicht nur Sarahs patriotischem Hass auf die Deutschen, sondern traf auch einen empfindlichen Nerv bezüglich ihrer Vorfahren – schließlich wurde sie von ihren Gegnern oft als Deutsche bezeichnet.

Sofort wurde Sarah bei Adolphe Thiers vorstellig – dem „Chef der Exekutive" und wenig später Staatspräsident – und bat ihn um Erlaubnis, die kaum befriedete Front zu überqueren, um ihre Familie zu suchen und nach Hause zu holen. Im Gegensatz zu ihrer Schilderung der Belagerung liest sich der Bericht ihrer elftägigen Irrfahrt durch Frankreich und nach Deutschland hinein wie ein veritabler Thriller: Um jede Ecke lauern Gefahren, es herrschen grauenhafte Zustände, ihre Angst und Erschöpfung wachsen täglich, begleitet wird sie lediglich von Maurice' jungem Kindermädchen – und einem Revolver. Mit gewohnter Durchsetzungskraft gelingt es ihr, sich und die ganze Familie – insgesamt elf Menschen – durch das ehemalige Kriegsgebiet zu schleusen.

Aber schon wenige Wochen später drohte neue Gefahr, als nämlich in Paris der Aufstand der Kommune ausbrach – jener erschreckende Moment im Jahr 1871, als die Arbeiterklasse sich in Folge der Niederlage gegen die neue Zentralregierung erhob und Paris vom Rest des Landes abschottete, sodass belagerungsartige Kriegszustände herrschten. Die Kommunarden kämpften sich von Straße zu Straße vor, Geiseln wurden genommen, und es kam zu Hinrichtungen, ehe sich die Zentralregierung schließlich doch behauptete.

Sarah war politisch alles andere als radikal, und obwohl sie sich als überzeugte Republikanerin bezeichnete (von ihrer Schwäche für die Napoleonischen Kaiser einmal abgesehen), war sie jenseits ihrer persönlichen Verbindungen zu verschiedenen einflussreichen Persönlichkeiten in verschiedenen Regierungen letztlich überhaupt nicht politisch. Im Grunde war bei ihr alles persönlich. Sie war schockiert über die Gewalttätigkeit des Aufstandes, und da die Theater noch geschlossen waren, verließ sie die Stadt und zog in die nahe gelegene Ortschaft St. Germain-en-Laye, von deren Anhöhen aus sie „die Flammen stolz und zerstörerisch aufsteigen sah". (Das dürften die Flammen gewesen sein, die das Rathaus und damit ihre Geburtsurkunde vernichteten.) Zu diesem Zeitpunkt hatte sie einen gewissen Hauptmann O'Connor zu ihrem Begleiter erkoren, doch weil der Hauptmann bei einem Ausritt kaltblütig einen Kommunarden erschoss, verlor die Romanze schon bald ihren Reiz. Der schmucke O'Connor stand auf Seiten der Zentralregierung, die aus Paris nach Versailles geflüchtet war. Sarah hatte ihn von ihrer Schwester Régine ausgeborgt, blieb aber offiziell die gut entlohnte Geliebte des wohlhabenden Bankiers Jacques Stern. Irgendwoher musste das Geld ja kommen.

Ende Mai wurde der Aufstand blutig niederschlagen – er hatte genau zwei Monate gedauert –, auf beiden Seiten gab es Zehntausende Tote, teils aufgrund der Straßenschlachten, teils wegen der Hinrichtungen. „Endlich konnten wir nach Paris zurückkehren. Der abscheuliche und schändliche Friedensvertrag mit Deutschland war unterzeichnet, die leidige Kommune besiegt. Angeblich herrschte wieder Ordnung. Aber all das Blut und die Asche! All die trauernden Frauen! Die Ruinen! Die Luft von Paris war geschwängert von bitterem Rauch."

Dann öffneten die Theater wieder ihre Pforten, und wenig später wurde Sarah zu Proben ans Odéon gerufen. In den nächsten Monaten war sie mit einer Reihe mehr oder minder erfolgreicher Stücke beschäftigt. Sie berichtet uns, dass sie mit ihrem alten Freund Paul Porel zwar gerade einen besonders großen Bühnenerfolg feiern konnte, aber dennoch nicht ganz zufrieden war: „Ich wartete auf das Ereignis, das mich ans Firmament erheben würde. Ich wusste nicht genau, was ich erwartete, doch ich wusste, mein Messias würde kommen. Und es war der größte Dichter des Jahrhunderts, der mir die Krone der Auserwählten aufsetzen sollte."

Victor Hugo

# XI

Bei diesem Dichter handelte es sich natürlich um keinen Geringeren als Victor Hugo, der nach neunzehnjährigem Exil auf den Kanalinseln als Held zurückkehrte. Jetzt, da das Kaiserreich abgeschafft und die Republik ausgerufen war, konnte Hugo, der weithin als bedeutendste Persönlichkeit seiner Zeit galt, zur großen Freude seiner Landsleute wieder in Paris Einzug halten.

Das Odéon hatte beschlossen, eine Wiederaufführung von *Ruy Blas* zu inszenieren, das anno 1868 *Kean* hatte weichen müssen, und Sarah setzte sich in den Kopf, die Rolle der romantischen spanischen Königin Doña Marie de Neubourg zu spielen. Sie gewann Freunde Hugos als Fürsprecher, bekam den Zuschlag und wurde gebeten, den Dichter am folgenden Tag um vierzehn Uhr zu einer ersten Lesung des Stücks in seinem Haus aufzusuchen. Empört über dieses ungewöhnliche Ansinnen – erste Lesungen fanden gemeinhin auf der Bühne statt – und unterstützt von ihrem „kleinen Hofstaat" folgte sie dem Rat ihres alten Freundes Marschall Canrobert und schrieb dem Dichter folgenden Brief: „Monsieur, die Königin hat sich erkältet, und ihre *camerera mayor* untersagt ihr, das Haus zu verlassen. Die Etikette des spanischen Hofs ist Ihnen vertrauter als jedem anderen. Erbarmen Sie sich Ihrer Königin, Monsieur." Seine Antwort: „Ich bin Ihr Diener, Madame."

Sofort wurde ihr klar, dass sie ihn falsch eingeschätzt hatte, und sie wurde zu seiner glühenden Verehrerin. Die Proben waren die reine

Freude – Hugo inszenierte selbst –, und bei der Premiere am 19. Februar 1872 feierte Sarah den größten Triumph ihrer bisherigen Laufbahn. Als sie hinter der Bühne von ihren Bewunderern umringt wurde, selbst „atemlos, benommen, und doch selig" über ihren Erfolg, sah Sarah, wie die Menge sich teilte, ein Spalier bildete und Hugo auf sie zukam. „Innerhalb einer Sekunde schossen mir die ganzen törichten Gedanken durch den Kopf, die ich über diesen genialen Meister gehegt hatte ... In dem Moment, der meinem Leben Flügel verlieh, hätte ich ihm gern meine Reue gestanden, ihm meinen innigsten Dank ausgesprochen. Doch bevor ich etwas sagen konnte, sank er vor mir aufs Knie, führte meine Hände an seine Lippen und flüsterte: ‚Danke, danke!' [...] Er war an diesem Abend so schön mit seiner breiten Stirn, auf der das Licht schimmerte, mit seinem dichten silbernen Haar und den lachenden, leuchtenden Augen."

Hugo war siebzig, Sarah siebenundzwanzig. *Quand même*. Beide blickten auf vielfältige amouröse Abenteuer zurück und begannen nun, so wird vermutet, ein gemeinsames. Hugos Tagebücher berichten von mehreren Begegnungen. Am Tag nach der Premiere: „Sah und beglückwünschte Sarah Bernhardt. Sie sagte zu mir, Küss mich. Bise de boca." – Letzteres bedeutet: Kuss auf den Mund. Victor Hugo schrieb von seinen amourösen Begegnungen immer auf Spanisch.

Ihr Verhältnis währte mehrere Jahre. Noch im November 1875 heißt es in Hugos Tagebuch: „S.B. No sera el chico hecho" – es wird kein Baby geben. Und Sarah berichtete ihrem Arzt in einem Brief von einer geplanten Fahrt nach England: „Die Reise wird nun doch stattfinden. Aber der eigentliche Grund zur Besorgnis ist Ärger mit Victor Hugo. Ich bin krank, ich bin erschöpft [...] und ich bin enerviert vom dummen Egoismus der Männer." Wie ein französischer Biograph spekulierte, war Hugos Tagebucheintrag womöglich ein Seufzer der Erleichterung: ein Fehlalarm! Kein „chico"!

Der Verfasser von *Ruy Blas* war nicht der Einzige, der von Sarah in seinem Stück bezaubert war; den Kritikern ging es ebenso. Sarcey: „Keine Rolle war jemals derart auf Mademoiselle Sarah Bernhardts Gaben zugeschnitten wie die der melancholischen Königin." Ihre Stimme, ihr hinreißender Vortrag von Hugos Dichtung hatten Sarcey gefesselt. Über Nacht hatte Sarah ihr Ziel erreicht: Sie galt als die beste Schauspielerin in ganz Paris.

Angesichts der Beifallsstürme war es der Comédie-Française nicht länger möglich, sie zu übergehen, und die Kritiker – allen voran Sarcey, der immensen Einfluss bei der Truppe genoss – drängten das Theater, Sarah zur Rückkehr zu bewegen. Inwieweit sie selbst hinter den Kulissen ihren Einfluss spielen ließ, vermag niemand zu sagen.

Eines Tages erhielt sie ein Schreiben von Émile Perrin, dem Leiter der Comédie-Française, mit der Bitte, ihn aufzusuchen. Sarah zufolge ging sie sofort zu Duquesnel, zeigte ihm den Brief und bat um eine Gehaltserhöhung. Laut ihrer Darstellung empfahl er ihr, am Odéon zu bleiben, und versprach, wegen des Geldes mit Chilly zu verhandeln. Sie forderte 15000 Francs im Jahr; Perrin bot ihr 12500. Chilly empörte sich: Ihr Vertrag laufe noch ein Jahr, weshalb solle er sie jetzt gehen lassen? Kaum hatte Sarah das gehört, sprang sie auf und ging schnurstracks zu Perrin, um den Vertrag zu unterzeichnen. Als sie diesen dann Duquesnel zeigte, sagte der „ernst und gekränkt: ‚Das hättest du nicht tun sollen, ohne vorher mit mir darüber zu sprechen. Einen solchen Mangel an Vertrauen habe ich nicht verdient.'" Sarah war selbst zerknirscht. „Ich entschuldigte mich bei Duquesnel, so gut ich eben konnte. Er war verletzt, und ich schämte mich ein wenig, denn er war mir gegenüber immer nur die Güte in Person gewesen. Immerhin hatte er mir, gegen Chillys Widerstand, die Tür zu meiner Zukunft geöffnet."

Wütend machte Chilly seine Drohung wahr, verklagte sie und bekam Recht – Sarah musste der Verwaltung des Odéon sechstausend Francs Schadenersatz leisten. Kurz darauf veranstaltete Hugo zur Feier der hundertsten Aufführung von *Ruy Blas* ein großes Essen, und während Reden gehalten und Glückwünsche ausgesprochen wurden, erlitt Chilly einen Schlaganfall. Er starb wenig später, was Sarah angeblich „großen Kummer bereitete" – wer's glaubt...

Aufgrund des Renommees der Comédie-Française und der höheren Gage sowie der Genugtuung, nach ihrem ruhmlosen Abgang neun Jahre zuvor zurückgebeten zu werden, stand Sarahs Entscheidung für das Theater im Grunde von vornherein fest. Die Komödie ihrer finanziellen Verhandlungen mit Duquesnel und Chilly ist ein typisches Beispiel für ihr ewiges Bedürfnis, sich für ihr Verhalten zu rechtfertigen. Allerdings wusste sie auch genau, was sie aufgab. „Ich verließ das Odéon mit schwerem Herzen. Ich liebte dieses Theater und liebe es immer noch [...] Wann immer ich an diese wenigen Jahre in meinem Leben zurückdenke, werden kindliche Gefühle in mir wach." Hier hatte sie sich zur führenden Schauspielerin entwickelt, hier hatte sie gelernt, Kritiker und Publikum in ihren Bann zu schlagen. Die Bühnenbretter des Odéon waren ihre Schule gewesen, und die hatte sie bestanden.

Doch das Theater war zu klein, um sie zu halten. „Ich hatte das Gefühl, dass die Zeit des Hoffens und Träumens vorüber war, dass mir der Weg zur Erfüllung all meiner Träume nun offen stand und dass jetzt das Kämpfen beginnen würde." Sarah wusste, worauf sie sich einließ. „Mir war klar, dass ich in die Höhle des Löwen zurückkehrte." Mancher sah das jedoch genau andersherum, wie etwa Théodore de Banville, der bekanntermaßen sagte: „Sarah Bernhardts Engagement am Théâtre Français ist eine Revolution. Die Dichtung hat das Terrain der dramatischen Kunst betreten. Oder, wenn Sie so wollen, der Wolf ist in den Schafpferch eingedrungen."

# XII

Das Theater Molières hatte sich in den neun Jahren seit Sarahs Weggang kaum verändert. Es war allenfalls noch verstaubter und antiquierter geworden. Sarah hingegen hatte sich als Schauspielerin vollkommen gewandelt. Genau das hatte, vom Drängen Sarceys und anderer Kritiker abgesehen, Perrin dazu bewogen, Sarah wieder an sein Haus zu locken. Sie war nicht nur die derzeit interessanteste junge Schauspielerin in Paris, sie würde sich zweifellos auch als Kassenmagnet erweisen – und die Comédie-Française durchlebte schwere Zeiten. Bisher war keine große Tragödin erschienen, um die Erinnerung an die erhabene Rachel zu überflügeln und das Publikum so in Bann zu schlagen, wie es dieser in ihrer kurzen Laufbahn gelungen war, ehe sie mit sechsunddreißig an Tuberkulose starb.

Obwohl sich die Comédie-Française, ebenso wie das Odéon, unter staatlicher Leitung befand, unterschieden sich die Verwaltung und auch die Atmosphäre eklatant. Neue Mitglieder der Truppe wurden auf unterster Ebene zu niedrigen Gagen eingestellt. Offiziell nannte man sie *pensionnaires*. Nach einer gewissen Zeit konnten sie zu *sociétaires* aufsteigen, die eine weit höhere Gage sowie eine Art Gewinnbeteiligung erhielten. An der Spitze der Hierarchie standen die dienstältesten *sociétaires*, die im Grunde Beamtenstatus genossen. Und diese entschieden auch, welche Neuzugänge in ihren privilegierten Rang erhoben wurden.

Es versteht sich vermutlich von selbst, dass die berüchtigte Bernhardt – die trotzig Regeln übertrat, öffentlichkeitswirksame Auftritte suchte und eine neue, naturalistischere und aufregendere Schauspielkunst verkörperte – bei den Altgedienten, die sich noch lebhaft an Sarahs kurze, skandalträchtige Zeit bei der Truppe erinnerten, nicht gerade beliebt war. Doch sie hatte durchaus einige alte Freunde dort, unter anderem Sophie Croizette und den großartigen Coquelin, der Jahre später als Erster die Rolle des Cyrano spielen sollte. Die meisten Frauen lehnten ihre provokante Art ab und empfanden sie als Bedrohung für ihre eigene Position und als Konkurrentin bei der Rollenverteilung. Beispielhaft für die vergiftete Atmosphäre ist ein berühmter Wortwechsel zwischen Sarah und der führenden (und älteren) Schauspielerin Madame Favart. Diese ertappte Sarah dabei, wie sie im Theater gähnte und brummte: „Das geht mir auf die Nerven." Favart fuhr sie an: „Mademoiselle, Sie sind nicht mehr am Odéon, bitte denken Sie daran." Woraufhin Sarah der Älteren mit einem Knicks beschied: „Nein, Madame – am Odéon hätte ich gesagt: ‚Das ist mir scheißegal.'"

Ihre Gegner empfanden zweifellos eine gewisse Genugtuung über die Reaktion auf Sarahs ersten Auftritt an der Comédie-Française im November 1872. Sarah hatte sich als Debüt den Part der Junie in *Britannicus* gewünscht, doch Perrin bestand darauf, dass sie die Hauptrolle in einem alten Stück von Dumas *père* übernahm, *Mademoiselle de Belle Isle*. Sie war unglücklich über diese Wahl, zitterte vor Lampenfieber und musste dann mit ansehen, wie ihre Mutter wenige Minuten, nachdem sich der Vorhang gehoben hatte, unvermittelt das Theater verließ. Madame Guérard eilte ihr in der Droschke nach, um herauszufinden, was passiert war, und kehrte erst kurz vor dem fünften Akt mit der Nachricht zurück, Youle habe einen ihrer Anfälle gehabt, sei nun aber bereits auf dem Weg der Besserung. Diese Auskunft erreichte Sarah gerade noch rechtzeitig, dass sie sich wenigstens auf die letzten Szenen konzentrieren konnte. Dennoch hielt Sarcey, wie viele andere, mit seiner Enttäuschung nicht hinter dem Berg.

Bald jedoch konnte Sarah einen Erfolg feiern, nämlich als unglückliche Junie, Verlobte des edlen Britannicus, die vom mörderischen Nero verfolgt wird. Und so begann sie erneut ihren Aufstieg, wenn auch nicht ohne Rückschläge, Hindernisse und die üblichen Szenen hinter den Kulissen.

Ein wesentliches Merkmal der Comédie-Française war, dass man dort großen Wert auf Ensemble-Spiel legte, wobei jeder Hauptdarsteller seine Spezialitäten hatte und mit bestimmten Rollen rechnen durfte. Aus diesem festen Ensemble hatte zuletzt Rachel herausgestochen, deren Genialität als klassische Tragödin sie sofort von allen anderen abhob und die wie Sarah Traditionen und Konventionen trotzte, um ihren eigenen Weg zu gehen. (Auch darüber hinaus gibt es Gemeinsamkeiten zwischen den beiden Schauspielerinnen. Wie Sarah verheimlichte auch Rachel ihre aufsehenerregenden Liebschaften nicht, sondern stellte sie offen zur Schau, ebenso wie ihre Liebe zum Geld – auch ihr warf man eine als „jüdisch" bezeichnete Raffsucht vor. Allerdings boten Rachel das Erhabene und Großartige ihrer klassizistischen Schauspielkunst einen gewissen Schutz vor ästhetischer Kritik. Sarah dagegen wurde in ihren Anfangsjahren als aufdringlich und „modern" verachtet und hemmungslos karikiert.)

Sich in ein Ensemble einzufügen war auch Sarah auf Dauer unmöglich. Zwar konnte sie etwa als Chérubin in Beaumarchais' *Le Mariage de Figaro (Die Hochzeit des Figaro)* das Publikum begeistern, doch aufgrund ihres Wesens – ihr Bedürfnis, ständig im Mittelpunkt der Aufmerksamkeit zu stehen und alles zu bestimmen – war es ihr unmöglich, sich einzuordnen: Sie war ein Star, oder sie war gar nichts. Mit ihrer wunderschönen Stimme und Diktion, ihrem Gespür für Poesie und ihrem Charme konnte sie Zuschauer und Kritiker selbst mit kleineren Parts, als Junie oder als Aricie in *Phèdre*, von sich überzeugen. In ihren Memoiren betont sie immer wieder, dass sie auch in solchen Nebenrollen als größter Erfolg des Abends gefeiert wurde –, aber sie verlangte nach Rollen, in denen sie zur führenden Darstellerin der Truppe aufsteigen konnte.

Ein Zufall half ihr, die ersten Stufen zum Ruhm zu erklimmen: Kurz zuvor war ein junger Schauspieler namens Mounet-Sully (ursprünglich Jean-Sully Mounet) engagiert worden. Bislang war er am Odéon gewesen, aber in derart nachgeordneter Position, dass Sarah ihn kaum bemerkt hatte. Jetzt allerdings fiel er ihr auf – und sie ihm. Ihre Partnerschaft, auf der Bühne und darüber hinaus, fesselte die Öffentlichkeit und bescherte beiden große Aufmerksamkeit.

Mounet-Sully war ein beeindruckend stattlicher und hinreißend attraktiver junger Mann voll stürmischer Gefühle, leidenschaftlich bei der Arbeit und im Leben, eine wahre Naturgewalt. Auf den Pariser Bühnen gab es keinen Zweiten wie ihn, und an der Comédie-Française hatte er praktisch über Nacht durchschlagenden Erfolg. Allerdings war ihm das subtile Spiel nicht gegeben, ein Kritiker verglich ihn einst mit einem Tenor, und er war auch nie einer von Sarahs zahmen „Co-Darstellern" à la Pierre Berton. Er war als Star so strahlend, als Präsenz ebenso mitreißend wie sie – sein Ödipus war so berühmt wie ihre Phädra, sein Hernani so brillant wie ihre Doña Sol, sein Hamlet der am meisten bewunderte seiner Zeit ... bis Sarah die Rolle spielte. Und wie Sarah trat auch er nie von der Bühne ab: Er war von 1870 bis 1910 der führende Hauptdarsteller der Comédie-Française. Letztlich war es die elektrisierende Partnerschaft der beiden, die das Theater wieder aus der Misere zog.

Das Repertoire der Comédie-Française beschränkte sich keineswegs auf Klassiker, sondern wurde regelmäßig mit neuen Dramen und Komödien ergänzt, und mittlerweile trat Sarah auch in einigen dieser Stücke auf. Während sie jedoch bei Tragödien keine ernstzunehmende Rivalin hatte, standen für die zeitgenössischen Werke eine Reihe überzeugender, talentierter und ansprechender Schauspielerinnen zur Verfügung. Die beliebteste von ihnen war die etwas jüngere Sophie Croizette, mit der Sarah schon früher befreundet gewesen war und die als Schauspielerin und auch als Frau von völlig anderer Art war. Selbst körperlich hätten die beiden Frauen nicht unterschiedlicher sein können: Sarah sehr klein, mager, angespannt; Sophie Croizette groß, vollbusig, stets lächelnd und mit einem Körperumfang, der – wie Henry James, damals Theaterrezensent in Paris, es taktvoll formulierte – „einen Punkt erreicht hatte, an dem bei Jungmädchen-Rollen die Illusion zu schwinden droht."

Sie spielten gemeinsam in Feuillets *Le Sphinx*, wo die Croizette einen grausamen Gifttod stirbt, den sie pathetisch darbot – allzu pathetisch, wie einige meinten. Da Bühnentode später Sarahs Markenzeichen werden sollten, verwundert es, dass dieser Part nicht ihr übertragen wurde. Doch obwohl sie die ruhigere Rolle hatte – die der edlen hintergangenen Ehefrau und nicht die der leidenschaftlichen Geliebten –, setzte sie ihren verhaltenen, lyrischen Stil höchst effektvoll ein und hatte das Gefühl, den Lorbeerkranz errungen zu haben.

Die Proben waren bis dahin nicht immer problemlos verlaufen. So war es zu einem komischen Sturm im Wasserglas gekommen, just wegen des dramatischen Höhepunkts im Stück, einer nächtlichen Szene im Garten: Ein Scheinwerfer, der den Mond symbolisierte, wurde auf die Croizette und nicht auf Sarah gerichtet, die sich ihr über eine kleine Brücke näherte. Wie nicht anders zu erwarten, erhob Sarah Einspruch. Perrin, der Regisseur und Sophie Croizettes Liebhaber, weigerte sich, das Licht auf Sarah zu richten mit der Begründung, Sophie habe nun einmal die Hauptrolle. Sarah widersprach ihm mit einem bestechenden Argument: „Verzeihen Sie, Monsieur Perrin", rief sie, „Sie haben kein Recht, mir meinen Mond zu nehmen. In den Bühnenanweisungen heißt es klipp und klar: ‚Berthe nähert sich, blass im Mondlicht, von Gefühlen zerrissen.' Ich bin blass, ich bin von Gefühlen zerrissen, und ich will meinen Mond!" Als Perrin sich auch dadurch nicht umstimmen ließ, stürmte sie davon, und es blieb zwei Tage lang unklar, wer die Berthe bei der Premiere spielen würde. Als der Abend näher rückte, kam man schließlich überein, dass beide Damen ihr Licht bekommen sollten, und so war die Harmonie wieder hergestellt. Erfreulicherweise gefährdeten derartige Spannungen nie ernsthaft den freundschaftlichen Umgang, den die beiden Schauspielerinnen immer hatten.

Das waren eben die Proben, die Feuillet seiner Frau so anschaulich schilderte, doch in einem späteren, bisher unbekannten Brief zeichnet er ein ganz anderes, besorgniserregendes Bild:

> Gestern wurde ich Zeuge einer sehr bedrückenden Szene.
> Sarah hustete von Anfang bis Ende der Probe. Ich fand,
> sie wirke so viel blasser und gespenstischer als zuvor, dass
> ich sogar vorschlug, die Probe abzubrechen, doch davon
> wollte sie nichts hören. Plötzlich fiel sie steif wie ein Brett
> aufs Sofa und rief: „Ich ersticke!" Chaos, Durcheinander.
> Alle eilten zu ihr. Sie hatte einen schrecklichen, nicht enden

wollenden Hustenanfall – trocken, heftig, begleitet von schrecklichen Blutflecken, die ihr Taschentuch und ihre Lippen färbten. Zusammengekrümmt lag sie da auf dem Sofa und hustete unaufhörlich, würgte und bekam keine Luft. Ich kann die verstörende Qualität dieser Szene gar nicht in Worte fassen: das Theater in Aufruhr, das dämmrige Licht, diese elegante junge Frau mit dem wunderschönen Haar, das zarte Parfüm auf ihrem Taschentuch und dazu die grellroten Flecken, das reizende blasse Gesicht mit Blut besudelt. Dieses lebensechte Drama, das über dem anderen aufbrach, die Todesmaske auf dem hübschen Gesicht der Schauspielerin – es war unbeschreiblich und entsetzlich.

Direkt nach *Le Sphinx* bat Sarah – zutiefst erschöpft und offensichtlich krank – Perrin um einen Monat Urlaub, doch den verweigerte er ihr, bestand gar trotz ärztlichen Protests darauf, dass sie in der Sommerhitze eine große neue Rolle einstudiere und spiele. Es ging um Voltaires *Zaïre*, die Rolle, vor der Provost sie am Conservatoire gewarnt hatte. Wütend über Perrins Uneinsichtigkeit legte Sarah sich wie rasend ins Zeug, obwohl ihr sehr wohl bewusst war, wie verbittert und kindisch sie sich damit verhielt, und trat am 6. August „in glühender Hitze" auf die Bühne. „Ich war wild entschlossen, ohnmächtig zu werden, Blut zu spucken und zu sterben, nur um Perrin zu ärgern. Ich steigerte mich völlig in die Rolle hinein: Ich hatte geweint, ich hatte geliebt, ich hatte gelitten, ich war erstochen worden. […] Ich hatte mir vorgenommen, in der Todesszene auf dem Ottomane wirklich zu sterben, und war überzeugt, dass ich in den letzten Zügen lag." Zu ihrer Überraschung war sie jedoch, als der Vorhang fiel, nicht nur genesen, sondern voller Energie. „Ich erkannte, dass meine Lebensgeister meinem Denken unterworfen sind. […] Nachdem ich alles gegeben hatte, was ich geben konnte, und mehr noch, befand ich mich in vollkommenem Gleichgewicht. Und da sah ich die lang ersehnte Zukunft vor mir liegen."

Das Theater hatte *Zaïre* zwanzig Jahre lang nicht aufs Programm gesetzt, aber jetzt erlebte das Stück dank Sarah und Mounet-Sully dreißig Vorführungen, die längste Laufzeit überhaupt. Kein Wunder,

Sophie Croizette

hatte Sarcey doch darüber geschrieben: „Es war hinreißend, und es wird lang dauern, ehe wir zwei Künstler *Zaïre* wieder mit solcher Harmonie spielen sehen, zwei Künstler, die ihre Rollen mit solcher Jugend, solchem Feuer, solchem – wage ich es zu sagen? – Genie ausfüllen."

Und dann kam die ganz große Prüfung für Sarahs Schauspielkunst – der Wendepunkt in ihrer Beziehung zur Truppe und zur Welt: ihre erste Darbietung von *Phèdre*. Racines große Tragödie hat im französischen Theater denselben Stellenwert wie *Hamlet* im englischsprachigen – eine gewaltige, anstrengende Rolle, die der Hauptdarstellerin nicht nur außergewöhnliches Talent abverlangt, sondern auch immenses stimmliches und körperliches Durchhaltevermögen. Gegen Ende 1874 bestellte Perrin Sarah zu sich ins Büro und übertrug ihr den Part – mit vier Tagen Vorbereitungszeit –, weil eine ältere Schauspielerin die Rolle abgelehnt hatte. Natürlich kannte Sarah das Stück noch gut aus ihrer Studienzeit und auch, weil sie im Jahr zuvor die Naive Aricia gespielt hatte, dennoch war es eine gewaltige Herausforderung.

Klugerweise suchte sie ihren früheren Lehrer Régnier auf, den führenden Theaterpädagogen, und bat ihn um Rat und Hilfe. Er gab ihr den entscheidenden Hinweis: Wecke dein Mitleid für Phädra, die gequälte Frau, nicht die Ehrfurcht vor Phädra, der unversöhnlichen Königin. Anders gesagt: Bleib Sarah, und versuche nicht, Rachel zu sein.

Zusammen mit Mounet als ihrem Stiefsohn Hippolytos – dem schaudernden Objekt ihrer inzestuösen Leidenschaft – trat Sarah am Abend des 21. Dezember auf die Bühne. Sie litt unter dem schwersten Lampenfieber ihres Lebens. Der erste Akt lief nicht gut – wie immer, wenn sie nervös war, sprach sie zu schnell und mit schriller Stimme. Dann aber fing sie sich, und mit dem zweiten Akt schlug sie das Publikum in ihren Bann. Zwar entbrannten im Anschluss heftige Kontroversen darüber, wie sie als Phädra im Vergleich zu Rachel einzuschätzen sei, aber Sarah hatte ohne jeden Zweifel reüssiert. Und das war ja nur ihr erster Entwurf. Im Lauf der folgenden Jahrzehnte entwickelte sich ihre Phädra immer weiter, wurde immer nuancenreicher. Die Phädra war die Rolle, die ihr am meisten Bewunderung einbrachte, an der sie stets gemessen wurde und die sie nie auf die leichte Schulter nahm. Noch 1908 kommentierte Lytton Strachey:

> Die Worte Phädras aus dem Munde Bernhards [sic] zu hören, im wachsenden Grauen von Verbrechen und Reue, von Eifersucht und Wut, von Verlangen und Verzweiflung zu sehen, wie all die dunklen Schicksalsmächte auf diesen großen Geist herabstürzen, wenn Himmel und Erde Phädra zurückweisen und die Hölle sich auftut und die grausige Urne Minos' donnernd zu Boden kracht – das heißt wahrlich, der Unsterblichkeit nahezukommen, schaudernd durch unendliche Abgründe zu stürzen und, sei es auch nur für einen Moment, das ewige Licht zu schauen.

Ein gutes Jahr nach *Phèdre* übernahm Sarah in *L'Étrangère (Die Fremde)* von Dumas *fils* die lächerliche Rolle der Mrs. Clarkson, der amerikanischen Tochter einer jungen Mulatten-Sklavin und eines Südstaaten-Plantagenbesitzers. (Henry James fasst das knapp zusammen: „Meine Mutter war hübsch. Er bemerkte sie. Als Folge davon wurde ich geboren", dann bezeichnet er das Werk als Dumas' schlechtestes Stück.) Sophie Croizette spielte die heftig bedrängte Duchesse de Septmonts. Seltsamerweise beneideten sich beide Frauen um ihre Rollen.

Diese Eifersüchteleien blieben nicht unbemerkt. In einer Meldung „unseres Korrespondenten vor Ort" vom 16. Februar 1876 hieß es in der *New York Times:*

> Obwohl in Paris eine der hitzigsten politischen Kampagnen seit 1848 ausgetragen wird, war das wesentliche Ereignis dieser Woche die Inszenierung eines neuen Dramas von Alexandre Dumas an der Comédie-Française. […] Seit Ankündigung des Stücks sind mehrere Monate vergangen, und erkleckliche Wochen sind verstrichen, seit die Rollen verteilt und die Parts unterschiedlichen Künstlern zugewiesen wurden. Dabei galt es Tausende von Problemen zu überwinden. Nur mit größten Mühen konnten die Hauptdarstellerinnen der Comédie-Française dazu gebracht werden, die ihnen zugeteilten Rolle zu akzeptieren.

Die Rivalität zwischen Sophie und Sarah war belebend und finanziell zweifellos einträglich, denn die Bernhardtisten und die Croizettisten unterstützten die jeweilige Dame ihres Herzens tatkräftig. Der Umstand, dass sowohl *Le Sphinx* als auch *L'Étrangère* letztlich Schund waren, tat dabei nichts zur Sache.

Sarah war seit vier Jahren wieder an der Comédie-Française, als sie noch einen großen Erfolg mit einer ungewöhnlichen Rolle feierte, und zwar in *Rome Vaincue*, einem weiteren erbärmlichen Melodram, das im alten Rom spielt. Eine der Jungfräulichkeit verpflichtete Vestalin bricht ihr Keuschheitsgelübde und soll deshalb lebendig begraben werden, doch ihre alte, blinde Großmutter ersticht sie, um ihr das grausige Schicksal zu ersparen. Zum großen Erstaunen der Theaterleitung bestand Sarah darauf, nicht die geopferte Heldin zu spielen, sondern die alte Posthumia. Sarcey sah sie in dieser Rolle „als die Natur selbst, inspiriert von großartiger Intelligenz, von einer brennenden Seele [...] Diese Frau spielt mit ihrem Herzen und mit ihren Eingeweiden. Sie ist eine wundervolle Künstlerin, unvergleichlich, unübertroffen – kurz gesagt, eine geniale Schauspielerin." James schloss sich Sarceys Ansicht an: „Die Art, wie [Bernhardt] die Rolle darbietet, beweist erneut ihre außerordentliche Intelligenz und Vielseitigkeit. [...] Wie es ihr gelingt, halbstundenweise nur das Weiße ihrer Augen zu zeigen, um Blindheit vorzutäuschen, ist allein ihr Geheimnis; die Wirkung geht auf jeden Fall nicht am Publikum vorbei."

In ihren letzten Jahren an der Comédie-Française erschien Sarah nur noch in fünf neuen Rollen, abgesehen von einer Desdemona bei einer Benefizvorstellung mit Mounet als ihrem Gegenüber im fünften Akt von *Othello*. Sie war ein Überraschungserfolg in der schwer zu fassenden Rolle der Monime in Racines *Mithridate* und nicht minder überraschend in Molières *Amphitryon* – leicht, hinreißend, unwiderstehlich. Mounet hingegen überzeugte nicht. Er war zwar mitreißend, er sah wunderschön aus, aber seine ungezügelte Heftigkeit machte jeden Witz zunichte.

Die größten Triumphe dieser Jahre feierte Sarah in zwei Werken Victor Hugos. Sein berühmtestes Stück, *Hernani* – wir kennen es insbesondere als Verdis *Ernani* –, war 1830 bei der Premiere an der Comédie-Française als Inbegriff der Romantik gefeiert worden. Damals war es gleichermaßen ein Kunstwerk wie ein Politikum gewesen. Jetzt feierte das Stück mit Sarah als Doña Sol einen Erfolg wie in keiner Wiederaufnahme zuvor. Die Rolle bot ihr eine erstklassige Gelegenheit, die Reinheit ihrer Rezitationskunst und ihre große Eleganz zur Schau zu stellen, und Mounet verkörperte die romantische Männlichkeit aufs Überzeugendste. Gemeinsam waren sie phantastisch. Alphonse Daudet schrieb über Sarah: „Nie war sie derart anrührend. Nie zeigte sie mit so großartiger Kunstfertigkeit ihre seltene Gabe, tief zu empfinden und ihren Gefühlen mit einer derart persönlichen Note Ausdruck zu verleihen. Die Zeilen, die jedermann kennt, die der gesamte Saal in freudiger Erwartung vor sich hin flüsterte, bekamen durch die Harmonie ihrer Diktion plötzlich eine berauschende, unerwartete Schönheit."

Noch beglückender war die Reaktion des Dichters selbst. Zwar war die intime Freundschaft Hugos und Sarahs vorüber, doch während sie die Rolle der Doña Sol einstudierte, suchte sie ihn häufiger auf, um mit ihm über die Figur und den Text zu sprechen. Nach der Premiere schrieb er ihr: „Madame, Sie waren großartig, Sie waren charmant, Sie haben mich, den alten Kämpen selbst, berührt, und als das zutiefst bewegte und bezauberte Publikum Sie bejubelte, musste ich weinen." Dem Brief lag ein Diamantanhänger in Tränenform bei.

*Hernani* wurde der meistgefeierte gemeinsame Auftritt der beiden jungen Darsteller. Das Stück lief den ganzen Sommer während der Weltausstellung. Es war eine der größten Sensationen der Spielzeit und brachte es auf unübertroffene einhundertsechzehn Aufführungen. Dieser Erfolg untermauerte Sarahs Position als unbestrittene Königin der Comédie-Française. Zum ersten Mal seit Rachel kamen die Zuschauer ins Theater, um eine bestimmte Schauspielerin zu sehen, und nicht die Truppe an sich. Trat Sarah einmal nicht auf, gingen die Kartenverkäufe drastisch zurück.

Auf diesem Triumph aufbauend, inszenierte das Theater schließlich auch *Ruy Blas*, natürlich mit Sarah und Mounet. Der Erfolg war mindestens so groß wie der *Hernanis*, und das Stück blieb das ganze folgende Jahr auf dem Programm. Allerdings war auch das nur eine Wiederaufnahme. Seit über drei Jahren hatte Sarah keine neue Rolle mehr gespielt – überhaupt erschien sie in ihren Jahren an der Comédie-

Française in nur vier neuen abendfüllenden Stücken: *Le Sphinx, La Fille de Roland* (schwülstiger Patriotismus, aber ein Erfolg nach der Niederlage von 1870), *L'Étrangère* und *Rome Vaincue*. Alles andere waren entweder Klassiker – Racines *Phèdre* und *Andromaque*, Voltaires *Zaïre* – oder neuere, wiederaufgenommene Stücke, wie die beiden Dramen Hugos. Trotz Sarahs zähen Kampfs, selbst über ihr Leben zu bestimmen, unterstand sie nach wie vor dem Diktat Perrins. Und trotz ihrer unangreifbaren Position als größte Attraktion der Truppe war sie noch immer nicht zur dienstälteren *sociétaire* ernannt worden. Ihre Unzufriedenheit darüber verhehlte sie weder am Theater noch außerhalb.

Als man Anfang 1880 zu dem Schluss kam, das Theater müsse renoviert werden, entschied Perrin, mit der Truppe für eine Spielzeit ans Gaiety Theatre nach London zu gehen. Für die Schauspieler waren die finanziellen Bedingungen eher schlecht, da Perrin versuchte, die einträglichen Privataufführungen zu beschränken, zu denen die Londoner Elite die zugkräftigen Darsteller zweifellos in ihre Salons einladen würde. Angeführt von Sarah – „Mademoiselle Révolte", wie Perrin sie nannte – pochten die Schauspieler auf ihr Recht und setzten sich schließlich auch durch. Mit gleichem Nachdruck versicherte Sarah dem Direktor, dass sie nach London überhaupt nur mitfahren werde, wenn sie für die Dauer der Tournee zur vollwertigen *sociétaire* ernannt würde. Dabei ging es vorwiegend um die Reihenfolge der Namen auf den Werbetafeln. Gut, sagten ihre dienstälteren Kollegen, dann solle sie eben zu Hause bleiben. Doch die englische Theaterleitung erklärte, ohne die Mitwirkung von Mounet-Sully, Coquelin, Croizette und insbesondere Sarah würden sie das Engagement aufkündigen. Laut Louis Verneuil war über die Hälfte der Ticketreservierungen allein Sarahs Namen zu verdanken, und es war unabdingbar, dass sie am Eröffnungsabend auftrat. Um nicht die gesamte englische Spielzeit der Truppe zu gefährden, zog Sarah ihre Bedingung zurück und willigte ein, zu den alten Konditionen zu fahren, woraufhin die *sociétaires* ihr und Croizette volle Mitgliedschaft auf Dauer gewährten. Die Saison in London war gerettet.

Sarahs Ankunft in England wurde von einem öffentlichkeitswirksamen Wirbel begleitet, den ihr Agent, der Impresario Edward Jarrett, organisiert hatte. Sie wurde in Folkstone von mehreren Größen empfangen

Sarah und Mounet-Sully in *Hernani*
© New York Public Library of Performing Arts im Lincoln Center

(unter anderem Oscar Wilde) und begab sich dann zu einem Haus, das man für sie am Chester Square in Belgravia angemietet und das die vorausgereiste Madame Guérard bereits mit aller Pracht und Behaglichkeit ausgestattet hatte, wie Sarah es gewohnt war.

Am Eröffnungsabend im Gaiety, wo man den zweiten Akt von *Phèdre* gab, begann Sarah zunächst mit zu hoher Stimme und sprach zu schnell, fing sich dann aber und wurde am Ende mit Ovationen bejubelt. In ihrem eigenen Bericht über die Aufführung heißt es: „doch als sich der Vorhang senkte, musste Mounet-Sully mich auffangen, weil ich ohnmächtig wurde, und mich in meine Garderobe tragen."

Sechs Wochen lang war Sarah die Sensation der Spielzeit, dank ihrer wunderbaren Auftritte, ihrer Absonderlichkeiten (sie eilte zu einem berühmten Tierhändler nach Liverpool, um ihren bereits legendären Privatzoo – bestehend aus ihren drei Hunden, ihrem Papagei Bizibouzon und ihrem Äffchen Darwin – um einen Geparden, sieben Chamäleons und einen Wolfshund zu erweitern, weil die zwei Löwenjungen, die sie eigentlich wollte, nicht zu haben waren) und ihrer Aufnahme in die Londoner Gesellschaft. Private Einladungen zu dieser oder jener Dame oder Gräfin verwirrten sie: „In Paris würde keine Dame der gehobenen Gesellschaft im Traum daran denken, mich in ihr Haus zu bitten, außer als Künstlerin, und ich würde sie niemals zu mir einladen. Ich dachte, das muss ein Irrtum sein." Solch kulturelle Unterschiede bereiteten ihr zeitlebens Schwierigkeiten. Nicht nur 1880, sondern bis an ihr Lebensende, nach neun Amerika-Tourneen und zahllosen Spielzeiten in England, war ihr Englisch miserable wie jede andere Fremdsprache.

Ihr gesellschaftlicher Erfolg war umso erstaunlicher, weil sie ihren Status als ledige Mutter keineswegs zu verheimlichen versuchte: Ihr geliebter, mittlerweile fünfzehnjähriger Maurice reiste in der Truppe mit, und wenn sie bei einer vornehmen Einladung erschien, bestand sie darauf, als „Mademoiselle Sarah Bernhardt und Sohn" angekündigt zu werden. Ihr Privatleben trübte auch nicht den Empfang, den führende englische Schauspieler ihr bereiteten. Nicht nur Ellen Terry, die ebenfalls Mutter eines unehelichen Kindes war, begrüßte sie warmherzig, sondern auch Henry Irving, Herbert Beerbohm Tree und Mrs. Patrick Campbell. Ellen Terry hielt ihren Eindruck von Sarah in ihren Memoiren fest:

„Wie wunderschön sie in jenen Tagen war! Durchscheinend wie eine Azalee, transparenter gar, wie eine Wolke, nur nicht so dicht. Rauch von brennendem Papier kommt ihrer Erscheinung näher! Sie war hohläugig, dünn, wirkte beinahe ausgezehrt. Ihr Körper war nicht das Gefängnis ihrer Seele, sondern deren Schatten. Auf der Bühne schien sie mir immer eher ein Symbol, ein Ideal, ein Sinnbild zu sein als eine tatsächliche *Frau*... Und eben wegen dieser außerordentlich dekorativen und symbolischen Eigenart überwindet Sarah auf der Bühne alle persönlichen, individuellen Gefühle. Niemand spielt eine Liebesszene besser, doch was man sieht, ist ein *Abbild* der Liebe, ein merkwürdig orchideenhaftes Bild, nicht die gewöhnliche menschliche Leidenschaft durchschnittlicher Menschen. Sie ist exotisch – nun, was sollte sie auch sonst sein? Man tadelt eine exquisite tropische Pflanze nicht oder nennt sie unnatürlich, weil sie keine Butterblume oder Primel ist, jedenfalls sollte man das nicht."

Ihr unbestritten triumphaler Erfolg in England ging leider zu Lasten ihrer Kollegen. Insbesondere Sophie Croizette machte keinerlei Eindruck, zur großen Überraschung Sarceys und anderer führender französischer Kritiker, die den Ärmelkanal überquert hatten, um zu berichten, wie es der Truppe in der Fremde erging. Doch Sophie war unkompliziert, normal und damit vertraut, Sarah hingegen war exotisch – und erotisch. Als sie eines Tages wegen einer Erkrankung eine Matineevorstellung von L'Étrangère absagen musste – man spielte stattdessen Tartuffe –, gaben Scharen enttäuschter Zuschauer ihre Karten zurück. Etwas maliziös berichtet Sarah in ihren Memoiren: „Von den dreiundvierzig Vorstellungen, die die Comédie-Française gab, spielten die achtzehn Vorstellungen, bei denen ich mitwirkte, durchschnittlich 13 350 Francs ein, die anderen fünfundzwanzig Vorstellungen hingegen durchschnittlich nur 10 000 Francs."

Empört über die negativen Schlagzeilen, mit denen die Pariser Presse darüber berichtete, welches Aufsehen sie in London erregte, schrieb Sarah einen wütenden Brief an *Le Figaro*, in dem sie sich verteidigte und im Grunde ihr Engagement bei der Truppe aufkündigte. Auf Drängen hin nahm sie die Drohung zurück, doch die ständigen Angriffe und die Ablehnung, auf die sie stieß, während sie auf der Bühne zugleich unglaublichen Beifall bekam und eine Sogwirkung an der Theaterkasse entfaltete, bestärkten sie zweifellos darin, das Undenkbare zu erwägen: die Comédie-Française erneut zu verlassen und ihre Karriere selbst in die Hand zu nehmen.

Bei ihrer Rückkehr nach Paris musste Sarah feststellen, dass sie zur Persona non grata geworden war: Die französische Presse hatte ganze Arbeit geleistet. Perrin warnte sie davor, an der Feier zur Heimkehr des Theaters teilzunehmen – es werde eine Verschwörung gegen sie angezettelt. Daraufhin zeigte Sarah ihm mehrere anonyme Briefe, die sie erhalten hatte; in ihren Memoiren zitiert sie später den folgenden: „Mein armes Skelett, du tätest gut daran, übermorgen bei der Feier deine hässliche jüdische Nase nicht zu zeigen. Ich fürchte, sie würde bloß als Zielscheibe für die vielen Kartoffeln dienen, die jetzt eigens für dich in deinem schönen Paris gekocht werden."

Sarah erklärte, sie sei nicht nur entschlossen, sich auf der Bühne zu zeigen, sie werde diese sogar allein betreten und nicht zu zweit, wie die anderen Schauspieler: „Ich hatte das Gefühl, dass ich mich der Missgunst und der Verschwörung allein stellen sollte."

> Das Publikum war glücklich, seine geliebte Truppe wiederzusehen. Zu zweit traten sie vor, einer rechts, einer links, einen Palmzweig oder eine Krone in der Hand, um die Molière-Büste damit zu schmücken. Dann war ich an der Reihe. Ich trat allein vor ... fest entschlossen, das Publikum zu erobern. Langsam schritt ich an die Rampe, aber anstatt mich wie meine Kollegen zu verneigen, blieb ich aufrecht stehen und blickte mit meinen zwei Augen in die vielen Augen, die auf mich gerichtet waren. Mir war eine Konfrontation angekündigt worden, zu der ich nicht herausfordern, vor der ich aber auch nicht davonlaufen wollte. Ich wartete eine Sekunde, spürte die Erregung, die Spannung im Zuschauerraum. Und plötzlich brach das ganze Haus, ergriffen von

einer Woge der Zuneigung und der Großzügigkeit, in einen Tumult von Applaus und Bravorufen aus. Das Publikum, von mir geliebt und voll Liebe für mich, war wie berauscht vor Freude. Es war zweifellos einer der schönsten Triumphe meiner Laufbahn.

Dann übertrug Perrin ihr eine Rolle in einem Stück, das sie außerordentlich banal fand: *L'Aventurière* von Émile Augier. Wieder wurde sie krank. Sie warnte Perrin, dass ihre Stimme kaum zu hören sein werde, und bat ihn inständig, die Premiere um einige Tage zu verschieben. Er weigerte sich. Am ersten Abend war Sarah schlecht vorbereitet und uninspiriert, entsprechend mittelmäßig war ihr Auftritt: „Ich hatte schlecht gespielt, hässlich ausgesehen und schlechte Laune gehabt." Die Kritiken am folgenden Morgen weideten sich förmlich daran, und damit war für Sarah die Grenze ihrer Duldsamkeit überschritten – vielleicht war es aber auch nur der Anlass, auf den sie gewartet hatte. Unverzüglich schrieb sie Perrin einen Brief:

> Sie haben mich gezwungen zu spielen, obwohl ich noch nicht dazu bereit war. Sie bewilligten mir nur acht Proben auf der Bühne, das Stück wurde gerade drei Mal von Anfang bis Ende durchgeprobt. Ich konnte mich nicht entschließen, vor das Publikum zu treten. Sie haben darauf bestanden. Und das, was ich vorhersah, ist eingetreten. Das Ergebnis der Aufführung hat meine Befürchtungen noch übertroffen. [...] Das ist mein erster Misserfolg an der Comédie-Française, und es wird mein letzter sein. Ich warnte Sie am Tag der Generalprobe. Sie sind zu weit gegangen, ich aber werde Wort halten. Wenn Sie diesen Brief lesen, werde ich Paris bereits verlassen haben. Ich bitte Sie, Herr Direktor, meinen sofortigen Rücktritt anzunehmen, und verbleibe hochachtungsvoll, Sarah Bernhardt

Um sich abzusichern, übergab sie *Le Figaro* und *Le Gaulois* Abschriften des Briefs und steckte das Original in Perrins Postfach am Theater, sodass dieser zunächst aus der Zeitung von ihrem Verschwinden erfuhr. Da war es bereits zu spät – Sarah war mit ihrem Mädchen nach Le Havre geflohen mit der Anweisung, niemand dürfe von ihrem Aufenthaltsort erfahren. Als das Theater einen Boten zu ihr sandte, war sie schon verschwunden. Niemand war im Haus, erzählt sie uns – niemand außer Maurice und seinem Hauslehrer, ihrem Wirtschafter, dem Ehemann ihres Mädchens, ihrem Butler, der Köchin, dem zweiten Zimmermädchen und fünf Hunden. Wo sich der Gepard aufhielt, ist unbekannt.

Die Würfel waren gefallen, und Sarah hatte sie selbst geworfen.

Aus den Ereignissen der folgenden Wochen geht eindeutig hervor, dass sie den Austritt aus der Truppe von langer Hand geplant hatte. Schon einige Zeit vor der Londoner Spielzeit hatte der Impresario Edward Jarrett wegen einer Amerikatournee bei ihr angefragt. Sie beteuert zwar, sie habe das Ansinnen damals weit von sich gewiesen, aber jetzt, da sie freie Hand hatte, zu tun, wonach ihr der Sinn stand, beschloss sie, den Vorschlag anzunehmen. Allerdings musste sie die Zeit bis zu ihrem ersten New Yorker Auftritt im Oktober überbrücken. Am 18. April 1880 hatte sie die Comédie-Française verlassen, keine fünf Wochen später war sie wieder in London mit einer Truppe, die sie angeblich über Nacht zusammengestellt hatte – und mit einem neuen, aus drei Stücken bestehenden Repertoire, von denen sie zwei, die beide nicht zum klassischen Kanon gehörten, noch jahrelang in aller Welt darbieten sollte.

*Adrienne Lecouvreur* von Scribe und Legouvé war die melodramatische Geschichte einer berühmten Schauspielerin, die im 18. Jahrhundert von der Princesse de Bouillon, ihrer Rivalin in Liebesdingen, mit einem vergifteten Blumenstrauß ermordet wird. Die Rolle, die für Rachel geschrieben und auch immer mit ihr in Verbindung gebracht worden war, bot Sarah die Plattform für eine ihrer bewegendsten Sterbeszenen. Sarcey, der eigens nach London reiste, um das Stück zu sehen, telegrafierte nach Hause: „Kein Publikum war je derart ergriffen." Auguste Vitu, sonst einer ihrer strengsten Kritiker, schrieb: „An der Aufrichtigkeit meiner Bewunderung kann niemand zweifeln, wenn ich sage, dass Sarah Bernhardt sich im fünften Akt zu einer dramatischen Inbrunst aufschwang, zu einem Gipfel der Wahrhaftigkeit, die wohl niemals überboten werden können […] Hätten die französischen Zuschauer gehört – sollten sie jemals hören –, wie sie mit herzzerreißender Stimme ruft: ‚Ich will nicht sterben, ich will nicht sterben!', sie würden in Tränen und Beifallsstürme ausbrechen."

Die zweite neue Rolle gehörte zu einem Erfolgsstück von Meilhac und Halévy mit dem Titel *Froufrou* – der Spitzname einer frivolen jungen Ehefrau, die ihren Mann töricht und beiläufig betrügt, ihn dann, von Reue überwältigt, um Vergebung anfleht und zu seinen Füßen stirbt. Charme, wunderschöne Kleider und ein ergreifender Tod durch Gift. Gestorben wurde überhaupt viel. Die Londoner hatten Sarah ja bereits wenige Wochen zuvor in *Phèdre* und *Hernani* sterben sehen, und auch auf der ersten Amerika-Tournee starb Sarah in sechs ihrer acht Repertoirestücke.

Die Auftritte in England waren ein einziger Triumph, was Sarah in ihrer Meinung bestärkte, nicht auf die Comédie-Française angewiesen zu sein. Das Theater schickte Abgesandte, um sie zurückzulocken, ließ ihr taktlos ausrichten, Amerika würde sie vernichten, und bot ihr an, sie nach der Amerikatournee mit einer Neuinszenierung von *Froufrou* zu empfangen. Im Sommer, nach den Wochen in England, reiste sie mit dem neuen Repertoire und ihrer neuen Truppe zunächst nach Brüssel und Kopenhagen (der dänische König überreichte ihr einen diamantenbesetzten Verdienstorden und ließ sie vom königlichen Dampfer nach Elsinore bringen), dann folgten Stippvisiten in fünfundzwanzig französischen Städten binnen vier Wochen. Ihr alter Freund Duquesnel, der ihr den schnöden Abgang vom Odéon schon lange verziehen hatte, half ihr, die Tournee zu organisieren.

In dieser Zeit hektischer Aktivitäten und übermenschlich harter Arbeit besserte sich Sarahs stets angegriffene Gesundheit merklich, und sie glaubte den Grund dafür zu kennen. „Nachdem ich von der Freiheit gekostet hatte, fühlte ich mich dem Leben zugewandter als je zuvor. Obwohl ich von schwacher Konstitution war, beruhigten sich meine Nerven durch die Möglichkeit, ohne Einmischung von außen und ohne Kontrolle durch andere zu tun, wie es mir beliebte, und das stärkte wiederum meine Gesundheit, die sehr unter den ständigen Irritationen und der großen Arbeitslast gelitten hatte." Sie schlief besser und aß auch besser als früher. Sie setzte zum Höhenflug an.

Am 15. Oktober 1880 reiste Sarah schließlich nach New York. Ihr einziger Kummer war, dass sie Maurice zurücklassen musste. Die Werbetrommel war im Voraus schon heftig gerührt worden, und Amerika konnte es kaum erwarten, sie zu empfangen – noch ehe sie einen Fuß in die Neue Welt gesetzt hatte, galt sie schon als unwiderstehliche künstlerische Attraktion und berüchtigte Persönlichkeit. Henry James hatte vorhergesehen, was passieren würde. In einem Artikel über die Spielzeit der Comédie-Française in London hatte er Sarahs dortigen Erfolg mit gewohntem Scharfblick beobachtet:

> Es würde ein gewisses Genie verlangen, um die Heftigkeit, die Ekstase, den Wahnsinn, wie einige sagen würden, von Neugier und Begeisterung zu schildern, die Mademoiselle Bernhardt hevorruft... Sie ist ein Kind ihrer Zeit – ihres Augenblicks –, und sie weiß sich die Eigenheiten der Zeit zunutze zu machen. Die Berühmtheit war als Handelsware bereits erfunden, ehe sie nach London kam; wenn nicht, hätte zweifellos sie das übernommen. Mademoiselle Bernhardt besitzt in außerordentlichem Maße das, was die Franzosen als *génie de la réclame* bezeichnen – Öffentlichkeitswirksamkeit; man könnte diese Künstlerin wohl als Muse der Zeitungen bezeichnen. [...] Ich mutmaße, dass sie eine triumphale Laufbahn in der westlichen Welt erleben wird. Sie ist zu amerikanisch, um in Amerika keinen Erfolg zu haben. Die Leute, welche die Mittel und Möglichkeiten der Werbung zur Höchstform entwickelt haben, werden eine verwandte Seele in dieser Frau entdecken, die sich in der Öffentlichkeit derart bewunderungswürdig darzustellen weiß.

# XIII

Wodurch war Sarah in ihren neun Jahren an der Comédie-Française zu einer derart legendären Persönlichkeit geworden? Zum einen natürlich durch ihre Schauspielkunst, denn mittlerweile waren ihre professionellen Qualitäten, die sie sich durch harte, um nicht zu sagen besessene Arbeit an einer ungewöhnlichen Begabung erworben hatte, nicht mehr anzuzweifeln. Doch dass ihr Name in Paris – und zunehmend auch im Ausland – in aller Munde war, hing mit ihrem Leben jenseits der Bühne zusammen, mit ihren extrem öffentlich gelebten „privaten" Aktivitäten.

Dass sie sich sowohl am Theater als auch im sonstigen Leben über alle Konventionen hinwegsetzte, faszinierte die Öffentlichkeit immer wieder aufs Neue. Da war zunächst einmal ihr äußeres Erscheinungsbild. Mit Mitte dreißig galt Sarah für damalige Verhältnisse nach wie vor als auffallend schlank. Sie kleidete sich nicht nach der Mode, sondern so, wie sie sich der Welt präsentieren wollte – sie *machte* Mode. All die Jahre suchte sie zwar die führenden Modeschöpfer auf, am häufigsten Jacques Doucet, doch die kleideten sie so, wie sie, Sarah, sich kleiden wollte. (Nicht jede Frau träumte von einem Hut, auf dem eine ausgestopfte Fledermaus saß.) Ihren Schmuck und ihre Accessoires bezog sie von den besten Adressen, Lalique etwa. Dunklen, feierlichen Schmuck lehnte sie ab: „Schmuck muss fröhlich sein", erklärte sie. Und dann war da noch Alphonse Mucha, der tschechische Graphiker, den Sarah entdeckte und der nicht nur ihre berühmten Jugendstil-Plakate entwarf, sondern auch viele ihrer Kleider und einen Gutteil ihres Schmucks. In seinen Memoiren schrieb er über sie:

> Herausragendes Merkmal von Sarahs Garderobe war Originalität. Sie kümmerte sich nicht um die Mode, sie kleidete sich nach ihrem eigenen Geschmack. Sarahs Schneider und Couturiers, die in ihrer Routine gefangen waren, fühlten sich von ihren Wünschen häufig überfordert. [...] Ihre Kleider schmeichelten immer ihrer grazilen Silhouette. Nie besaß sie den schlechten Geschmack, den eleganten Schnitt ihrer Kleidung durch einen waagrechten Gürtel um die Taille zu zerstören. [...] Für sie kamen nur Gürtel in Frage, die lose um die Hüfte lagen, reich besetzt mit Steinen und behängt mit allerlei Klimperdingen, die mit ihrem Halsschmuck korrespondierten: Kragen, Perlen, Edelsteine, Ketten, wunderschöne wertvolle kleine Amulette [...] Man kann sagen, dass die Seele eines Menschen nur selten besser äußere Gestalt annahm. Jeder Zug ihres Gesichts und jeder Faltenwurf eines Ensembles entsprachen genau ihren seelischen Bedürfnissen.

Pelze – von Chinchilla über Ozelot bis Biber –, Brokate, mit Edelsteinen und Metallfäden bestickte Stoffe waren ihr Element. Kurz gesagt, Sarah kleidete sich wie keine Zweite, und da sie sich auch wie keine Zweite benahm, faszinierte sie die ganze Welt.

Ihr Privatzoo war schon legendär gewesen, bevor sie ihn in England so publikumswirksam aufstockte. Legendärer noch war allerdings der Sarg, der in ihrem Schlafzimmer stand. Wir kennen (natürlich) etliche Geschichten über die Umstände, wie sie ihn erwarb, aber dass es ihn gab, ist ebenso unbestritten wie die Tatsache, dass sie ihn auf jede Tournee mitnahm und er ihr viel bedeutete. Häufig verkündete sie morbid, sie wolle sterben. Zum Glück hinderte ihre außerordentliche Lebenskraft sie daran. Ob sie tatsächlich in diesem Sarg schlief? Während eines tragischen Abschnitts in ihrem Leben tat sie das auf jeden Fall.

Ende 1873 war Régine wieder zu ihr gezogen. Nach einem kurzen Leben hektischer gesellschaftlicher und sexueller Zügellosigkeit, der ihr

Sarah mit ihrem berühmten Fledermaushut

fragiler Körper nicht gewachsen war, hatte sie Tuberkulose bekommen, der sie jetzt erlag. Um ihrer Schwester bei den schrecklichen Fieber- und Hustenattacken des Nachts beizustehen, überließ Sarah ihr das große Bambusbett und schlief selbst in ihrem Sarg, der daneben auf dem Boden stand. Platz für ein zweites Bett gab es im Zimmer nicht.

„Drei Tage folgten wir bereits diesem neuen Arrangement, als meine Maniküre kam, um mir die Nägel zu polieren. Meine Schwester bat sie, leise einzutreten, weil ich noch schlief. Die Frau wähnte mich im Sessel, als sie mich aber im Sarg liegen sah, rannte sie schreiend davon. Wenig später wusste ganz Paris, dass ich in meinem Sarg schlief." Sarah ließ umgehend einen Fotografen kommen, legte sich mit verschränkten Armen in ihren Sarg und schloss die Augen, Blumen auf der Brust. Das so entstandene Bild – eines der berühmtesten der nicht eben kleinen Bernhardt'schen Fotogalerie – fand vielfach Verbreitung, was dem Fotografen und Sarah eine beträchtliche Geldsumme einbrachte. (Und wieder stellt sich die Frage: Gibt es irgendeinen Grund, ihrer amüsanten, aber höchst unwahrscheinlichen Erzählung Glauben zu schenken?)

Régine war neunzehn, als sie starb, und hinter ihr lag ein kümmerliches Leben, geprägt von Vernachlässigung und Prostitution. Sarah war am Boden zerstört und wurde so krank, dass ihr Arzt auf einen Kuraufenthalt bestand. Selbst Perrin musste zugeben, dass sie eine längere Ruhepause brauchte, und ließ sie ziehen. Doch nach dem traurigen Tod ihrer jüngsten Schwester schlug ihr nicht nur Mitgefühl entgegen. Marie Colombier: „Das Begräbnis war prächtig, und Phädra war in Tränen aufgelöst. Als der alte Perrin sie so heftig weinen sah, dass ihr Schleier Gefahr lief zu erschlaffen, erklärte er: ‚Sie ist famos!' Kein Mitglied der Truppe hatte jemals derart dramatische Höhen erreicht wie Sarah, als sie am Tor des Friedhofs Père-Lachaise stand und das Beileid von *tout Paris* entgegennahm. Ein Journalist kommentierte: ‚Das ist keine Beerdigung, das ist eine Premiere.'" – In mindestens einer Hinsicht irrte Colombier: Sarah debütierte als Phädra erst ein Jahr nach Régines Tod.

Ein weiteres aufsehenerregendes Tätigkeitsfeld Sarahs war ihre sehr öffentlich gelebte Karriere als Bildhauerin. Anfang 1874 mietete sie aus Langeweile, weil ihr am Theater nicht die Rollen angeboten wurden, die

Sarah in ihrem Sarg

ihr ihrer Ansicht nach zustanden, am Boulevard de Clichy in Montmartre ein großes Atelier und ließ sich als Künstlerin nieder (später zog dort Picasso ein). Zuerst jedoch orderte sie die einer Bohème-Künstlerin gemäße Kleidung: einen Hosenanzug aus weißer Seide. Hosen! Nach ihrem täglichen Ausritt im Bois (ihrer einzigen körperlichen Ertüchtigung) verbrachte sie viele Stunden im Atelier und empfing zur Teestunde zahlreiche Freunde und Bekannte. Und ihre Arbeit machte sich bezahlt. Fast fünfundzwanzig Jahre lang stellte sie beim alljährlichen Salon de Paris aus, erhielt sogar eine lobende Erwähnung für ihre große Gruppenstudie *Après la Tempête* von einer alten bretonischen Bauersfrau, die trauernd ihren ertrunkenen Sohn im Arm hält. Rodin tat Sarahs künstlerische Arbeiten zwar als „altmodischen Müll" ab, doch andere nahmen sie durchaus ernst, und Sarah setzte sich mit großer Energie für diese Nebenbeschäftigung ein. Wann immer möglich veranstaltete sie Ausstellungen – unter anderem auch während ihrer ersten triumphalen England-Tournee. Gladstone war unter den zwölfhundert Besuchern der Vernissage – man unterhielt sich über *Phèdre* –, und fast alle Exponate wurden verkauft. Mit anderen künstlerischen Beschäftigungen war Sarah weniger erfolgreich. Sie malte auch, allerdings eher schlecht, und spielte noch schlechter Klavier.

Ihre Arbeit als Bildhauerin steigerte nicht nur ihren Bekanntheitsgrad und ihr Einkommen, sondern hatte auch den reizvollen Nebeneffekt, Perrin aufzubringen, der sich darüber ereiferte, wann immer Sarah ihre Aufmerksamkeit auf etwas außerhalb seines Theaters richtete. Der Aufruhr um sie als Bildhauerin wurde schließlich so groß, dass Sarahs Freund Émile Zola ihr in einem offenen Brief an *Le Voltaire* zur Hilfe kam, in dem er die Presse dafür kritisierte, dass sie sich über Sarahs Skulpturen, ihre Malerei und ihr Schreiben derart echauffierte. „Man gibt sich nicht mehr damit zufrieden sie anzugreifen, weil sie zu mager sei oder verrückt, jetzt will man auch noch zensieren, was sie den lieben langen Tag tut."

In den Siebzigerjahren hatte Sarah in Künstlerkreisen viele gute Freunde. Am öffentlichkeitswirksamsten war jedoch ihre Beziehung zu dem attraktiven und charmanten Georges Clairin, einem äußerst erfolgreichen Maler. Dessen großformatiges Gemälde von ihr, auf dem sie sich

Sarah als Bildhauerin in ihrem gewagten Hosenanzug

Sarahs viel bewunderte Skulptur *Après la Tempête*

in weißer Seide auf einem roten Sofa räkelt, einen Wolfshund zu ihren Füßen, ist unter den Dutzenden – Hunderten? – Porträts von ihr vielleicht das berühmteste. Die Affäre, die sie mit Clairin hatte, war unkompliziert und ging nach gebotener Zeit in eine lebenslange Freundschaft über. Er gehörte bis zu seinem Tod 1919 zu Sarahs engstem Kreis.

Ähnlich nah stand ihr eine weitere begabte Künstlerin, Louise Abbéma, eine maskuline kleine Frau, die zur Prominenz der Pariser Lesbenszene zählte. Wie nicht anders zu erwarten, wurde den beiden Frauen gerüchtehalber ein Verhältnis nachgesagt – Sarahs angebliche Homosexualität wurde in mehreren Schlüsselromanen über ihr Leben thematisiert. Möglicherweise war sie bisexuell, vielleicht bereitete sie ihren Freunden einfach nur gern eine Freude und war flexibel, was die Wahl der Mittel betraf. Auf jeden Fall porträtierten sie und Abbéma sich gegenseitig und posierten gemeinsam für provokante Fotos, und natürlich bereitete es Sarah diebisches Vergnügen, männliche Rollen zu übernehmen. Unabhängig davon, welche sexuellen Gefühle oder Erfahrungen die beiden Frauen teilten: Abbéma blieb, wie Clairin, bis zum Ende eng mit Sarah befreundet.

Professionell betrachtet war die bedeutendste Künstlerbeziehung, die Sarah einging, die mit dem bodenständigen (und erotisch ansprechenden) Gustave Doré – dem berühmten Illustrator Dantes, Cervantes' und Poes –, mit dem sie eine romantische Affäre hatte, bis auch diese zur Freundschaft verblasste. Doré gab ihr einige Ratschläge für ihre Skulpturen, und gemeinsam schufen sie Statuen für das neue, von Charles Garnier entworfene Casino in Monte Carlo; Garnier hatte bereits das prachtvolle neue Opernhaus in Paris gebaut. Sarahs Beitrag war *Le Chant*, eine geflügelte Figur mit einer Leier.

Wie gut war sie als Bildhauerin tatsächlich? Ihre Arbeiten wirken einigermaßen professionell, wenn auch etwas unbeholfen und sentimental. Am überzeugendsten sind die Büsten, die sie von Freunden und Kollegen schuf, etwa die ihrer Lieblingsdramatiker Sardou und Rostand. Aufgrund ihrer ausgeprägten Wandlungsfähigkeit und ihres Tatendrangs trieb sie zweifellos jedes Talent, das sie besaß, bis an seine Grenzen. Allerdings gab es auch Skeptiker. Ein nahestehender Beobachter berichtet in einem etwas zum Klatsch neigenden, anonym veröffentlichten

Louise Abbéma

Buch, dass kundigere Hände zu Werke gingen, sobald Sarah, ihre Modelle und Freunde das Atelier verlassen hatten.

Eine der berüchtigten Episoden, die sich während ihrer Jahre an der Comédie-Française zutrugen, war ihre Reise im Heißluftballon, und zwar im Sommer der Weltausstellung 1878, als Sarah das Publikum als Doña Sol in *Hernani* zu Begeisterungsstürmen hinriss. Fahrten im Fesselballon waren damals der letzte Schrei, Sarah jedoch entschied sich für einen Freiballon, der nicht durch eine Leine am Boden verbunden ist. Man vereinbarte einen Termin, ein orangefarbener Ballon wurde für sie hergerichtet und auf den Namen *Doña Sol* getauft, und am festgesetzten Tag, als die Nachricht von ihrem Abenteuer schon allmählich in die Öffentlichkeit durchsickerte, stieg sie in Begleitung Georges Clairins und eines jungen Ballonführers in den Korb.

Der Ballon hob ab und trieb nach einer Weile von Paris fort, kam aber nur langsam voran. „Um zwanzig Minuten vor sieben waren wir in etwa 2 300 Meter Höhe, und langsam machten sich die Kälte und der Hunger bemerkbar." Zum Glück hatte man ein üppiges Picknick eingepackt – Foie gras, Brot, Orangen –, und „der Korken unserer Champagnerflasche flog mit einem hübschen dumpfen Geräusch in die Wolken." Aber dann wurde es dunkel, es wurde kalt, sie wussten nicht, wo sie waren, und kamen allmählich zu dem Schluss, dass die Fahrt ein Ende haben musste. Bei strömendem Regen landeten sie schließlich, und es dauerte unbehaglich lang, ehe die überraschten Menschen vor Ort sie zu einem Bahnhof eskortierten, und noch länger, bis Sarah mitten in der Nacht zu Hause ankam, wo sich eine Schar besorgter Freunde, auf Nachricht von ihr hoffend, versammelt hatte.

Diese Eskapade hatte, von der Aufregung in der Presse einmal abgesehen, zwei unmittelbare Folgen. Perrin – allmählich tut einem der Mann fast leid – flanierte mit einem Freund über den Pont des Saints-Pères, als sein Begleiter unvermittelt zu ihm sagte: „Schau nach oben, da fliegt deine Diva!" Perrin, so berichtet Sarah, deren größtes Vergnügen es war, den Direktor zu ärgern, wurde puterrot, „knirschte mit den Zähnen und brummte: ‚Dafür wird sie zahlen.'" Und das meinte er wörtlich. Er bestellte sie in sein Büro und teilte ihr mit, sie müsse eine Strafe in Höhe von tausend Francs zahlen, weil sie Paris ohne Erlaub-

Georges Clairin

nis verlassen habe. Provokant erwiderte Sarah, außerhalb des Theaters tue sie, was ihr beliebe, sie denke nicht daran, ein Bußgeld zu zahlen. „Außerdem gehen Sie mir auf die Nerven! Ich kündige!" Am nächsten Tag schickte sie ihm tatsächlich ihre Kündigung, doch der Kulturminister konnte sie überreden, diese zurückzunehmen – Perrin sei wirklich zu weit gegangen, befand er. Die Verwarnung wurde zurückgezogen, und Sarah willigte gnädig ein, am Theater zu bleiben. In Wahrheit verhielt es sich so, dass das Theater es sich nicht leisten konnte, Sarah zu verlieren: Ihre Wirkung als Kassenmagnet war schlicht unverzichtbar.

Wenig später konnte sie einen noch größeren Triumph feiern. Ein Buch mit dem Titel *Dans les Nuages – Impressions d'une Chaise* (dt. etwa „In den Wolken – Eindrücke eines Stuhls"), das sie innerhalb kürzester Zeit zu Papier gebracht hatte und das mit entzückenden Illustrationen Clairins versehen war, wurde über Nacht zum Verkaufsschlager, und das zu Recht. Abgesehen von der höchst originellen Erzählperspektive – die Geschichte wird von einem billigen Strohstuhl geschildert, den man eigens für Sarah in den Ballonkorb gestellt hatte – erwies sie sich mit ihrem flotten Stil als amüsante Autorin, und diesen Eindruck sollte sie Jahrzehnte später bestätigen, als sie 1907 ihre Memoiren veröffentlichte. Jedermann war hingerissen von ihrem Ballon-Buch, bis auf Perrin – und Gustave Flaubert. Letzterer erschien im selben Verlag, und er hatte gehofft, zu Weihnachten würde eine illustrierte Ausgabe seines *Saint-Julien l'Hospitalier* erscheinen. Etwas taktlos veröffentlichte der Verleger stattdessen jedoch *Dans les Nuages*.

In aller Munde war Sarah zu dieser Zeit allerdings vorrangig wegen ihres Liebeslebens, das der Öffentlichkeit im Allgemeinen und der Presse im Besonderen endloses Material zu Klatsch und Spekulationen bot. Clairin, Doré, Samuel Pozzi, der ihr Arzt werden sollte (Colette beschrieb ihn als „dem Bart nach ein Sultan, den Augen nach eine Huri" – er war nicht umsonst als Liebesdoktor bekannt), selbst der Prinz von Wales, keines dieser Verhältnisse blieb unbemerkt; das Hauptinteresse galt jedoch der stürmischen Beziehung mit Mounet-Sully. Wegen ihres immensen Talents und des bestechenden Äußeren („Am Odéon warst du nicht so attraktiv, oder?" „Ich denke doch." „Unmöglich, das wäre mir aufgefallen!") wurden sie auf der Bühne praktisch sofort als Paar

*Dans les nuages...*

besetzt, und bald waren sie es auch im wirklichen Leben. Mounet-Sully war leidenschaftlich, durchsetzungsfreudig, eifersüchtig, besitzergreifend, fordernd – und er war ein moralischer, höchst konservativer Protestant, für den Treue, Ehe und Monogamie hehre Werte darstellten. Sie war Sarah Bernhardt. Die Biographen Arthur Gold und Robert Fizdale erläutern in *The Divine Sarah* scharfzüngig das fatale Ungleichgewicht zwischen den beiden:

> Bergerac [sein Geburtsort] und der prüde Rat seiner gottesfürchtigen Mutter hatten Mounet kaum für die beiläufige Promiskuität einer Frau wie Sarah gewappnet […] Die Welt, in der er lebte, war einfacher: Mütter waren heilig, Ehefrauen waren fügsam, Geliebte waren treu. Einer Frau seinen Körper zu schenken, war eine Erlösung, ein explosiver Beweis seiner Männlichkeit. Aber eine Frau zu achten, die sich Männern unbekümmert hingab, war undenkbar. Als guter Calvinist hoffte er, so gestand er später, Sarah aus dem Sündenpfuhl zu erretten und sie auf den Pfad der Tugend zu führen. Sarah hatte jedoch eine völlig andere Schule des Lebens absolviert.

Ihre Briefe, die Mounet sorgsam in einer Silbertruhe verwahrte – einschließlich derer, die er an Sarah gerichtet und von ihr zurückverlangt hatte –, verdeutlichen die Stürme ihrer Beziehung. Zweieinhalb Jahre lang quälten sie einander – er war entschlossen, sie zu erobern, sie zu besitzen, sie zu heiraten; sie gab sich ihm hin, zog sich zurück, traf sich mit ihren anderen Liebhabern (womöglich auch mit dem allmächtigen Sarcey). Dazu kam ihre übliche Schar zuvorkommender Wohltäter – ihre menschliche Menagerie –, die weiterhin ihren extravaganten Lebenswandel unterstützte.

Ein typischer Auszug aus Sarahs früher Schwärmerei:

> Lass mich dir sagen, wie verrückt ich dich liebe, mit meiner ganzen Seele, mein Herz gehört dir […] Dank dir allein, mein liebster Herr und Meister, weine ich nicht mehr, bin ich voll

Sarahs namhafte Liebhaber: Mounet-Sully ... ... Charles Haas ...

... Jean Richepin ... ... und Gustave Doré

Hoffnung. Vor allem aber hast Du mich die Liebe gelehrt, nicht diejenige, die ich in anderen wecke, sondern die Liebe, die ich selbst empfinde, die ich verschenken kann. Endlich zu lieben, dich zu lieben, macht mich so glücklich! [...] Öffne mir dein Wesen und gewähre mir Eintritt, damit ich ganz die Deine werde, und nimm mit diesem Kuss, der aus Erinnerungen und Hoffnung besteht, alles entgegen, was im Herzen einer Frau poetisch und gut ist. (Januar 1873)

Typisch für seine Schwärmerei:

Ach, Sarah! Sarah! Meine Sarah! Endlich liebst du mich! Es ist wahr! Es ist wirklich wahr! Nein, nie wieder werde ich dich mit meiner Eifersucht quälen [...] Jetzt sehe ich dich, ich kenne dich, ich besitze dich. Du bist wir!! Deshalb fürchte nichts, du wirst glücklich sein. Ich werde deine Stirn mit einer Aigrette schmücken und deine Arme mit Spitze aus Küssen bedecken, denn mein unartiges Mädchen kann nicht ohne Luxus sein!!! Liebe Geliebte, liebe Freundin, liebe Gemahlin, liebe, geliebte Herrin, auch du musst glauben, vertrauen und hoffen. Die Zukunft gehört denen, die guten Willens sind! Und wir sind jung und stark, und wir lieben uns!

So klang es am Anfang. In den nächsten zwei Jahren folgte eine Komödie von Betrug, Reue, Qual (seinerseits), Ungeduld (ihrerseits), Ausrufezeichen (beiderseits). Und die ganze Zeit über war ihre Bühnen-Partnerschaft ein Erfolg ohnegleichen. Jean Cocteau beschrieb ihr Verhältnis: „Was hatten sie schon mit Konventionen zu schaffen, mit Takt, mit Haltung, diese Majestäten des Unkonventionellen, diese Tiger, die sich vor den Augen der ganzen Welt das Fell leckten und gähnten, diese Kunstgewalt, die im krassen Widerspruch stand zur Naturgewalt – dem Publikum?" Sarah war von Mounet bezaubert, fühlte sich zu ihm hingezogen, aber seine Besitzansprüche machten sie verrückt und stießen sie ab. Letztlich verfolgten sie unterschiedliche Ziele. Er war damit zufrieden, der große männliche Star der besten Theatertruppe der Welt zu sein, was er vierzig Jahre lang blieb. Sie war wild entschlossen, die größte und bekannteste Schauspielerin der Welt zu werden – und damit ein Vermögen zu verdienen.

Als sich die Affäre dem unvermeidlichen Ende näherte, veränderte sich der Ton ihrer Korrespondenz.

Mounet, im November 1874: „Du hast mir sehr weh getan, aber ich habe Dich so geliebt! Ich vergebe Dir Deine Treulosigkeit, weil ich ahne, dass Du unglücklich bist. Ich bitte Dich nur um eines: Wenn Du denkst, dass ich zuweilen vielleicht etwas ungeschickt war, so stand hinter all meinen Bemühungen doch zumindest die Absicht, einen besseren Menschen aus Dir, Dich Deiner selbst würdig zu machen. Das wolltest Du nicht. Vielleicht verlangte ich damit zu viel von Dir. Wie auch immer, ich verzeihe Dir, und ich empfinde Mitleid mit *uns*."

Und schließlich, im Juli des folgenden Jahres: „Ich habe Deinetwegen sehr viel gelitten, aber nicht länger. Ich werde Dich als tot betrachten bis zu dem Tag, an dem auch der Körper dieser Hure, die Dir so ähnlich sieht, stirbt. [...] Jetzt sei tapfer und trage die Folgen Deiner üblen Phantasien, versuche, Dich wie ein Ehrenmann zu benehmen, wenn Dich schon nichts davon überzeugen kann, dich wie eine Dame zu verhalten."

Mounets Vorwurf ist kaum übertrieben. In der neuesten französischen Biographie über Sarah zitiert Hélène Tierchant Polizeiberichte aus den 1870er Jahren, in denen die Namen der (überaus angesehenen) Kunden – Geschäftsleute, Parlamentsabgeordnete – genannt sind, die sie „besuchten", was sie ihr bezahlten, welchen Schmuck sie ihr schenkten usw. Kurz gesagt, Sarah Bernhardt führte, wenn sie nicht gerade über das französische Theater herrschte, ein Leben wie ihre Mutter und ihre Tante. Perrin jedenfalls kam für die wenigsten ihrer Rechnungen auf.

Der vielsagendste Brief ist allerdings in einem völlig anderen, sehr viel nüchternerem Ton gehalten. Anfang 1874 schrieb Sarah mit außergewöhnlicher Offenheit: „Dir muss klar sein, dass Glück mir nicht bestimmt ist. Es ist nicht meine Schuld, dass ich ständig nach neuen Empfindungen, neuen Gefühlen suche. So werde ich sein, bis mein Leben verbraucht ist. Ich bin am Morgen danach ebenso unbefriedigt wie am Abend zuvor. Mein Herz verlangt mehr Aufregung, als irgendein Mensch ihm zu geben vermag. Mein zarter Körper ist vom Akt der Liebe erschöpft. Nie finde ich die Liebe, die ich mir erträume. [...] Was soll ich tun? Du darfst mir nicht zürnen. Ich bin ein unvollständiger Mensch."

Dass der stolze, virile Mounet – Jahre später sagte er: „Bis ich sechzig war, dachte ich, das Ding wäre ein Knochen" – erfahren musste, er habe Sarah sexuell nicht befriedigen können, war ein fast tödlicher Schlag für ihn. Das hatte sie allzu gut verborgen, erfahren wie sie darin war, Leidenschaft zu simulieren. Für Sarah war es ein Eingeständnis dessen, worüber in ihrem Bekanntenkreis viel getratscht und spekuliert wurde: Sie konnte nicht zum Orgasmus kommen. In *The Life of Sarah Barnum* wurde Marie Colombier später explizit und bezeichnete Sarah als ein „verstimmtes Klavier, einen Achilles, der überall verletzlich war außer an der richtigen Stelle." Ein weiteres spöttisches, allgemein verbreitetes Bonmot war: „Sie hat ein Hühnerauge anstelle der Klitoris." 1892 entfernte Sarahs Liebhaber-Freund-Chirurg Pozzi ihr die Eierstöcke. Vermutlich führte auch er die Operation durch, die es ihr laut Edmond de Goncourt „ermöglichte, zum Höhepunkt zu kommen, und zwar dank einer implantierten Drüse, die ihre bislang trockene Scheide befeuchtete." – Der Theaterwelt bleibt nichts verborgen.

Selbstredend hatten nicht all diese Details den Atlantik überquert, wohl aber Berichte von Sarahs Genie, ihrer Extravaganz, ihrer Morbidität, ihrer Gier, ihren sexuellen Gelüsten und von dem offensiv präsentierten unehelichen Sohn. All das fand Eingang in die Ankündigungen, die für Sarahs amerikanisches Debüt warben. Eine für eine amerikanische Wochenillustrierte bestimmte Depesche aus London, die lange vor Sarahs Ankunft in der Neuen Welt eintraf, lässt ahnen, was sie dort erwartete: „Mademoiselle Bernhardt ist die ledige Mutter von vier Kindern. Sie verbirgt ihre Schande nicht hinter einer vorgetäuschten Ehe. Sie nennt sich nicht *Madame*. Ihr kluger Sohn, der sie zu großen, von englischen Lords und Ladies zu ihren Ehren abgehaltenen Empfängen begleitet hat, nennt sie ‚Mademoiselle Mama'. Hier haben wir es mit reinster, schamlosester Hurerei und Unzucht zu tun, die in die unbescholtenen Häuser englischer Ehefrauen und Töchter getragen und von den Männern akzeptiert wird, weil Mademoiselle Bernhardt so wunderschön und faszinierend ist."

Kein Wunder, dass sie schon lang vor ihrer Ankunft am 27. Oktober 1880 in New York das Objekt ungezügelter Neugier war. Man denke allein an die vier Kinder! Und alle von verschiedenen Vätern – einem Friseur, einem für die Guillotine bestimmten Vatermörder, Kaiser Napoléon III. und Papst Pius IX.!

Karikatur von Sarahs erster Amerikatournee – Der Goldregen

# XIV

Die Überfahrt war stürmisch, und Sarah übertrifft sich selbst bei der Schilderung der Ereignisse in ihren Memoiren. Nicht nur half sie dem Baby einer jungen Passagierin aus dem Zwischendeck auf die Welt, sie rettete auch einer älteren Dame das Leben, die sie gerade noch zu fassen bekam, als eine gewaltige Welle das Schiff ergriff und die Dame beinahe kopfüber eine steile Treppe hinuntergestürzt wäre.

„Sie hätten sich den Hals brechen können, Madame", sagte ich.
„Ja", entgegnete sie, „aber Gott hat es nicht gewollt. Sind Sie nicht Madame Hessler?"
„Nein, Madame. Ich heiße Sarah Bernhardt."
Sie wich einen Schritt zurück, richtete sich kerzengerade auf, die Miene bleich und kummervoll, und stieß traurig und tonlos hervor: „Ich bin die Witwe Präsident Lincolns." Nun wich auch ich zurück. Tiefes Entsetzen erfüllte mich, denn ich hatte dieser unglücklichen Frau soeben den einzigen Dienst erwiesen, den man ihr hätte verwehren sollen: Ich hatte sie vor dem Tod bewahrt. Präsident Lincoln war von dem Schauspieler Booth ermordet worden, und nun hatte eine Schauspielerin sie daran gehindert, ihrem geliebten Mann zu folgen.

Ich kehrte in meine Kabine zurück und verließ sie zwei Tage lang nicht mehr.

Der Zufall wollte es, dass Marie Colombier sich in letzter Minute der Reisegesellschaft anschloss (Schwester Jeanne fiel aus gesundheitlichen Gründen aus): Sie hatte mit einer Pariser Zeitung vereinbart, regelmäßig von der Reise zu berichten. Später wurden die Berichte zu dem Buch *Le Voyage de Sarah Bernhardt en Amérique* zusammengefasst.

Marie hatte sich damals noch nicht mit Sarah überworfen, und obwohl ihre Reportagen häufig ein wenig boshaft klingen – Sarah heißt bei ihr durchgehend „Doña Sol" oder „die Große Künstlerin" – und sie ihre eigene Rolle gehörig übertreibt, erweist sie sich doch als sehr genaue und in diesem Fall anscheinend auch aufrichtige Beobachterin. Sie erwähnt Mary Todd Lincoln nur ein einziges Mal: Als sie in New York von Bord gehen, „will sich eine ältere Dame an uns vorbeidrängen. Ein Polizist hält sie zurück, um Sarah Bernhardt den Vortritt zu lassen. Jemand erklärt mir, diese Dame, eine gewisse Mrs Lincoln, sei die Witwe des amerikanischen Präsidenten, der in Ausübung seines Amtes ermordet wurde." So viel zum Treppensturz.

Eines allerdings übertreibt Sarah in ihren Memoiren nicht: den frenetischen, zweifellos von Jarrett und seinen Kollegen konzertierten Empfang, den ihr die Presse in New York bereitete. Nachdem die am Hafen wartenden Reporter sie bereits eingehend befragt haben, wird sie bis zu ihrem Hotel verfolgt, und nach einer nur kurzen Ruhepause zwingt Jarrett sie erneut, sich den überflüssigen Fragen der Reporter zu stellen. „Madame, was essen Sie morgens nach dem Aufstehen?" Jarrett antwortet eilig: „Oatmeal!", wovon Sarah noch nie gehört hat. Und mittags...? Wieder antwortet Jarrett: „Miesmuscheln!" Was sie von den Schwebebahnen halte? Jüdin Katholikin Protestantin Mohammedanerin Buddhistin Atheistin Zoroastrin Theistin Deistin? „Ich bin katholisch, Mademoiselle." Aber sei sie römisch-katholisch oder gehöre sie der orthodoxen Richtung an? – So sollte es in ganz Amerika weitergehen.

Sarah hatte beschlossen, ihre New Yorker Saison mit *Adrienne Lecouvreur* zu eröffnen – eine riskante Entscheidung, zum einen, weil die Rolle dort ein Vierteljahrhundert zuvor zu den größten Triumphen

Sarah mit ihrem Privatwaggon auf Amerikatournee

Rachels gehört hatte, vor allem aber, weil Adrienne erst im zweiten Akt auftritt, was bei den Zuschauern, die schließlich eigens gekommen waren, um Sarah Bernhardt zu sehen, und dafür stolze Preise gezahlt hatten, Unruhe und Missmut auslöste.

Dennoch triumphierte sie, und bei der qualvollen Sterbeszene, versichert sie uns, „gab es große Ovationen, alle waren zutiefst bewegt." Zur Dernière gab sie die *Dame aux Camélias,* allerdings unter dem Titel *Camille,* um zu verschleiern, dass es sich um jene berüchtigte Geschichte einer Kurtisane handelte. Sarah zählte bei ihrem Auftritt „siebzehn Vorhänge nach dem dritten Akt und neunundzwanzig nach dem fünften". Während dieses ersten Gastspiels in New York führte sie *Camille* und *Froufrou* jeweils sechs Mal auf, *Hernani* fünf Mal, *Adrienne* und *Sphinx* je drei Mal und *Phèdre* zwei Mal. *Camille* – das sie in Europa bis dahin noch nicht gespielt hatte – war so erfolgreich, dass es während der Tournee etwa sechzig Mal auf dem Spielplan stand und damit mehr als ein Drittel all ihrer Auftritte in den USA ausmachte.

Amerika reagierte unterschiedlich auf Sarah. Zunächst waren da die Kritiker, die sich im Großen und Ganzen ernsthaft, diskussionsfreudig und leidenschaftlich zeigten. Vielfach wurden Vergleiche mit Rachel gezogen, und vor allem bei *Phèdre* gaben etliche ältere Kritiker deren würdevollem, sprödem, klassischem Ansatz den Vorzug vor Sarahs weiblicherer, emotionalerer Darstellung. Viele beschweren sich über die schlechten Leistungen der Nebendarsteller. Zu Recht: Im Grunde handelte es sich um eine bunt zusammengewürfelte Laientruppe, und Laienschauspieler war auch Angelo, der männliche Hauptdarsteller, über den sich Sarah selbst kaum Illusionen machte: „Ihm hätte zur Vollkommenheit nichts weiter als Talent gefehlt", schreibt sie in ihren Memoiren, „doch das besaß er eben nicht und sollte es auch nie besitzen." (Seine Leistungen im Bett dürften vermutlich überzeugender gewesen sein.) Anstatt erfahrene – und teure – Schauspieler zu engagieren, hatte Sarah ihr Geld lieber in ihre eigenen Kostüme und ihren Schmuck gesteckt, schließlich war ihr klar, dass sie einen Eindruck von nie dagewesener Pracht hinterlassen musste.

Die Kritiker hatten entweder eine dick geschminkte französische Verführerin erwartet oder aber die Personifikation des Comédie-Française-

Klassizismus. Stattdessen erlebten sie eine schlanke, elegante junge Frau mit betörender Stimme und einer Natürlichkeit, die im Vergleich mit dem in den USA damals verbreiteten großspurig-polternden Schauspielstil geradezu revolutionär gewirkt haben muss. Von *Phèdre* abgesehen, spielte Sarah ausschließlich niveauvolle französische Melodramen, die in der Regel tragisch endeten. Ihre zahlreichen Sterbeszenen waren Gegenstand wohlwollender Satiren, beispielsweise in einer parodistischen Werbeanzeige mit der Überschrift „The Great French Dier", etwa: „Die große französische Sterbe-Palette". Die darin aufgeführten „erprobten Sterbe-Töne" umfassten „den *Adrienne:* einen intensiven, haltbaren Sterbe-Ton von starker Brillanz, durchsetzt mit Giftschlieren" sowie „den *Sphinx:* einen gruselig-sensationellen Sterbe-Ton […] mit zart grünlichen Lichtern, schaumig changierend". In ihrem sorgfältig recherchierten Buch *Sarah Bernhardt's First American Theatrical Tour* versammelt Patricia Marks eine bemerkenswerte Bandbreite von Reaktionen sowohl auf Sarahs Privat- als auch auf ihr Berufsleben. Ihr Spiel wurde in verschiedenen Städten unterschiedlich aufgenommen. In Boston empfing man sie, nach anfänglichem Zögern, mit offenen Armen; das prüdere Chicago zeigte sich zunächst feindselig, kapitulierte dann aber doch. Sowohl in New Orleans als auch in St. Louis wurde ihre Natürlichkeit bewundert. Überall aber setzte man ihre Kunst immer ins Verhältnis zu ihrem fragwürdigen Lebenswandel. Vor allem der uneheliche Maurice war dem puritanischen Amerika ein Dorn im Auge – diente er doch als lebender Beweis dafür, dass seine Mutter ebenso verdorben war wie die Frauen, die sie darstellte. Die arme, frivole Froufrou wird ihrem Mann untreu, „Camille" ist Kurtisane, Phädra hegt eine inzestuöse Leidenschaft für ihren Stiefsohn, und Adrienne ist nicht nur Mätresse, sondern obendrein noch Schauspielerin. Wenigstens aber besaßen all diese Frauenfiguren den Anstand, ihre Vergehen mit dem Tod zu bezahlen, während Sarah selbst nicht nur am Leben blieb, sondern auch noch Berge von Geld scheffelte.

Ihre angebliche Verderbtheit übte einen unwiderstehlichen Reiz auf das amerikanische Publikum aus, das sich von ihren höchst menschlichen – höchst weiblichen – Gefühlen doch rühren ließ. Sie wurde bewundert, verteufelt, vergöttert, nachgeahmt – und in Montreal sogar attackiert. In der dortigen zutiefst katholischen und von Grund auf antisemitischen Gesellschaft wurde Sarah zur Zielscheibe heftiger Angriffe und sowohl am Bahnhof als auch vor ihrem Hotel von zwielichtigem Gesindel bedroht. Die Zuschauer allerdings hielten sich nicht an die Forderungen der Kirche, den unmoralischen Aufführungen über die Weihnachtstage fernzubleiben. Sarah mochte zwar eine „geldgierige Jüdin" sein, aber sie war auch eine große französische Künstlerin – und auf die konnte man stolz sein. Die Kritiker überhäuften sie erneut mit Lob.

Doch welche Reaktionen ihr Spiel und ihr Lebenswandel auch immer hervorriefen, sie war überall, wo sie auftrat, vor allem ein Ereignis, und die Erwartungen wurden schon vor ihrer Ankunft von einer gigantischen Werbemaschinerie angeheizt und von zahllosen Interviews, strategisch platzierten Anekdoten und Reklameanzeigen flankiert. „Die Bernhardt kommt und geht, doch Neuralgin bleibt dein treuer Freund und hilft bei Neuralgien und Kopfschmerzen." „Sarah: „Nichts macht mir so viel Freude wie eine Fahrt mit meinem Columbia-Fahrrad. Ein besseres gibt es nicht!" Läden, in denen sie einkaufte, machten ihren Namen zu Geld, und Parodien auf ihren Schauspielstil schossen nur so aus dem Boden. In Philadelphia besuchte Sarah selbst die Vorstellung eines berühmten Travestiekünstlers, der dort als „Sarah Heartburn" auftrat, und sie lachte vor Begeisterung Tränen.

Die Satirezeitschriften nahmen sie pausenlos aufs Korn. Oft waren es hässliche Scherze – allen voran etliche scheußliche Karikaturen auf ihre (angeblich) jüdischen Gesichtszüge und ihre (angeblich) jüdische Geldgier –, doch viele waren auch harmlos und manche sogar geistreich:

> Sadie!
> Du Weib von kraftvollem Streben und eindrücklicher Dürre!
> Ich grüße dich. Ich, Walt Whitman, Sohn des Donners,
> Kind der Jahrhunderte,
> Ich grüße dich.
> Ich bin der Häuptling aller Dichter, und auch in dir erkenne
> ich den Häuptling,
> Was mich dir nahe bringt.
> Verflixte Dreistigkeit! – Mir gefällt's.

Amerikanische Karikatur von Sarah als
„moderne Rizpa, die ihren Sohn vor den geistlichen Geiern beschützt"

Amerikanisches Werbeplakat, das mit Sarahs Namen für Seife wirbt

Oder auch folgende, drastisch gekürzte Fassung von *Camille* aus der *Worcester Evening Gazette:*

1. Akt
Er: Du bist krank. Ich liebe dich.
Sie: Tu das nicht. Das kannst du dir nicht leisten.

2. Akt: In Paris
Sie: Ich glaube, ich liebe dich. Aber leb nun wohl, da kommt der Graf.
Er: Dieser Kerl! Ich will dich nie wiedersehen. Doch nein! Ich hab's! Lass uns aufs Land fliehen.

3. Akt
Sein Vater: Sie ruinieren meinen Sohn! Verlassen Sie ihn.
Sie: Er liebt mich.
Sein Vater: Sie sind eine rechtschaffene Frau. Ich respektiere Sie. Jetzt gehen Sie.
Sie: Ich gehe.

4. Akt: In Paris
Sie: Du schon wieder? Ich habe dich nie geliebt.
Er: Flieh mit mir, sonst sterbe ich.
Sie: Ich liebe dich. Aber nun leb wohl.

5. Akt: In Paris
Sie (sehr krank): Bist du's wirklich? Ist Gott so gut zu mir?
Er: Verzeih mir. Mein Vater hat mich geschickt.
Sie: Ich verzeihe dir. Ich liebe dich. Ich sterbe.
(Sie stirbt. Tränen, Gefühlsausbrüche, Vorhang.)

Anders als in London nahm die gehobene Gesellschaft New Yorks Sarah jenseits des Theaters kaum zur Kenntnis. Doch der „Räuberbaron" Cornelius Vanderbilt besuchte – allein und unter Tränen – jede einzelne ihrer Vorstellungen. Und wohin sie auch kam, überall traf sie die Reichen und Berühmten. Die Zugfahrt von New York nach Boston unterbrach sie in Menlo Park, New Jersey, für einen Besuch bei Thomas Edison. Er präsentierte ihr seine neueste Erfindung, den Phonographen, und Sarah nahm pflichtschuldigst einen Monolog aus *Phèdre* damit auf, der leider nicht erhalten ist. In Boston machte sie Henry Wadsworth Longfellow ihre Aufwartung, der sich weigerte, sie ohne Anstandsdame zu empfangen. Sie wollte eine Büste von ihm anfertigen, was aber misslang. Dazu ein Kommentar aus einer New Yorker Klatschkolumne: „Ich gäbe mein letztes Hemd dafür zu sehen, wie die biegsame Französin mit Ton und Meißel hantiert, während der Barde im silbernen Haar elegant vor ihr posiert und den ‚Psalm des Lebens' rezitiert."

Das unangenehmste Zusammentreffen hatte sie mit einem hartnäckigen Veranstalter, der sie in Boston überredete, am Hafen auf den glitschigen Rücken eines toten Wals zu steigen, den er konserviert hatte und als Werbeträger nutzte. Der Mann folgte ihr danach von Stadt zu Stadt, stellte seinen Wal als Nebenattraktion zur Schau und trieb Sarah damit zur Weißglut.

Obwohl sie recht komfortabel reiste – in einem nur für sie, ihre Zofe und Angelo reservierten Eisenbahnwaggon, in dem sie von ihrer eigenen Köchin verpflegt wurde –, hatte Sarah doch mit Unannehmlichkeiten wie dreckigen Hotelzimmern und heruntergekommenen, unzureichenden Theatern zu kämpfen, und es laugte sie aus, jeden Abend an einem anderen Ort aufzutreten.

Insgesamt trat sie an etwa fünfzig Spielstätten auf, darunter auch Kleinstädte wie Leavenworth in Kansas oder Titusville in Pennsylvania. Die übrigen Schauspieler, die keinen Privatwaggon und keine französische Köchin zur Verfügung hatten, waren missmutig und müde, was man ihren Auftritten anmerkte. Vor allem Marie Colombier zeigte sich verstimmt darüber, dass ihre einstmals beste Freundin sie nicht zuvorkommender behandelte: „Wir leben von Konserven, belegten Broten, Keksen und Sardinen. Kalte Küche. Wenn wir im Hotel eintreffen, ist es grundsätzlich schon zu spät fürs Abendessen. Sarah, versteht sich, hat darunter nicht zu leiden. Bis auf den jungen Hauptdarsteller kommt niemand in ihre Nähe."

Tatsächlich zeigt sich Sarah in allen Lebenslagen unerschütterlich. Ihrem eigenen Bericht zufolge setzt sie sich echter Gefahr aus, als sie bei den Niagarafällen über Eisschollen klettert. Und sie bringt ihre ganze Truppe in noch viel größere Gefahr: Eine baufällige Brücke stürzt nur wenige Sekunden, nachdem ihre Eisenbahn sie überquert hat, vor ihren Augen in einen reißenden Strom. Der nächste Termin in New Orleans drängte, und Sarah hatte den Zugführer bestochen, das Risiko einzugehen und den unheilvollen Warnungen der Behörden zum Trotz weiterzufahren.

Diese Geschichte erzählt Sarah in mehreren Versionen unter Nennung von dreierlei Flüssen, doch auch in diesem Fall holt uns Marie Colombiers Darstellung auf den Boden der Tatsachen zurück: Bei der Ankunft in New Orleans zeigte man der Truppe einen Zeitungsbericht vom Einsturz der Brücke gut fünf Minuten, nachdem sie diese überquert hatten. Keine Panik an Bord also, keine Bestechung, einfach nur ein glückliches Entrinnen. *Tant pis!* Es ist einfach eine gute Geschichte.

Marie ist mehr daran gelegen, der Welt von Sarahs Neuanschaffung in New Orleans zu berichten, wo sie ihre Menagerie um einen Alligator erweiterte: den übellaunigen Ali-Gaga. Er begleitete sie überall hin: zum Essen, ins Theater, ins Bett – was mag wohl Angelo dazu gesagt haben? Leider überlebte Ali-Gaga seine Diät aus Milch und Champagner nicht allzu lange. Als Haustier von Sarah Bernhardt lebte man offenbar gefährlich: Einige Jahre später verschluckte ihre Boa in Paris etliche Sofakissen und musste deshalb erschossen werden – was Sarah höchstpersönlich übernahm.

Die Amerikatournee dauerte sieben Monate, und als Sarah, nach einem letzten vierzehntägigen und höchst erfolgreichen Gastspiel in New York, an Bord des Schiffes zurück nach Frankreich ging, war sie erschöpft, aber höchst zufrieden mit ihrer Leistung und reich noch dazu. Ihr selbst äußerst praktisch veranlagter Finanzverwalter Henry Abbey beschrieb sie als „Geschäftsfrau auf Geschäftsreise. […] Sie hatte ein klares Ziel vor Augen: künstlerisches Ansehen und Geld." Bei der Rückkehr nach Frankreich war ihr Ansehen als Künstlerin noch gestiegen, und die Tournee hatte – so erzählt sie uns – 2 667 600 Francs eingespielt. Zudem hatte Sarah ihre Kraft und ihre Ausdauer auf die Probe gestellt, die Herausforderung gemeistert, vor lauter Menschen aufzutreten, die der Sprache, in der sie spielte, nicht mächtig waren, und sich selbst bewiesen, dass sie nicht nur gleichzeitig eine fahrende Schau-

Sarah im Garden of the Gods in Colorado

An den vereisten Niagarafällen, vierte von rechts (sitzend)

spieltruppe leiten und auf hohem Niveau spielen konnte, sondern das Umherreisen sogar genoss. Acht weitere Amerikatourneen sollten folgen, die letzte während des Ersten Weltkriegs, als Sarah bereits dreiundsiebzig war und in Varietés auftrat.

Ihre Memoiren, die knapp dreißig Jahre nach Beginn dieser ersten Tournee erschienen, enden mit ihrer Rückkehr aus Amerika. Einen zweiten Teil hat sie nie geschrieben. Offenbar betrachtete sie das triumphale Unternehmen als Wendepunkt in ihrem Leben und nahm das Ende des Buches zum Anlass, zurückzublicken und ein Fazit zu ziehen:

> Damit beschließe ich meine Erinnerungen, denn dies ist nun der erste wahrhafte Einschnitt in meinem Leben, der eigentliche Abschluss meiner körperlichen und moralischen Ich-werdung. Ich war der Comédie-Française entflohen, Paris und Frankreich, meiner Familie und meinen Freunden. Ich war zu einem wilden Ritt über Berge und Ozeane und durch die Lüfte aufgebrochen und kehrte zurück, verliebt in den weiten Horizont und doch ruhiger geworden durch das Gefühl der Verantwortung, die sieben Monate lang auf meinen Schultern geruht hatte. Jarrett dem Schrecklichen war es in seiner hartnäckigen und grausamen Weisheit gelungen, mein wildes Wesen zu zähmen, indem er beharrlich an mein Gewissen appellierte. Ich war in diesen wenigen Monaten geistig gereift, mein schroffer Wille besänftigt. Mein Leben, von dem ich anfangs vermutete, es werde nur kurz sein, schien plötzlich noch sehr, sehr lang dauern zu können, und es machte mir eine diebische Freude, mir auszumalen, welch infernalisches Missvergnügen das meinen Feinden bereiten würde. Ich beschloss weiterzuleben. Ich beschloss, die große Künstlerin zu werden, die ich immer sein wollte. Und vom Tag meiner Rückkehr an widmete ich mich ganz und gar meinem Leben.

Anders ausgedrückt: Mit fünfunddreißig Jahren wurde Sarah Bernhardt langsam erwachsen.

# XV

Während Sarahs Abwesenheit hatte sich die französische Presse und damit auch das französische Publikum erneut gegen sie gewandt: Der Ärger über ihre Flucht, dazu die bösartigen Berichte über ihre amerikanischen Abenteuer und ihr finanzieller Erfolg – das alles löste Neid und Missgunst aus. Glücklicherweise bot sich ihr gleich bei der Ankunft die Gelegenheit zur Wiedergutmachung. Noch auf der Überfahrt erhielt sie ein Telegramm mit der Bitte, in Le Havre, wo das Schiff anlegen sollte, eine Benefizvorstellung zugunsten der städtischen Strandwache zu geben. Sarah ergriff diese Chance und wurde am Hafen von Tausenden mit einer offiziellen Würdigung empfangen: „Nun haben Sie sich in zwei Welten einen unvergänglichen Namen gemacht und künstlerischen Ruhm erworben, und mit Ihrem bewunderungswürdigen Talent sowie Ihrem persönlichen Charme haben Sie dem Ausland bewiesen, dass Frankreich stets das Land der Kunst bleiben wird, eine Quelle der Schönheit und Eleganz." Sarah entschied sich, die *Dame aux Camélias* zu geben – für den Titel *Camille* bestand nun keine Notwendigkeit mehr. Es war das erste Mal, dass sie das Stück in Frankreich spielte, und mit der üblichen Genugtuung angesichts des eigenen Triumphs versichert sie uns, „dass alle Anwesenden bei dieser Vorstellung die Quintessenz dessen erlebten, was meine Kunst zu geben vermag."

Blieben noch Paris und die dortige Theaterwelt zurückzugewinnen. Nach drei Wochen London, wo sie die *Dame aux Camélias* und *Frou-*

*frou* spielte, packte Sarah auf die für sie typische Weise den Stier bei den Hörnern. Bei einer Galavorstellung an der Comédie-Française, die das Ende der preußischen Besatzung von Paris zehn Jahre zuvor feierte, überwältigte sie das Publikum. Ohne jede Vorankündigung schmuggelte sie sich anstelle ihrer alten Freundin Madame Agar auf die Bühne und rezitierte dort zu Orchesterbegleitung die Marseillaise. Sie erschien ganz in Weiß, hatte nur eine blau-weiß-rote Schärpe um die Taille geschlungen, und auf dem Höhepunkt ihres Vortrags entrollte sie eine große Trikolore. Als den Zuschauern klar wurde, wen sie da vor sich hatten, herrschte zunächst fassungsloses Schweigen; doch als sie geendet hatte, brach alles in Jubel und Freudentränen aus. Sarah hatte Paris zurückerobert.

*Fédora*, das neue Stück, mit dem Victorien Sardou sie erwartete – das erste von insgesamt sieben Dramen, darunter *Théodora*, *La Tosca* und *Cléopâtre*, die sie gemeinsam auf die Bühne brachten –, festigte ihr wiedergewonnenes Ansehen endgültig. Es war, das wussten beide, ein Paradestück für Sarah, doch sie hatte bereits eine sechsmonatige Europatournee zugesagt, und so mussten Sardou und seine Auftraggeber vorläufig warten.

Diese Europatournee gehörte zu den Höhepunkten von Sarahs Karriere. Wo sie auch hinkam, sie wurde als die größte Künstlerin, ja fast als Fürstin empfangen. Die gekrönten Häupter Europas lagen ihr zu Füßen – und womöglich auch in ihrem Bett. Der König von Spanien vermachte ihr eine Diamantbrosche, der österreichische Kaiser einen Halsschmuck aus Kameen, der italienische König einen kostbaren venezianischen Fächer. In Wien schenkte Erzherzog Friedrich ihr nicht nur eine Smaragdkette, sondern bestand zudem darauf, dass sie in einem seiner Paläste abstieg: „Eine Königin wohnt nicht im Hotel." Und als Sarah bei einer Galavorstellung im Winterpalast von St. Petersburg vor Zar Alexander III. in einen tiefen Hofknicks sank, hob er sie mit den Worten auf: „Nicht doch! Wir müssen uns vor Ihnen verneigen."

Ihr Ausflug nach Russland wurde allerdings von antisemitischen Protesten in Kiew und Odessa überschattet. Glücklicherweise erfuhr Sarah nichts von den abfälligen Bemerkungen des einundzwanzigjährigen Anton Tschechow, der damals noch Medizin studierte, aber schon satirische Beiträge für eine kleinere Zeitschrift verfasste. Als patriotischem Slawen missfiel ihm die hysterische Bewunderung für diese ultrafranzösische Diva: „Sie hat nicht den Funken, der allein imstande ist, uns zu bitteren Tränen, zur Ohnmacht zu rühren. Jeder Seufzer der Sarah Bernhardt, ihre Tränen, ihre Konvulsionen vor dem Sterben, ihr gesamtes Spiel ist nichts anderes als eine fehlerfrei und intelligent einstudierte Lektion." Und weiter: „Wir haben Sarah Bernhardt gesehen und sind über ihren Fleiß in unbeschreibliches Entzücken geraten. Es gab Stellen in ihrem Spiel, die uns beinahe zu Tränen rührten. Die Tränen sind nur nicht geflossen, weil die ganze Schönheit herabgemindert wurde durch Künstlichkeit."

In einer satirischen Skizze mit dem Titel „Sarah Bernhardt ist in der Stadt" lässt Tschechow einen gewissen „Dr. Klopson" seinem Freund „Dr. Verfluchterschwein" ihren Auftritt einzig anhand ihrer körperlichen Symptome schildern: „Mein lieber Freund! Gestern Abend sah ich S. B. Die Brust – flach und paralytisch. Knochenstruktur und Muskelmasse – unbefriedigend. Der Hals – so lang und dünn, dass sowohl die Venae jugulares als auch die Arteriae carotides deutlich hervortreten. Ihre Musculi sternocleidomastoidei sind kaum wahrzunehmen. Von meinem Platz in der zweiten Reihe des Parketts aus konnte ich deutliche Anzeichen von Anämie ausmachen. Kein Husten. Sie stand ganz vermummt auf der Bühne, was mich annehmen lässt, dass sie wohl unter Fieber litt. Meine Diagnose: Anämie sowie Muskelatrophie. Faszinierend ist allerdings, wie ihre Tränendrüsen auf willkürliche Stimulans reagieren: Die Tränen flossen ihr in Strömen aus den Augen, wann immer sie zu weinen hatte, und die Nase wies klare Anzeichen von Hyperämie auf."

Auch Turgenjew empfand sie als „falsch, kalt und affektiert" und tadelte ihren „abstoßenden Pariser Chic". Sie war nicht so schlicht, und sie war nicht so wahrhaftig wie eine Russin. Sie war eben Französin!

Doch all die Aufregungen und die Lobhudeleien, die sie auf Schritt und Tritt begleiteten, bedeuteten ihr nicht so viel wie der neue Mann in ihrem Leben. Das war weder Pierre Berton, ihr Hauptdarsteller bei der Tournee, noch der junge, gutaussehende Philippe Garnier, ein weiterer Bühnenpartner, mit dem sie selbstverständlich auch ein Techtelmechtel begonnen hatte, sondern jemand, der gar nicht zur Theaterwelt gehörte.

Er hieß Aristides Damala und war ein waschechter griechischer Adliger, der in der griechischen Botschaft von Paris beschäftigt war: ein Bild von einem Mann, der auf eine mindestens so skandalöse Reihe von Liebesabenteuern zurückblicken konnte wie Sarah und dessen Skrupellosigkeit der ihren in nichts nachstand. „Wenn Sie in St. Petersburg sind, werde ich auch dort sein", ließ er sie sinngemäß wissen. „Ich will Sie dort sehen." Er war inzwischen nach Russland versetzt worden, weil die französische Regierung ihn außer Landes wissen wollte: Seine Ausschweifungen waren nicht mehr zu ignorieren gewesen.

Sarah liebte ihn bereits zuvor, doch in St. Petersburg verfiel sie ihm vollends. Garnier wurde umgehend aus ihrem Bett verbannt, und Damala stieg hinein – allerdings nur wie und wenn er es wollte. Obwohl er mit starkem griechischen Akzent sprach und sich keinen Text merken konnte, beschloss Sarah, er sei zum Schauspieler geboren, und stellte ihn unter dem Künstlernamen Jacques auf die Bühne, wo er Garnier in *Froufrou* und den getreuen Angelo als Armand in der *Dame aux Camélias* ersetzte. Garnier räumte tief gekränkt das Feld.

Noch erstaunlicher war Sarahs spontane Entscheidung, Damala zu heiraten – sie, die immer erklärt hatte, sie werde niemals heiraten. Er zeigte sich von der Aussicht nicht eben begeistert, doch das bestärkte sie nur noch in ihrem Entschluss. In Südfrankreich, wo sich beide zu dem Zeitpunkt aufhielten, waren rechtliche und bürokratische Hürden vor der Eheschließung zu nehmen: Er war griechisch-orthodox, sie eine jüdischstämmige Katholikin. Sarah löste das Problem mit einem überstürzten viertägigen Abstecher nach London, wo sie rasch und ohne viel Aufsehen in einer protestantischen Kirche getraut werden konnten. Aus einem Telegramm an Freunde in London: „Was ich beschlossen habe, muss, muss, muss geschehen..." Als Sarah – mit Verspätung – wieder zu ihren Verpflichtungen nach Frankreich zurückkehrte, war sie „Madame Jacques Damala", zum Erstaunen aller und zum Entsetzen ihres Sohnes Maurice, der seinen neuen Stiefvater nicht ausstehen konnte und ihn stets nur als „Monsieur Sarah Bernhardt" bezeichnete. In Paris kürte man ihn später zum „Kamelien-Damala".

Dieser eigenwillige Akt war der größte Fehler in Sarahs Leben. Damala war verschwenderisch, er spielte, er war ein besessener Frauenheld

Aristides/Jacques Damala mit einer unbekannten Schauspielerin.
Man sieht sofort, weshalb er bei den Kritikern nicht allzu gut ankam

und ein Philister, und er liebte sie nicht. Außerdem schätzte er es überhaupt nicht, wenn man ihn als Monsieur Bernhardt ansprach – ein griechischer Adliger hat schließlich seinen Stolz. Sarah hielt an der Überzeugung fest, dass er Talent habe, doch die Kritiker waren weniger nachsichtig. Als Sarah vorschlug, Damala solle die männliche Hauptrolle in *Fédora*, der nächsten Inszenierung, übernehmen, sprach Sardou ein Machtwort: Er war als Theaterautor viel zu erfahren, um sein jüngstes Vorhaben – dem eindeutig großer Erfolg bevorstand – einem blutigen Amateur anzuvertrauen. Damala wurde fuchsteufelswild, und um den Frieden wiederherzustellen, mietete Sarah ein Theater an, setzte Maurice, der mit seinen achtzehn Jahren davon heillos überfordert war, nominell als Intendanten ein und inszenierte dort ein Stück, in dem ihr Mann die Hauptrolle spielte. Es wurde ein Reinfall, während gleich nebenan Sarah mit *Fédora* einen der größten Triumphe ihres Lebens feierte. Für das Eheglück der beiden war das nicht gerade förderlich.

Doch was hätte dieses Eheglück auch befördern können? Damala – zehn Jahre jünger als Sarah – war nicht nur notorisch untreu, sondern machte sich nicht einmal die Mühe, seine jeweilige Geliebte vor Sarah zu verstecken; mit der jungen Naiven aus seinem Stück reiste er nach Monte Carlo und verspielte im dortigen Casino an einem Abend achtzigtausend Francs. Natürlich kam Sarah dafür auf. Er verschleuderte bedenkenlos ihr Geld und beleidigte sie öffentlich: „Diese Jüdin mit der langen Nase…" Er störte ihre Auftritte und rutschte immer tiefer in die Morphiumsucht ab. Anscheinend versorgte ihn unter anderem Sarahs Schwester Jeanne mit dem Stoff – vielleicht war es aber auch umgekehrt. Trotzdem versuchte Sarah weiterhin beharrlich, ihn zu halten, zu besänftigen, zu unterstützen.

Schließlich, nach zahllosen Erniedrigungen, gewann ihr Pragmatismus wieder die Oberhand, und sie setzte Damala vor die Tür, woraufhin der sich nach Afrika absetzte, um dort im Krieg zu kämpfen, bald aber wieder zurückkam, um Sarah erneut in Verlegenheit zu bringen. Es dauerte nicht lange, da hatte seine Drogensucht ihn so weit zerfressen, dass Sarah sich seiner erbarmte, ihn bei sich aufnahm und ihn pflegte bis zu seinem frühen Tod 1889 im Alter von vierunddreißig Jahren. Kaum jemand aus ihrem Umfeld trauerte um ihn. Thérèse Berton, die in Russland dabei gewesen war, erinnert sich: „Für mich war Damala das kaltblütigste, zynischste und nichtswürdigste Subjekt, das mir je begegnet ist. Ich konnte seinen Anblick nicht ertragen. Jeder Kontakt mit ihm verursachte mir Übelkeit." Und Bram Stoker bekannte 1897, sein Graf Dracula gehe unter anderem auf Damala zurück. Sarah ließ Damala in Griechenland beisetzen und errichtete ihm dort ein Grabmal, sie trug Trauer und nannte sich eine Zeit lang Sarah Bernhardt-Damala oder auch „Witwe Damala".

Es ist eines der großen Rätsel der Menschheit, warum sich so viele erfolgreiche Künstlerinnen auf dem Höhepunkt ihres Ruhms – vom eigenen Talent überzeugt, ihre Karriere fest im Griff und von beiden Geschlechtern angehimmelt – aus freien Stücken von Männern erniedrigen lassen, die ihrer nicht würdig sind: Isadora Duncan von Gordon Craig, Eleonora Duse vom abscheulichen D'Annunzio, Margot Fonteyn von ihrem unverschämt treulosen Ehemann, Maria Callas von Onassis. Sarah hatte in Damala jemanden gefunden, der noch dominanter, noch fordernder, noch skrupelloser war als sie, und ihm gab sie sich rückhaltlos hin. Gut, das Herz hat immer seine Gründe, aber in diesem Fall muss man sich doch fragen, was das für Gründe waren. Sollte es schlicht so gewesen sein, dass ihm als Einzigem gelang, was selbst Mounet-Sully nicht geschafft hatte: sie sexuell zu befriedigen? Sarah sollte noch andere Männer lieben, doch obwohl sie bei Damalas Tod noch keine fünfundvierzig war, hat sie nie wieder geheiratet.

Die ersten Jahre mit Damala waren in vielfacher Hinsicht katastrophal. 1883 veröffentlichte ihre Nemesis, Marie Colombier, das berüchtigte Werk *Les Mémoires de Sarah Barnum*, und Sarah war so unklug, ihren Zorn darüber öffentlich zu äußern. Zum aufsehenerregenden Eklat kam es, als Maurice in Maries Wohnung eindrang und ihren Liebhaber und Mitautor zum Duell forderte, das er wenig später gewann. Sarah, die ihm gefolgt war, schwang eine Reitpeitsche und hatte ihrerseits ihren neuesten Liebhaber, den bemerkenswert virilen Dichter und Theaterautor Jean Richepin, als Verstärkung mitgebracht. Je nachdem, wem man Glauben schenken will, schlug Sarah mit der Peitsche Marie ins Gesicht und machte anschließend Kleinholz aus der Wohnung, oder aber sie jagte Marie davon, um sodann die Wohnung zu demolieren. Der Skandal elektrisierte nicht nur ganz Paris, sondern machte auch in Amerika Schlagzeilen. So titelte die *New York Times* am 19. Dezember 1883: „Madame Bernhardt in leidenschaftlichem Zorn". Untertitel: „Peitschenhiebe für Mademoiselle Colombier wegen satirischer Publikation."

Etwa zur selben Zeit starb Sarahs geliebte und doch so lieblose Mutter. Sie wurde „eines Morgens", wie Sarah ihrer Enkelin Lysiane berichtet, „auf ihrem gelben Sofa gefunden, in ein reizendes Negligee gekleidet, den Kopf auf ein Spitzenkissen gebettet. Ihre schönen Hände hielten ein Tablettdeckchen, an dem sie gestickt hatte. Sie lächelte, noch im Sterben kokett. Und ich war so außer mir, dass ich krank wurde." Kein Wunder. Die Liebe, die Youle ihr immer vorenthalten hatte, war nun auf ewig unerreichbar.

Nur kurz nach der Mutter starb auch die von Drogen zerrüttete Jeanne. Tante Rosine hatte sich schon lange vorher mit irgendeinem Liebhaber abgesetzt. Von ihren frühesten Vertrauten war Sarah nun nur noch die treue Madame Guérard geblieben. Zudem hatte sie mit dem Theater, das sie übernommen hatte, um Damala und Maurice zu beschäftigen, viel Geld verloren, etwa fünfhunderttausend Francs, und nicht zum ersten Mal sah sie sich gezwungen, ihren Schmuck zu versteigern. Trotz der Leidenschaft, fast schon Besessenheit, mit der sie kaufte, machte es ihr glücklicherweise nie etwas aus, das Erworbene wieder zu verlieren. Außerdem ließ sich immer rasches Geld damit verdienen, durch Frankreich, Europa oder die Welt zu reisen, mit der *Dame aux Camélias*, *Froufrou* und anderen sicheren Erfolgen im Gepäck – *Fédora* beispielsweise.

Denn Sardous Stück war tatsächlich der große Triumph geworden, mit dem Sarah gerechnet hatte. Wie sollte sie auch scheitern in der Rolle einer russischen Prinzessin, wild entschlossen, sich an dem Nihilisten zu rächen, den sie für den Mörder ihres Verlobten hält – nur um dann festzustellen, dass er gar kein Mörder ist, ja nicht einmal ein Nihilist, sondern niemand anderer als ihr unschuldiger Geliebter, den sie nichtsahnend nach Sibirien verbannt hat? Die exotische Kulisse, die Qualen der Leidenschaft und der Reue, der sich endlos hinziehende Selbstmord durch Gift: Geschickt konstruiert von einem Meister seines Fachs war dies das erste der großen Melodramen, die Sarah endlose Möglichkei-

Marie Colombier

Sarahs Angriff auf Marie, nachempfunden in der *Police Gazette*

ten boten, prächtig kostümiert und geschmückt ihr Publikum zu begeistern. *Froufrou, Adrienne Lecouvreur* und die *Dame aux Camélias* nahmen sich daneben geradezu nüchtern aus. In vieler Hinsicht setzte *Fédora* den Ton für die nächsten zwei Jahrzehnte, obwohl Sarah immer wieder zu den Klassikern zurückkehrte und auch einige literarisch oder poetisch anspruchsvollere Stücke lancierte.

Jules Lemaître, der zu Sarahs scharfsinnigsten Kritikern gehörte und ihr als Freund und Liebhaber nahestand, erläutert, warum *Fédora* für sie zum Bravourstück wurde:

> Madame Sarah Bernhardt eignet sich durch ihr Wesen, ihren Charme und ihre besondere Schönheit vortrefflich zur russischen Prinzessin, wenn sie nicht gerade eine byzantinische Kaiserin oder eine Begum von Maskat ist: anmutig und voller Leidenschaft, sanft und hochfahrend, unschuldig und verderbt, nervös, exzentrisch, enigmatisch, ein Abgrund des Weiblichen, ein *je ne sais quoi* des Weiblichen. Madame Sarah Bernhardt erscheint stets als eine ganz und gar fremde Person, die von weither zurückkehrt; sie verschafft mir eine Ahnung des Exotischen, und ich bin ihr dankbar, weil sie mir in Erinnerung ruft, wie groß diese Welt doch ist, dass die Grenzen unseres Dorfes gesprengt werden müssen und der Mensch ein mannigfaltiges Geschöpf ist, vielgestaltig und zu allem fähig. Ich schätze sie für all das Verborgene, das ich in ihr erahne. Sie könnte ins Kloster gehen, den Nordpol entdecken, sich mit der Tollwut anstecken lassen, einen Herrscher ermorden oder einen Negerhäuptling heiraten – nichts davon würde mich überraschen. Sie ist lebendiger und unbegreiflicher als tausend andere zusammen. Und vor allem ist sie der Inbegriff des Slawischen; um vieles slawischer als alle Slawen, die mir je begegnet sind.

*La Dame aux Camélias*

*Le Passant*

*Hernani*

*Ruy Blas*

*L'Étrangère*

*Phèdre*

*Adrienne Lecouvreur*

*Froufrou*

*Fédora*

*Théodora*

*La Tosca*

*Gismonda*

*Cléopâtre*

*Hamlet*

*Macbeth*

*Jeanne d'Arc*

*L'Aiglon*

Sarah mit dem großartigen Coquelin

Sarah mit Réjane als Pierrot und Columbine

Sarah mit Mrs. Patrick Campbell in Maeterlincks *Pelléas et Mélisande*

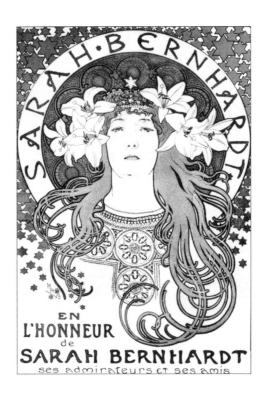

Ein Tag zu Ehren Sarah Bernhardts:
Programmdeckblatt von Alphonse Mucha

# XVI

Nun folgte eine Tournee auf die andere – meist mit dem altbewährten und oft erprobten Repertoire –, immer wieder unterbrochen von Abstechern nach Paris, um sich dort, am einzigen Ort, der wirklich zählte, wieder zu etablieren, in neuen Stücken Triumphe zu feiern (oder auch nicht) und die Früchte ihrer Mühen zu ernten. 1886 begann Sarah eine dreizehnmonatige Tournee durch Nord- und Südamerika. In Argentinien wurden ihr mehr als fünftausend Hektar Land überschrieben – sie fand aber nie heraus wo –, und in Peru verehrte man ihr eine ganze Wagenladung Guano. Eine weitere, zweieinhalbjährige Tournee – von Anfang 1891 bis Herbst 1893 – führte sie erneut in beide Teile Amerikas, dazu nach Europa und zu einem nicht enden wollenden Triumph nach Australien. Corille Fraser schreibt in ihrem Buch *Come to Dazzle* jedoch auch: „Die australische Presse hatte offenbar Schwierigkeiten, sich mit ihrer jüdischen Herkunft abzufinden. Das wird immer wieder erwähnt und meist gleich damit relativiert, dass sie ja getauft sei und eine Klosterschule besucht habe." Fraser berichtet uns auch, dass ein Buch mit dem Titel *Great Events in Australia's History from Discovery to the Present Day* Sarah Bernhardts Gastspiel als ein Großereignis des Jahres 1891 aufführt – „neben dem Streik der Schafscherer in Queensland, der Tatsache, dass die neue Partei Labour Electoral League sechsunddreißig Sitze im Parlament von New South Wales errang und damit für einen Ausgleich der Machtverhältnisse sorgte, dem Zusammentritt der ersten Federal Convention in Sydney sowie der ersten erfolgreichen Herstellung von Aprikosen-, Pfirsich- und Apfelkonserven in Hobart."

Fast jedes Jahr gab es Gastspiele in England, in vielen Jahren auch eine Rundreise durch Frankreich. Ende 1893 übernahm Sarah die Pacht des Théâtre de la Renaissance, das sie in Personalunion als Dramaturgin, Intendantin und Hauptdarstellerin bis 1899 leitete – wenn sie nicht gerade unterwegs war: in Skandinavien, Osteuropa und immer wieder Amerika. Ihre Energie war unerschöpflich, ihre Entschlossenheit eisern und ihr Ruhm beispiellos. Es gab praktisch keinen Ort, an dem sie noch nicht aufgetreten war. Ein enger Freund erinnert sich: „Man konnte keinen Ort nennen, so exotisch er auch sein mochte, den sie noch nicht kannte. Einmal kam meine Mutter zufällig auf das Klima in Ostafrika zu sprechen, und Sarah meinte: ‚Ach ja! Ich kenne Mombasa, da habe ich schon gespielt.'"

Die Tourneen waren für Sarah mehr als eine Möglichkeit, Geld zu verdienen und ihren Ruhm zu mehren. Sie genoss das Reisen um seiner selbst willen, liebte es, unterwegs zu sein: „Das mir so kostbare Blut Israels, das durch meine Adern fließt, drängt mich zum Reisen. Ich liebe dieses abenteuerliche Leben!" Und vor dem Aufbruch zur Tournee 1891–1893 äußerte sie: „Oft besteige ich den Zug oder ein Dampfschiff, ohne mich überhaupt zu erkundigen, wohin es geht. Was sollte mich das auch kümmern? [...] Ich bin glücklich, fortzukommen, kehre aber auch immer wieder voller Freude zurück. Es liegt eine echte, wohltuende Erregung darin, von Ort zu Ort zu reisen und so lange Strecken zurückzulegen."

Die schlimmen Jahre lagen hinter ihr – die Jahre mit Damala, die Jahre der Skandale, der Verluste. Dies war die Zeit, in der sie sich ihr Rollenrepertoire aneignete, das über die unsterbliche *Phèdre* und die *Dame aux Camélias* hinausging. Immer und immer wieder feierte sie in Sardous Stücken Triumphe. *Théodora* von 1884 war eine noch größere Sensation als *Fédora*: Als ruchlose byzantinische Herrscherin, betrügt Sarah ihren Gemahl, den Kaiser Justinian, und wartet schließlich, nachdem sie (unabsichtlich) ihren Liebhaber vergiftet hat, gelassen darauf, ihrerseits mit einer scharlachroten Seidenschnur erdrosselt zu werden. Wen interessiert da noch, dass die echte Theodora an Krebs gestorben ist?

Nichts sollte das Bühnenbild je an Opulenz, die Kostüme an Pracht übertreffen. In einer Szene, so erfahren wir von ihrer Biographin Joanna Richardson, trug Sarah „ein Kleid aus himmelblauem Satin mit einer fast vier Meter langen Schleppe, bestickt mit Pfauen, die Augen aus Rubinen hatten und deren Gefieder aus Smaragden und Saphiren war." *Théodora* wurde in Paris ein ganzes Jahr lang gespielt. 1887 war *La Tosca* als Theaterstück ebenso erfolgreich wie später die Oper von Puccini. Sarahs Mord an Scarpia begeisterte das Publikum auf Jahrzehnte. Sie war auch eine atemberaubende, wenngleich schwülstige *Cléopâtre* (1890). Angeblich raunte in London eine ehrwürdige ältere Dame aus dem Publikum ihrer Nachbarin zu: „Wie anders, wie *völlig* anders ist da doch das Privatleben unserer lieben Königin."

Und dann natürlich *Gismonda* (1894). Die Beschreibung von Gold und Fizdale vermittelt recht gut, was George Bernard Shaw so schön als „Sardoodledom" bezeichnete, das ganze Spektakel eines Stückes von Sardou:

> *Gismonda* spielt im Griechenland des 12. Jahrhunderts. Das grausame Märchen handelt von einer Prinzessin aus Athen (Bernhardt), die einen einfachen Mann (Lucien Guitry) liebt. Bis die beiden einander endlich und ganz gegen jede Erwartung heiraten, muss das Publikum einen abscheulichen Priester (Edouard de Max) ertragen, einen Axt-Mord (von der Bernhardt ausgeführt) sowie ein weiteres blutiges Massaker über sich ergehen lassen und mit ansehen, wie ein kleines Kind einem ausgehungerten Tiger zum Fraße vorgeworfen wird. Solche Schreckensbilder gingen in der Inszenierung allerdings fast unter angesichts der vielen leidenschaftlichen Reden, der aufwendigen Pracht der byzantinischen Kirche, der Prozessionen blumengeschmückter Jungfrauen und der Hochzeit als Finale mit Glockengeläut, Preisgesängen und triumphaler Orgelmusik. Dabei diente das ganze Arrangement nur der Hauptdarstellerin als Rahmen, die schlangengleich in enganliegenden Gewändern, mit orchideengeschmücktem Haupt den Jugendstil verkörperte.

Für *Spiritisme* (1897) zog Sardou das letzte aus seiner Trickkiste, indem er Sarah die Rolle einer weiteren treulosen Ehefrau auf den Leib schrieb, diesmal einer, die sich als Gespenst ausgibt.

In *La Sorcière* (1903) ließ er Sarah schließlich als leidenschaftliche Zigeunerin auftreten, die von der Inquisition bei lebendigem Leib auf dem Scheiterhaufen verbrannt wird. Als sie *La Sorcière* zwei Jahre später in Montreal spielte, wurde Sarah erneut zur Zielscheibe verbaler und körperlicher Angriffe, zu denen der damalige Erzbischof aufgerufen hatte, weil er die Kritik an der Inquisition als Blasphemie empfand: Faule Eier flogen auf die Bühne, und auf der Fahrt zum Bahnhof schlug man mit Steinen und Stöcken auf Sarahs Kutsche ein und verlangte den „Tod der Jüdin!"

Doch noch während Sarah von der beispiellosen Zusammenarbeit mit Sardou profitierte, probierte sie bereits andere Stücke und andere Autoren aus. 1890 präsentierte sie in Paris ihre erste Interpretation der Jeanne d'Arc und durchbrach allabendlich die vierte Wand, wenn sie, beim Prozess nach ihrem Alter gefragt, vortrat, sich zum Publikum wandte und mit ruhiger, fester Stimme antwortete: „Neunzehn Jahre." Sie war damals, wie jeder wusste, sechsundvierzig und seit kurzem stolze Großmutter. Derselbe *coup de théatre* gelang ihr zwanzig Jahre später in einer weiteren Jeanne-d'Arc-Inszenierung – da war sie allerdings schon Urgroßmutter.

1895 lernte sie Edmond Rostand kennen, ihren erklärten „Lieblingsdichter". Er war erst sechsundzwanzig und hatte gerade einmal ein bescheidenes Stück an der Comédie-Française vorzuweisen. Dennoch nahm sich Sarah ohne Zögern seines poetisch-symbolistischen Stücks *La Princesse Lointaine (Die ferne Prinzessin)* an, in das sie mehr als zweihunderttausend Francs investierte, die sie verlor. Doch wie sie selbst sagte: „Pech gehabt. Als wahre Künstlerin kann man *La Princesse Lointaine* eben nicht *nicht* inszenieren." Außerdem hatte sie den Verlust mit vierzig Vorstellungen der *Dame aux Camélias* rasch wieder eingespielt.

Waren Sarah und Edmond ein Liebespaar? Falls ja, dann nur pro forma und nicht allzu lange; Sarah war immer auch eng mit seiner reizenden Frau Rosemonde und mit Maurice, dem Sohn der beiden, befreundet. 1897 verfasste Rostand das wahrscheinlich erfolgreichste

Stück, das je für die Comédie-Française geschrieben wurde: *Cyrano de Bergerac*, eine Paraderolle für Coquelin, den größten Komödianten Frankreichs. Im selben Jahr brachte Sarah auch Rostands *La Samaritaine (Das Weib von Samaria)* auf die Bühne, das der junge Autor einem Journalisten mit den Worten beschrieb: „Es ist die Geschichte einer Kurtisane wie Liane de Pougy, die Jesus Christus begegnet und anschließend nach Paris zurückkehrt, um dort ihren lasterhaften Freunden die Heilige Schrift zu predigen." (*Thaïs* lässt grüßen!) Sarah spielte es in den folgenden fünfzehn Jahren in jeder Karwoche.

Und dann, im Jahr 1900, machte Rostand Sarah *L'Aiglon (Der junge Aar)* zum Geschenk, die Geschichte des Duc de Reichstadt, des sterbenden, verbannten Sohnes Napoleons. Sarah war an diesem Punkt ihrer Karriere schon längst anerkannte Meisterin (oder anerkannter Meister?) der Hosenrolle, in diesem Fall allerdings trug sie die Hosen eines Zwanzigjährigen. Der junge Aar hatte seinen Auftritt, als im von der Dreyfus-Affäre gespaltenen Frankreich der Patriotismus neue Blüten trieb, und der napoleonische Kontext des Stücks riss die Zuschauer zu Begeisterungsstürmen hin. Am Premierenabend, schreibt Maurice Baring, „sah man ringsum überall Tränen", und das Stück „war eine Aneinanderreihung geschickt dosierter Spannungsmomente, die vom bebenden Publikum berauscht aufgenommen wurden". Andere berichten von (inszenierten) Tumulten, frenetischem Beifall und ungezählten Vorhängen. Vielfach heißt es, dass es sich wohl um die erfolgreichste Premiere der französischen Bühnengeschichte gehandelt habe. Auf dem von *L'Aiglon* erhaltenen Bildmaterial erinnert Sarah, zumindest für den heutigen Betrachter, auf etwas unglückliche Weise an eine Kropftaube – schlank war sie mit sechsundfünfzig nicht mehr. Doch damals fiel das offenbar niemandem auf, oder es interessierte niemanden.

Im Jahr vor *L'Aiglon* hatte Sarah das Théâtre de la Renaissance wieder aufgegeben und die Leitung des frisch umgetauften Théâtre Sarah Bernhardt übernommen, das fast doppelt so viele Zuschauer fasste wie das Renaissance. An der Fassade prangte ihr Name, zusammengesetzt aus 5 700 Glühbirnen – elektrisches Licht war die jüngste technische Errungenschaft. Von einem kurzen Intermezzo während der deutschen Besatzung einmal abgesehen, behielt das Theater diesen Namen bis

1967, dann wurde es in „Théâtre de la Ville" umbenannt. Das Café Sarah Bernhardt allerdings trägt den seinen bis heute und floriert nach wie vor in bester Lage an einer Ecke der Place du Châtelet, gleich neben Sarahs einstigem Theater.

L'Aiglon bescherte dem neuen Theater acht Monate ausverkauftes Haus und wurde nur abgesetzt, weil Sarah mit dem Stück nach Amerika reiste. Der Reiz erhöhte sich dabei noch dadurch, dass Coquelin eine untergeordnete, aber wichtige Rolle darin übernahm und Sarah im Gegenzug die Roxanne zu seinem Cyrano spielte. Die beiden waren seit dem Conservatoire gut befreundet und arbeiteten gern miteinander. Auf dieser Tournee gab Coquelin den Scarpia zu ihrer Tosca, und kurz vor der Mordszene im dritten Akt sprang Sarah mit schöner Regelmäßigkeit hinter der Bühne auf und rief: „Dann wollen wir mal den Coq umbringen!" Coquelin war auch Armands Vater in der Dame aux Camélias und der Erste Totengräber in Sarahs Hamlet, während sie in Molières Les Précieuses Ridicules neben ihm die zweite Geige spielte.

Um ehrlich zu sein, ist L'Aiglon nichts weiter als ein überlanges, überkonstruiertes patriotisches Versdrama: „O diese Arme, die ich alle seh, / Die armen Arme – einst dazu bestimmt, / Die Mutter, die Geliebte zu umarmen, / Die ganze Welt sich an die Brust zu reißen – / Ihr seid nun Stümpfe, Stümpfe ohne Hände / Und Hände ohne Finger…" Trotzdem begleitete es Sarah überall hin. Sie spielte es noch mit über siebzig, nachdem ihr ein Bein amputiert worden war, und immer wieder entfaltete es seine emotionale Kraft: Auf einer der diversen Abschiedstourneen, die Sarah durch Amerika unternahm, saß in Denver etwa die kleine Mamie Doud (damals noch nicht Eisenhower) im Publikum und wurde, ihrer Biographin zufolge, von „herzzerreißenden Schluchzern" geschüttelt, als der junge Aar in den Armen seines letzten getreuen Adjutanten sein Leben aushaucht. Für die immense Popularität des Stücks sprechen auch, wie Gerda Taranow in ihrem Standardwerk Sarah Bernhardt: The Art within the Legend zu berichten weiß, die vielen Parodien. Es gab mindestens neun, dagegen nur drei oder vier auf Théodora, vier auf Cléopâtre und nur eine einzige auf Hamlet.

Nicht allzu lange vor ihrem Auftritt als jugendlicher Duc de Reichstadt hatte Sarah schon zwei ungleich berühmtere Männerrollen übernommen. 1896 brachte sie Alfred de Mussets poetisches Kolossaldrama *Lorenzaccio* (1834) auf die Bühne, ein derart anspruchsvolles Unterfangen, dass sich bislang noch keiner daran gewagt hatte. Sarah kürzte es rigoros, und einer ihrer schärfsten Kritiker schrieb über ihren Auftritt: „Ich habe noch nie eine vergleichbare Leistung gesehen." Auch Anatole France – ein Freund – kommentierte begeistert:

> Wir wissen längst, welches Kunstwerk diese großartige
> Schauspielerin aus sich zu machen versteht. Und doch raubt
> sie uns in ihrer jüngsten Metamorphose den Atem. Sie hat ihr
> ganzes Sein in einen melancholischen Jüngling verwandelt,
> aufrichtig und poetisch. Sie hat ein lebendiges Meisterwerk
> erschaffen mit ihren entschiedenen Gesten, der tragischen
> Schönheit in Haltung und Blick, der größeren Kraft im Timbre
> ihrer Stimme und der Geschmeidigkeit und Vielfalt ihrer
> Ausdruckskraft – und letztlich vor allem durch ihr Talent für
> das Geheimnisvolle und Schreckliche.

*Lorenzaccio* lief nur zwei Monate, doch Sarah hatte das Unmögliche geschafft, dabei eine Menge Geld verloren und sich einen lang gehegten Wunsch erfüllt. Dann, 1899, folgte *Hamlet*, unter all ihren Wagnissen das umstrittenste. Im 19. Jahrhundert hatte es in Frankreich diverse Hamlets gegeben – der von Mounet-Sully wurde allgemein am meisten bewundert –, und wie in England waren auch hier etliche weibliche darunter gewesen. Doch wie Gerda Taranow in ihrer brillanten Analyse *The Bernhardt Hamlet* erläutert, war der traditionelle französische Hamlet eine poetische, unentschlossene, phlegmatische Gestalt aus dem Zeitalter der Romantik. Das war natürlich nichts für Sarah. Als Erstes warf sie die kanonische Versübersetzung über Bord und gab eine neue Prosafassung in Auftrag, die mehr vom Originaltext erhält als jede andere damalige englische oder französische *Hamlet*-Inszenierung: Sarahs Fassung dauerte über vier Stunden. Vor allem aber interpretierte sie den Hamlet als jugendlich, männlich und entschlossen: Von dem Moment an, als er zu der Überzeugung gelangt, dass sein Vater tatsächlich von Claudius ermordet wurde, steht sein Weg fest, und es geht nur noch darum, die nötigen Voraussetzungen für seine Rache zu schaffen. Wie Sarah in einem Brief an einen ungenannten englischen Kritiker schrieb: „Man wirft mir vor, ich sei zu aktiv, zu maskulin. Anscheinend muss man Hamlet in England als traurigen deutschen Professor darstellen. […] Es gibt Menschen, die in Hamlet unbedingt die Seele einer Frau erkennen wollen, schwach und unentschlossen; doch ich sehe in ihm die Seele eines entschiedenen, vernünftigen Mannes." Und auf den Vorwurf, sie spiele zu viele Männer, erwiderte sie: „Ich habe keine Vorliebe für Männerrollen, nur eine Vorliebe für den männlichen Verstand."

Die Angriffe gegen ihren *Hamlet* begannen noch vor der ersten Vorstellung. Reichte es ihr denn nicht, fragt eine französische Biographie, ihre sämtlichen Rivalinnen auszustechen – musste sie es jetzt auch noch mit den Männern aufnehmen? Lorenzaccio war schon schlimm genug, aber Hamlet? Was kam als Nächstes? Würde sie bald in der Rolle des Othello Mounet-Sully als Desdemona erdrosseln?

*Hamlet* rief heftige Reaktionen hervor, wo immer Sarah ihn spielte, und sie spielte ihn oft und überall. Nach der Premiere ging sie damit auf Tournee durch England und Europa, während ihr eigenes Theater komplett renoviert wurde. Bei der Rückkehr nach Paris fand *Hamlet* ein Haus vor, das mit gelbem Samt ausgekleidet war, ein radikaler Bruch mit dem traditionellen Theater-Rot. Damit hatte Sarah für den Rest ihres Lebens eine berufliche Heimat gefunden, inklusive einer Fünf-Zimmer-Suite gleich neben der Bühne, wo sie dinierte, Gäste empfing und mitunter auch schlief – sie war die Königin des kurzen Nickerchens.

Überall waren sich die Kritiker völlig uneins. Manche konnten sich einfach nicht an die Vorstellung gewöhnen, dass eine Frau diese Rolle spielte. Besonders berühmt ist Max Beerbohms Rezension mit dem Titel „Hamlet, Prinzessin von Dänemark", die mit den Worten endet: „Man hatte den Eindruck, dass Hamlet in ihrer Darstellung zwar weder melancholisch noch ein Träumer war, aber immerhin ein Mensch von einiger Konsequenz und unverkennbar edlem Geblüt. Ja! Guten Gewissens kann man ihr nur dieses eine Kompliment machen: Ihr Hamlet war von der ersten bis zur letzten Minute ganz *grande dame*." Maurice Baring hingegen fand, dass die Rolle nun zum ersten Mal angemessen interpretiert werde, und hob vor allem hervor: „Während sonst fast jeder Hamlet von den übrigen Darstellern isoliert erscheint, als rezitierte er nur für das Publikum, sprach dieser Hamlet auch zu den anderen Figuren, er teilte ihr Leben, ihr äußerliches Leben, so groß die geistige Kluft zwischen ihnen und ihm auch sein mochte. Dieser Hamlet befand sich in Dänemark und nicht in einer Splendid Isolation, er stand auch nicht auf der Bühne, um zu beweisen, wie gut er Shakespeare herunterbeten kann oder was für ein famoser Kerl er ist. […] Die ganze Darstellung war natürlich, unangestrengt, lebensecht und eines Prinzen würdig." Und Clement Scott, der konservative Doyen unter den Londoner Theaterkritikern (und außerdem Verfasser eines Buches mit dem Titel *Some Notable Hamlets*) pries sie für „jenen ganz eigenen Humor, jene fest verwurzelte Launenhaftigkeit, die Hamlet im tiefsten Innern eignen. […] Das Ganze war phantasievoll, elektrisierend und poetisch." Scott kommt sogar zu dem Schluss, Sarah sei die größte Künstlerin, die er je erlebt habe: „Und als Hamlet sehe ich in ihr eine größere Künstlerin denn je, denn diese Aufgabe ist in Bedeutung und Tragweite heroisch zu nennen."

Die Kontroverse folgte Sarah bis nach Amerika, wo William Dean Howells, wie uns Taranow berichtet, „ihren Hamlet als gleich dreifache Zumutung abkanzelte: nicht nur französisch und weiblich, sondern obendrein auch noch jüdisch." Der Kritiker der *New York Times* entgegnete darauf: „Ich habe nichts dagegen, eine Frau in einer Männerrolle zu sehen, solange sie ihr gewachsen ist. Und Sarah Bernhardt spielt den Hamlet zweifellos so gut, dass es die ganze Unternehmung rechtfertigt." Er schloss damit, dass Shakespeare, „wenn er tatsächlich der ganzen Welt gehört, auch den Franzosen gehören muss – und wenn er allen Zeitaltern gehört, dann auch unserem heutigen! Da sollten wir auch respektieren, wie man ihn in Frankreich auslegt, und als einen Fremden ihn willkommen heißen." Zur Frage des Judentums schwieg er allerdings.

Gerda Taranow nutzt in ihrem Buch jedes nur auffindbare Beweisstück, um ganz genau zu zeigen, was Sarah aus der Rolle machte; sie legt damit die detaillierteste mir bekannte Lesart eines Bühnenauftritts vor, beachtet sämtliche Feinheiten von Sarahs Darstellungsweise und Gestik. Auch belegt ihre Analyse erneut, welche Konzentration, Intelligenz und Mühe Sarah auf ihre Arbeit verwendete. Fast alle Aussagen, die von Kollegen erhalten sind, bestätigen ihre fast fanatische Detailversessenheit, die ständige gedankliche Auseinandersetzung mit ihren Rollen und ihre unerschöpfliche Energie, stets ebenso bereit, ein Kostüm zu nähen, wie in letzter Sekunde einen entscheidenden Auftritt bei *Phèdre* zu ändern, nachdem sie ihn dreißig Jahre lang immer gleich gespielt hatte.

Wundersamerweise gewährt uns ein kurzer Filmausschnitt – keine anderthalb Minuten lang und auf YouTube zu sehen – einen Blick auf Sarahs Hamlet; er zeigt das tödliche Duell mit Laertes. Der Film entstand bereits 1900, es war ihr erster Filmauftritt, kein Jahr, nachdem sie die Rolle zum ersten Mal gespielt hatte – und der Effekt ist ganz erstaunlich. Sarah war damals sechsundfünfzig, wirkt aber nicht nur zwanzig Jahre jünger, sondern könnte auch problemlos als Mann durchgehen ... und als Prinz. Düster, leichtfüßig, natürlich, geschult im Umgang mit ihrem Degen und offensichtlich duellerfahren. Sie hat absolut nichts Affektiertes oder Feminines an sich; sie ist männlich, kühl und zu allem entschlossen. Hier wird keine virtuose Schauspielkunst zur Schau gestellt – im Gegenteil, sie spielt sehr zurückgenommen. Doch die Aufnahme beweist, dass Sarah durchaus ein Anrecht auf diese größte aller Männerrollen hatte, und lässt außerdem erahnen, wie ihr das gelungen ist.

Als Sarah sich 1898 noch auf den Hamlet vorbereitete, sprach sie mit ihrem Biographen, dem Journalisten Jules Huret, darüber: „Ich glaube, er ist ein ganz schlichter Charakter. Er erkennt seine Pflicht und ist entschlossen, sie zu erfüllen. All sein Philosophieren und zwischenzeitliches Zögern ändern nichts an den Grundzügen seines Wesens. Seine Entschlossenheit wankt, kehrt aber gleich wieder zurück in die Bahn, für die er sich einmal entschieden hat. Mir ist klar, dass das eine unkonventionelle Sichtweise ist, aber ich bleibe dabei. Es kann nicht schaden, selbst eine klare Meinung zu haben und daran festzuhalten." An diesen letzten Satz hat sich Sarah zeit ihres Lebens gehalten, und vielleicht ist etwas von dieser rigorosen Entschlossenheit auch in ihren schlichten und entschlossenen Hamlet geflossen. Und wenn er nicht wirklich so war, hätte er eben so sein sollen.

In der Zeit um die Jahrhundertwende wagte sich Sarah auch ein wenig in das Gebiet des naturalistischen Dramas vor, das gerade die Theaterwelt eroberte – und gemeinhin als Domäne der Eleonora Duse galt. Ihre einzige Berührung mit Ibsen war eine Vorstellung von *Die Frau vom Meer* in Genf. Jules Renard gegenüber äußerte sie allerdings einmal, sie habe davon geträumt, *Nora* zu spielen, Ibsen dann aber doch zu durchdacht und berechnend gefunden. Sie ging mit Sudermanns *Heimat* auf Tournee, einer weiteren Paraderolle der Duse, und war damit recht erfolgreich. Kein Tschechow, kein Strindberg. Immerhin schnappte sie der Duse ein D'Annunzio-Stück weg, *La Città Morta*, doch das geriet zum Reinfall.

Sarah war Judas, sie war Werther, sie war (Victor Hugos) Lucrezia Borgia, sie war Elisabeth I., sie war die Kaiserin Josefine, sie war Francesca da Rimini, sie war Marie Antoinette, sie war Madame X, sie war die Heilige Theresa (keine ganz typgerechte Besetzung, wie es in einer Biographie heißt). Sie spielte eine Unmenge neuer Rollen in Stücken, die schon damals kaum Eindruck hinterließen und an die sich heute kein Mensch mehr erinnert. In dem ergreifenden Stück *Pauline Blanchard*, das in Buenos Aires Premiere hatte, spielte sie eine Bauersfrau, doch obwohl sie damit nach Australien und sogar nach London reiste, spielte sie das Stück nie in Paris. Ihr dortiges Publikum wollte sie, wie sie selbst sagte, nicht als Bäuerin sehen, die von einem Haufen anderer Bauern geduzt wird; Paris wollte sie in prächtigen Kleidern.

Je älter Sarah wurde, desto mehr gingen ihre Neigungen weg vom Blutrünstigen und hin zum Literarischen, Phantasievollen, Poetischen. 1904 spielte sie Maeterlincks Pelléas mit Mrs. Patrick Campbell als Mélisande in Paris und England (auf Französisch, versteht sich) – das Stück war einigermaßen erfolgreich, obwohl ein undankbarer irischer Kritiker über die beiden eindrucksvollen Aktricen schrieb: „Eigentlich sind sie beide alt genug, um es besser zu wissen." Oscar Wilde schrieb seine *Salome* für sie, ebenfalls auf Französisch, doch die englischen Sittenwächter fanden das Stück blasphemisch, und so wurde das Vorhaben eingestellt. 1920 dann, als Sarah fünfundsiebzig war und nur noch ein Bein hatte, spielte sie schließlich auch Racines große Tragödie *Athalie:* Darin konnte sie bereits auf ihrem Thron sitzen, wenn der Vorhang sich hob, oder in einer Sänfte getragen werden, ganz wie es einer betagten Königin entsprach. Sarah spielte sonst so gut wie nie alte Frauen, und auch für *Athalie* hatte sie ursprünglich nur drei Vorstellungen angesetzt; das Stück hatte bei den Kritikern aber so durchschlagenden Erfolg, dass sie es drei weitere Wochen spielte. Schon kurz nach der letzten Vorstellung stand sie bereits wieder auf der Bühne und reüssierte in der Rolle eines vierunddreißigjährigen Drogensüchtigen.

# XVII

Von dem Moment an, als sie 1880 die Comédie-Française verließ, bis zu ihrem Tod vierundvierzig Jahre später hatte Sarah Bernhardt die alleinige Kontrolle über ihre Karriere. Es gab keinen lästigen Perrin mehr, der ihr vorschrieb, in welchen Stücken sie mit wem und wie lange aufzutreten hatte. Es gab keine Rivalinnen mehr, nur noch männliche Bühnenpartner, die sie sich selbst aussuchte. Theaterautoren buhlten um ihre Aufmerksamkeit. Die besten bildenden Künstler und Komponisten standen ihr zur Verfügung: Massenet für *Théodora*, Gounod für *Jeanne d'Arc*, Saint-Saëns, d'Indy, Reynaldo Hahn. Und wie wir gesehen haben, war sie auch bei den großen Modeschöpfern beliebt, weil sie selbst Moden schuf. Ihre Tourneen waren größtenteils phänomenale Erfolge. Schritt für Schritt hatte sie sich von einer skandalumwitterten Persönlichkeit in eine großartige Künstlerin verwandelt, verehrt als bedeutende Repräsentantin und Botschafterin Frankreichs.

Der vielleicht entscheidendste Moment ihres öffentlichen Aufstiegs hin zum künstlerischen Ruhm, das Ereignis, das sie noch mehr als ohnehin schon über alle anderen Mitglieder ihres Berufsstands erhob, war der perfekt inszenierte „Sarah-Bernhardt-Tag", der am 9. Dezember 1896 begangen wurde. Höhepunkt war ein Bankett zu Sarahs Ehren, das von einer großen Runde damaliger Prominenz ausgerichtet wurde, darunter Theaterautoren wie Sardou, der junge Rostand und Coppée, mit dessen *Passant* Sarah dreißig Jahre zuvor ihren ersten großen Erfolg gefeiert hatte, Romanciers wie Jules Renard, Léon Daudet, Jules Lemaître, Catulle Mendès, Schauspielerkollegen wie Coquelin sowie befreundete Künstler wie Clairin, Louise Abbéma und Alphonse Mucha. Der französische Staatspräsident entsandte einen Vertreter. Der Kultusminister saß beim offiziellen Mittagessen – im Grand Hôtel für fünfhundert Gäste im vollen Ornat – neben Sarah. Ein Augenzeuge beschreibt, wie sie in einem weißen, golden bestickten und mit Zobel besetzten Kleid eine Wendeltreppe hinabschritt: „Die lange Schleppe folgte ihr wie eine anmutige, zahme Schlange. Bei jeder Biegung blieb Sarah stehen, beugte sich über das Geländer und wand den einen Arm wie eine Efeuranke um die samtverkleideten Säulen, während sie mit der freien Hand für die Beifallsbekundungen dankte. Ihr biegsamer, schlanker Körper schien kaum den Boden zu berühren. Sie schwebte auf uns zu wie auf einem Glorienschein."

Nach einer „Hymne an Sarah Bernhardt" begab sich die Gesellschaft in Sarahs Theater, um sie im vierten Akt von *Rome Vaincue* als blinde Alte zu bewundern und im ersten Akt von *Phèdre*. Zum Abschluss rezitierte Sarah fünf neu verfasste Sonette von fünf führenden Dichtern und als Höhepunkt Rostands berühmte Huldigung an die *reine de l'attitude et princesse des gestes* (dt. etwa: Königin der Pose, Prinzessin der Geste). „Welch ein Triumph für Rostand", bemerkte Renard boshaft. „Sie gab seinem Sonett gewissermaßen fünf Akte." Ovationen, Tränen, Umarmungen – das ganze Ereignis war mehr als eine Feier, es war wie eine Krönung. Maurice schluchzte ergriffen: „Keiner kennt meine Mutter – was für eine großartige, wunderbare Frau sie doch ist!"

Das Verhältnis zwischen Sarah und Maurice war so sehr von gegenseitiger Anbetung und absolutem Einverständnis geprägt, wie es zwischen Mutter und Sohn nur möglich ist, ohne ins Psychopathologische abzudriften. Es lagen nur zwanzig Jahre zwischen ihnen, und Maurice hätte gut auch Sarahs jüngerer Bruder sein können. Mit seiner Eleganz und seinem Geschmack kam er jedoch zugleich ihrem Ideal von einem Ehemann sehr nahe, so wie zuvor – in ihrer Vorstellung zumindest – schon sein mutmaßlicher Vater, der Fürst de Ligne. Von Anfang an erzog Sarah ihren Sohn zum Aristokraten, verwöhnte ihn und überschüttete ihn mit jedem erdenklichen Luxus. „Ich erwarte nur eines von Maurice",

Sarah und Maurice

so wird sie häufig zitiert, „dass er gut gekleidet ist." Er war souverän, attraktiv, elegant, ein hervorragender Reiter und geübter Fechter (der sich häufig duellierte, um die Ehre seiner Mutter zu verteidigen), ein eifriger Ehebrecher und ein unverbesserlicher Spieler, der ein Vermögen am Spieltisch verschleuderte – Sarahs Vermögen natürlich, doch sie war stets bereit, für seine Schulden aufzukommen.

Zumindest nach außen hin stand sie auch seinen beiden Ehen wohlwollend gegenüber, vor allem der ersten mit der polnischen Prinzessin Marie-Thérèse Jablonowska, einer hübschen, fügsamen jungen Frau, die allgemein nur Terka genannt wurde und willens war, ihren Mann mit seiner Mutter zu teilen. Sie wohnten ganz in der Nähe von Sarahs Haus an der Rue Pereire, und Maurice sah seine Mutter täglich, zunächst bei ihr zu Hause und meistens noch einmal im Theater. Jeden Sonntag gab es fröhliche Familienessen bei Sarah, die umso fröhlicher wurden, nachdem Maurice und Terka für zwei Töchter gesorgt hatten, Simone und Lysiane. Für Sarah stand die Familie immer an erster Stelle, und wie Marlene Dietrich, ein weiteres Symbol ewiger und öffentlicher Jugend, war sie eine begeisterte Großmutter. Bis auf Maurice, der „Maman" zu ihr sagte, nannte die ganze Familie sie nur „Great" – auf Englisch, obwohl Sarah diese Sprache selbst kaum beherrschte.

Es gibt Hinweise, dass Terka sich von dieser allgegenwärtigen mütterlichen Präsenz womöglich erdrückt fühlte, vielleicht sogar verärgert darüber war. Reynaldo Hahn erzählt in seinen charmanten Erinnerungen an Sarah, wie er einmal allein mit Terka in einer Kutsche fuhr: „Wir unterhalten uns über Sarah und Maurice; trübsinnige Äußerungen der jungen Ehefrau über Mutter und Sohn." Doch was konnte sie schon tun? Maurice betete seine Mutter nicht nur an, er lebte auch von ihr. Hélène Tierchant behauptet in ihrer Biografie, Terka sei über die zwanghafte Treulosigkeit ihres Mannes so verzweifelt gewesen, dass sie eine offizielle Trennung erwirkt und sich eine Zeit lang nach England zurückgezogen habe. Ob das nun stimmte oder nicht, zum Zeitpunkt ihres Todes 1910 stand sie jedenfalls so weit im Schatten ihrer Schwiegermutter, dass man, wie eine Biografie es bissig formuliert, „ihr Verschwinden kaum bemerkte". Wenig später heiratete Maurice eine hübsche, junge Pariserin.

Sarah und Maurice

Nur einmal in den fast sechzig Jahren ihrer engen Beziehung kam es zu einem Bruch zwischen Sarah und ihrem Sohn – der allerdings ging tief. Die Dreyfus-Affäre, die Frankreich teilte, entzweite auch die Familie Bernhardt. Maurice, der zwar als katholischer Adliger aufgewachsen, sich aber zweifellos seiner fragwürdigen Herkunft (zu einem Viertel jüdisch, Sohn einer Schauspielerin und unehelich obendrein) stets allzu bewusst war, wurde zum flammenden Verfechter der Dreyfus-feindlichen, militärfreundlichen Linie: Er hegte keinen Zweifel daran, dass der jüdischstämmige Hauptmann Alfred Dreyfus der Weitergabe vertraulicher Militärinformationen an die Deutschen schuldig sei und seine Inhaftierung auf der Teufelsinsel voll und ganz verdient habe.

Sarah ihrerseits hegte keinen Zweifel an Dreyfus' Unschuld – sie zog keine ihrer Überzeugungen jemals in Zweifel. Obwohl sie eine aufrichtige, wenn auch nicht allzu fromme Katholikin war, hätte sie darüber doch nie ihr Judentum vergessen, selbst wenn die Welt ihr das erlaubt hätte. Jahrzehntelang hatte man sie wegen ihrer „typisch jüdischen" Habgier und Härte gehässig karikiert und sogar angegriffen, wie in Kanada, Russland und Deutschland. Der bösartige Antisemitismus, der mit der Dreyfus-Affäre aufkam, brachte die abscheulichsten Schmähungen hervor: Juden waren „Zuhälter", „Schankergeschwüre", „Diebe", „Synagogenläuse". 1898 hieß es in dem notorisch antisemitischen Werk *Les Femmes d'Israel:* „Ob Sarah Bernhardt nun durch die Gemara oder den Katechismus in der Anbetung Gottes unterwiesen wurde, sie ist doch nicht mehr und nicht weniger als eine Jüdin und bleibt auch eine Jüdin."

Etliche ihrer angesehenen jüdischen Freunde und Kollegen – Arthur Meyer oder Catulle Mendès (dessen Vater Rabbi war) – ergriffen Partei für die „Anti-Dreyfusards". Doch Sarah schlug sich, unterstützt von einigen anderen aus ihrem Zirkel – Sardou, Rostand, Hahn und Clairin – furchtlos auf die Seite seiner Verteidiger und eilte bekanntermaßen ihrem Freund Zola zu Hilfe, als dieser sein berühmtes „J'accuse" veröffentlichte. Die rechtsgerichtete Presse titelte: „Große Schauspielerin auf Seite der Juden gegen das Militär." Mit anderen Worten: Sarah wurde als Verräterin hingestellt. Für sie war das der Gipfel des Frevels. Sie hatte sich stets als untadelige Patriotin gezeigt, nicht zuletzt im Krieg

Sarah mit ihrer Familie Stehend v.l.n.r.:
Saryta (Jeannes Tochter), Damala, Sarah; sitzend: Terka und Maurice Bernhardt

von 1870. Mochte auch niederländisches und/oder deutsches Blut in ihren Adern fließen, mochte sie auch stolz verkündet haben: „Ich bin eine Tochter des großen jüdischen Volkes" – sie fühlte sich doch durch und durch als Französin.

Sarahs Haltung zu ihrer jüdisch-christlichen Identität ist keineswegs einzigartig im Europa des 19. Jahrhunderts. So weisen ihre Erfahrungen frappierende Parallelen zu denen des britischen Premierministers Benjamin Disraeli auf, der vierzig Jahre vor ihr zur Welt kam. Auf Drängen ihres Vaters konvertierte Sarah kurz vor ihrem zwölften Geburtstag offiziell zum katholischen Glauben, während Disraelis freidenkerischer Vater Isaac seinen Sohn Benjamin kurz vor dessen dreizehntem Geburtstag durch die Taufe in die anglikanische Kirche aufnehmen ließ – mit anderen Worten kurz vor der Bar-Mizwa, nach der Benjamin solche Dinge selbst hätte entscheiden können. In beiden Fällen wurden die jüngeren Geschwister gleich mit konvertiert. Sowohl die Schauspielerin als auch der Premierminister betrachteten sich ihr Leben lang als Juden und bekannten sich auch stolz zu ihrer jüdischen Herkunft, trotz aller Schwierigkeiten, die ihnen daraus erwuchsen. Um Politiker werden zu können, hatte Disraeli gar keine andere Wahl als offiziell zum Christentum überzutreten: In seiner Jugend war Juden ein Platz im Parlament untersagt. Er folgte stets sorgfältig allen Riten seines neuen Glaubens, doch natürlich betrachtete ganz England ihn trotzdem noch als Juden und damit als Außenseiter. Doch irgendwann, wie Adam Kirsch in seiner kürzlich erschienenen Disraeli-Biographie erläutert, war er so lange in der Politik, dass man ihn als integralen Teil des Staatswesens betrachtete.

Wie Disraeli gelang es auch Sarah, die während der ersten Jahrzehnte ihrer Karriere immer wieder öffentlich als Jüdin bezeichnet und geschmäht wurde, diese biographische Besonderheit schließlich vergessen zu machen und zur nationalen Ikone zu werden, sodass die Öffentlichkeit es in den 1890er Jahren gar nicht mehr abwegig, geschweige denn blasphemisch fand, diese skandalumwitterte „Jüdin" als Jungfrau von Orleans auf der Bühne zu sehen. Sarah bezeichnete sich selbst zwar als römisch-katholisch, doch war – auch hierin wieder Disraeli ähnlich – die offizielle Religionszugehörigkeit in ihrem Leben

Hauptmann Alfred Dreyfus

eher Nebensache als zentrales Anliegen. Für beide war das Judentum eine Frage der Abstammung, nicht des Glaubens.

Als die Dreyfus-Affäre mit dem Prozess von 1894, bei dem der Hauptmann des Verrats für schuldig befunden wurde, ihren ersten Höhepunkt erreichte, wurde die Situation in der Familie unhaltbar und ein freundlicher Umgang zwischen Mutter und Sohn unmöglich. „Ich kenne dich nicht mehr", schrie Sarah bei einem der allsonntäglichen Familienessen Maurice an und schleuderte ihre Serviette zu Boden. Maurice war so zornig, dass er nicht nur kein Wort mehr mit seiner Mutter sprach, sondern sich mit Terka und der älteren Tochter Simone nach Monte Carlo zurückzog. Ein Jahr lang unterhielt er keinerlei Kontakt zu seiner Mutter – die einzige unabhängige Phase in seinem Leben. Zwar beruhigte sich die familiäre Situation schließlich wieder, doch fast zwölf Jahre später, ein Jahr, bevor Hauptmann Dreyfus endgültig entlastet wurde, barg das Thema immer noch reichlich Zündstoff. Lysiane Bernhardt berichtet in ihrer Biographie von einer grotesken Szene, die sich 1905 bei einem weiteren der obligatorischen Sonntagsessen abspielte. Zu den handelnden Personen gehören: Clairin und Louise Abbéma, Meyer, die Charpentiers (Verleger) sowie Édouard Geoffroy, Simones Patenonkel, ein eingefleischter Anti-Dreyfusard:

> Die Stimmung beim Mittagessen war gelöst, bis plötzlich der Name Dreyfus fiel; gemeint war der Direktor eines größeren Pariser Kaufhauses. Einen Moment herrschte angespannte Stille. Und wie gesagt, es handelte sich nicht einmal um den Dreyfus der „Affäre", sondern um einen ganz anderen Dreyfus, der gerade bei einem Unfall ums Leben gekommen war. Dann brummte Geoffroy: „Schade, dass es nicht der Verräter war." Georges Clairin forderte ihn auf, den Mund zu halten, und meine Großmutter rief: „Davon fangen wir jetzt nicht wieder an!" Mein Vater sagte zu Clairin, er solle sich Geoffroy gegenüber benehmen, und meine Mutter flehte meinen Vater an zu schweigen. Die Charpentiers fuchtelten wild herum. [...] Kurzum, es fing alles wieder von vorne an! Der Diener wagte kaum mehr, die Schüsseln herumzureichen. Geoffroy

Émile Zola

stieß mit dem Ellenbogen den Salat vom Tisch, direkt in den Schoß von Louise Abbéma. Meine Schwester kicherte verlegen. Meine Großmutter schenkte mir ein weiteres Glas Weißwein ein, dann brach sie, aufgrund einer Bemerkung meines Vaters, ihren Teller entzwei. Ihr Sohn (mein Vater) fühlte sich dadurch angegriffen, stand auf und packte meine Mutter bei der Hand, um sie vom Tisch wegzuziehen. Da zerschlug meine Großmutter meinen Teller an Geoffroys Arm, und Geoffroy lief vor Wut puterrot an. Die Charpentiers sprangen auf, und die ganze Gesellschaft lief unter Zornesrufen auseinander [...]

Und so wandelte sich die Tragödie zur Farce.

# XVIII

Seit Sarah sich einen Namen gemacht hatte, bewohnte sie eine Anzahl prächtig ausgestatteter Häuser, umgeben von allem Zierrat und allen Exotika des viktorianischen Stils. Die Zimmer quollen über vor Möbeln, Teppichen, Vorhängen, Spiegeln, Gemälden (die meist Sarah darstellten), Büsten (meist von Sarahs Hand), samtenen Wandteppichen, gewaltigen Vasen und Kuriositäten, die sie von ihren Reisen mitgebracht hatte. Sie kaufte unentwegt, doch wenn ihr einmal das Geld ausging – durch eine aufwendige, gescheiterte Inszenierung, übertriebene Großzügigkeit (wie üblich gegenüber Maurice) oder ein neues elegantes, nach ihren Entwürfen erbautes Haus –, verkaufte sie alles frohgemut, rappelte sich wieder auf und fing mit dem Kaufen von vorne an. Sie verfügte über eine Unmenge Personal – Köche, Dienstmädchen, Diener, Sekretäre, Kutscher, Gärtner –, das sie nur ungern bezahlte, aber umso lieber üppig beschenkte. Der berüchtigte Privatzoo unterlag ständigem Wechsel. Der englische Künstler W. Graham Robertson, ein enger Freund, berichtet: „Das Tigerjunge war mir nie so recht sympathisch, obwohl es allerliebst anzuschauen war. ‚Halten Sie ihn nicht zu nah ans Gesicht', mahnte Sarah, als sie mir den furchterregenden Winzling auf den Arm gab. ‚Er schlägt manchmal nach den Augen.'" Der Luchs allerdings „war unter ihren Hausgenossen besonders faszinierend, ein wirklich liebenswertes Tier, das nach eigenem Gutdünken durchs Haus streifte und ebenso sanft und freundlich wie anmutig war: Wenn Sarah die Treppe herab in ihr Atelier kam, eine geheimnisvolle, weißgekleidete Gestalt, und der Luchs geräuschlos neben ihr her glitt, erinnerte das so sehr an Circe, dass man unwillkürlich nach Schweinen Ausschau hielt."

Schon früh erwarb Sarah ein kleines Haus bei Le Havre, in das sie sich zur Erholung zurückzog. Ein deutlich größeres Haus, das ihr Leben verändern sollte, entdeckte sie jedoch im August 1894. Während eines Ferienaufenthalts mit Teilen ihrer Entourage an der bretonischen Atlantikküste unternahm Sarah einen Tagesausflug auf die raue, wildromantische Belle-Île ganz in der Nähe. Die Gesellschaft besichtigte die Sehenswürdigkeiten, aß in einem Gasthof gut zu Mittag und fuhr dann weiter zum Point des Poulains, dem nordwestlichsten Zipfel der Insel, wo sie auf einen einsamen Leuchtturm stießen, auf ein unruhiges Meer, gewaltige Felsen ... und eine kleine, verlassene Festung. Inmitten von Gischt und Nebel entdeckte Sarah ein Schild: „Festung zu verkaufen". Es war ein *coup de foudre*. „Mein Freund", rief sie Georges Clairin zu, „ich muss Ihnen etwas Wichtiges sagen! Das alles hier gehört mir! Ich bin die Eigentümerin dieser Festung! Was sagen Sie dazu?" Und nachdem sie den Reiseführer angewiesen hatte, alles Nötige in die Wege zu leiten, kehrte sie triumphierend mit der frohen Botschaft zu ihren Freunden zurück: „Ich habe die Festung gekauft! Hier verbringen wir ab jetzt unseren Sommer." Wunsch und Erfüllung waren bei Sarah ein und dasselbe.

Im November waren die Verträge unterschrieben: Für dreitausend Francs gehörten ihr die Festung und ein bescheidenes Stück Land ringsum. Vor dem Hintergrund, dass sie erst kurz zuvor mit drei Millionen Francs von einer Amerikatournee zurückgekehrt war, wirkte das alles andere als extravagant. Die Extravaganzen sollten erst folgen. Im Lauf der Jahre vergrößerte Sarah ihren Besitz in der Gegend beträchtlich: ein Stück Land hier, ein Stück Land dort, das Herrenhaus Penhoët, das in Sichtweite lag und als Hotel diente, einen Bauernhof, wo sie Hühner, Kühe und Schafe züchten und Gemüse anbauen konnte – ganz à la Marie-Antoinette. Sarah ließ Bungalows für ihre Lieben bauen – für Clairin, Louise Abbéma, Maurice und seine Familie und später je einen für die beiden heranwachsenden Enkelinnen. Und natürlich fehlte an der Festung noch einiges: Fenster anstelle von Schießscharten. Ein Atelier. Ein Tennisplatz. Ein Eselskarren. Etwa ein Dutzend Hunde, darunter das Pär-

Bleistiftzeichnung Sarahs von der Festung auf Belle-Île

chen Cassis und Vermouth. Mehrere Papageien. Ein furchterregender Raubvogel, der „Le Grand Duc" genannt wurde. Behagliche Räumlichkeiten für die nie versiegende Flut von Gästen. Und über allem prangte eine weiße Flagge mit Sarahs Initialen und dem unvermeidlichen *quand même*. Die Dreitausend-Francs-Investition belief sich am Ende auf vier Millionen, doch sie sollte zu den gelungensten in Sarahs Leben zählen.

Sämtliche Berichte sprechen von einem idyllischen, fröhlichen Leben auf Belle-Île und von einer bemerkenswert gelösten, ausgelassenen, glücklichen Sarah. In den zwölf Sommern vor ihrer Amputation war sie immer schon bei Tagesanbruch draußen bei den Felsen, paddelte auf dem Atlantik, fing Krabben mit dem Netz und schoss Seevögel. Der Höhepunkt des Tages war das Mittagessen, häufig in Form eines aufwendigen Picknicks. Anschließend eine Siesta, gefolgt von sportlichen Nachmittagsaktivitäten.

Reynaldo Hahn, der zu Sarahs Lieblingen zählte, hat von dem Leben auf Belle-Île, an dem er fast jedes Jahr teilnahm, eine überzeugende Skizze hinterlassen (zuvor hatte er die Insel bereits mit seinem damaligen Liebhaber Marcel Proust besucht):

> Nachmittags ging Sarah, ausgeruht und voller Energie, fischen oder Tennis spielen. Für ihre Gegner waren die Partien eine Qual, denn sie hatten den Ball so zu schlagen, dass Sarah ihn problemlos erreichen konnte: Sie verfügte zwar über einen guten Aufschlag und ein starkes Rückspiel, hatte aber, seit ihr das rechte Knie Probleme machte, wenig Lust, über den Platz zu rennen. Maurice, ein ausgezeichneter Tennisspieler, hatte es in dieser Kunst zur Meisterschaft gebracht. Clairin und Sarahs alter Freund Geoffroy hielten sich ebenfalls ganz wacker, doch ihre häufigen „Fehlschläge" entlockten Sarah wilde Flüche.
> 
> Abends beim Essen hitzige Diskussionen über Belanglosigkeiten. Domino. Dann setze ich mich ans Klavier und spiele das Zigeunerlied aus *Carmen*. Maurice versucht sich an einem spanischen Tanz, seine Töchter machen es ihm nach. Ich spiele schneller. Plötzlich springt der alte Geoffroy

Das Herrenhaus Penhoët

Sarah wird in Empfang genommen: (v.l.n.r.) Reynaldo Hahn, der leidgeprüfte Sekretär Pitou, Clairin und Louise Abbéma

auf, in Knickerbockers und Norfolk-Jackett, und improvisiert einen feurigen Fandango. Mit unglaublicher Verve vollführt er schwindelerregende Pirouetten und Drehungen, macht Handstand, schlägt Rad und schüttet sich aus vor Lachen. Wir lachen alle so sehr, dass wir uns den Bauch halten müssen. Sarah, den Kopf in den Händen, lacht Tränen, bis sie Schluckauf bekommt. Sie lehnt sich mit geschlossenen Augen zurück, schnappt nach Luft. Und als sie sich gerade etwas beruhigt hat, prustet sie erneut los.

Ihre junge Freundin Suze Rueff erinnert sich daran, dass Sarah bei aller Ausgelassenheit eine schlechte Verliererin war. „[...] Es machte sie wütend, beim Tennis, beim Domino oder beim Kartenspiel zu verlieren. Sie schummelte und griff zu den kindischsten Tricks, nur um zu gewinnen; sie wusste selbst, dass es albern war, doch: *C'est plus fort que moi.* Sie konnte einfach nicht anders."

Aber offenbar tat diese kleine Schwäche dem Zusammensein auf Belle-Île keinen Abbruch. Maurice Baring: „Die ganze Zeit, die ich [auf Belle-Île] verbrachte, erwähnte Sarah das Theater, die Schauspielerei oder ihre Kollegen mit keinem Wort. [...] Manchmal war sie unwiderstehlich komisch, schäumte über vor Fröhlichkeit und guter Laune und versuchte sich gekonnt als Imitatorin. [...] Wenn ich sie privat erlebte, fiel mir vor allem auf, wie warmherzig sie war, wie viel gesunden Menschenverstand sie besaß. Sie hatte keine Allüren, verzichtete auf alle Posen und Attitüden. Sie war völlig natürlich. Für sie war es so selbstverständlich, die beste Schauspielerin der Welt zu sein, wie es auch für Queen Victoria selbstverständlich war, die Königin von England zu sein. Sie nahm es als gegeben hin und beachtete es nicht weiter."

Die Idylle von Belle-Île dauerte bis 1922 an. Ein Jahr vor ihrem Tod entschied Sarah dann mit einem Mal, das sei alles zu viel für sie, und verkaufte ihre Festung, ohne einen Augenblick zu zögern – ebenso überstürzt, wie sie das Anwesen gekauft hatte.

Die ersten rund zwölf Jahre auf Belle-Île fielen mit weiteren glücklichen Fügungen in Sarahs Leben zusammen: den Triumphen mit *Hamlet*, *L'Aiglon* und *La Sorcière* und der Veröffentlichung ihrer Autobio-

Bergsteigen mit Clairin

graphie *Ma Double Vie*, die sich großen Erfolgs bei Lesern und Kritikern erfreute. Max Beerbohm: „Sie besitzt, wie wir wissen, ein vulkanisches Wesen und hat eine vulkanische Karriere gemacht; und nichts von diesem Vulkanizismus [sic!] geht in ihrer Darstellung verloren." Weiterhin preist er das „eigentümliche Feuer und Salz [...] diese sprudelnde Spontaneität, die [das Buch] jedem aufmerksamen Leser als Sarahs ureigenes Werk ausweist."

Und schließlich erlebte Sarah in dieser Zeit noch die Genugtuung, mit zwei der besten Schauspieler ihrer Tage zusammenarbeiten zu dürfen.

In Lucien Guitry fand Sarah endlich einen Gegenpart, den sie bewunderte und dem sie zugleich vertraute. Er war kräftig und maskulin, ein Frauenschwarm und als Schauspieler ebenso subtil wie dominant. Nach ihrer kurzen Pro-Forma-Affäre spielte er mehrere Jahrzehnte an ihrer Seite: 1895 in *La Princesse Lointaine*, 1900 als erster Flambeau in *L'Aiglon*, in *Phèdre*, *Gismonda*, *La Tosca*. Wenn Sarah auf Tournee ging, vertraute sie ihm die Leitung ihres Theaters an und unterhielt bis zu ihrem Tod eine enge Beziehung zu ihm und seiner Familie, vor allem zu seinem Sohn, dem sensationell erfolgreichen Schauspieler/Autor/Regisseur Sacha – gewissermaßen der französische Noël Coward. In ihrem klugen Buch *Madame Sarah* beschreibt die Schauspielerin Cornelia Otis Skinner Luciens Schauspielstil als „ganz natürlich und von einer eindringlichen Schlichtheit, die sich in einer Zeit der gekünstelten und überflüssigen Gebärde als bahnbrechende Neuerung ausnahm. Seine Anziehungskraft war geradezu überwältigend, und wenn er die Bühne betrat, besaß er eine ebenso starke Präsenz wie Schaljapin bei seinen legendären Auftritten." Skinner zitiert auch den beliebten Theaterautor Henri Bataille mit den Worten: „Guitry ist der erste richtige Mann, der je eine Bühne betreten hat."

Den anderen wichtigen Kollegen Sarahs aus dieser Zeit hätte kein Mensch je als „richtigen Mann" bezeichnet. Die genialische Figur, die der exotische Édouard de Max – gebürtiger Rumäne, Sohn eines jüdischen Arztes und einer angeblichen Prinzessin aus Osteuropa – auf der Bühne machte, war mindestens so übersteigert, wie er sich auch im Privatleben gab. (Er spielte den Nero in *Britannicus*, den hinterhältigen Priester in *Gismonda* und den Großinquisitor in *La Samaritaine*.) Max

Sarah beim Tennisspielen

war ausgesprochen dekadent, doch er war auch loyal, witzig und gutmütig. Als strahlender Mittelpunkt einer erlesenen Clique Homosexueller und als Zeremonienmeister diversester Bacchanale (er ließ gern Goldmünzen auf seine nackten jungen männlichen Gäste herabregnen) bewunderte er Sarah, und sie bewunderte ihn. Unter seinen Jüngern befanden sich André Gide und der sechzehnjährige Jean Cocteau, der ihn später als König des *comme-il-ne-faut-pas* beschrieb. Mitunter wurde er auch als *„Le Monsieur aux Camélias"* bezeichnet. Vor allem aber war er, im Unterschied zu so vielen früheren Bühnenpartnern Sarahs, ein wahrer Künstler.

„De Max" schrieb Cocteau, „war ein genialer Tragöde. Wie Madame [Isadora] Duncan und die Bernhardt interessierte auch er sich nicht für Codes und Formeln. Er forschte, er erfand. Er machte verlegen. Er tobte. Man fühlte sich irgendwie verantwortlich für seine Fehler. Man wagte nicht, zum Nebenmann zu schauen; man schwitzte wahre Sturzbäche. Und plötzlich schämte man sich des eigenen Unbehagens. Vernehmliches ‚Psst!' ließ die letzten Lacher verstummen. De Max, eine Faust im Zorn geballt, überwand den Spott und trat ihn zu Boden. Sein Stolz trug ihn einfach davon und riss uns in vollem Schwung mit sich fort.

Wie sollte ich je seinen Nero im *Britannicus* vergessen? Ein Operetten-Nero mit smaragdenem Monokel und einer Schleppe, der es unmöglich macht, sich Nero je wieder auf andere Weise vorzustellen."

Max' zweifelhaftester Beitrag zu Sarahs Leben war ein junger Schauspieler namens Lou Tellegen (eigentlich Isidore van Dommelen, der Sohn eines holländischen Generals und einer griechischen Tänzerin), den er ihr als Ersatz für sich selbst vorschlug, nachdem er beschlossen hatte, sich nicht noch eine weitere öde Amerikatournee zuzumuten. Man schrieb das Jahr 1910. Tellegen eilte ein bedenklicher Ruf voraus, den er später selbst detailliert bestätigte in seinen Memoiren mit dem Titel *Women Have Been Kind*. Dorothy Parker empfahl in ihrer Rezension für die *Vanity Fair*, den Titel auf *Women Have Been Kind of Dumb* zu erweitern. Tatsächlich war aber auch die Männerwelt mehr als freundlich zu ihm gewesen – nicht zuletzt Édouard de Max.

Tellegen war damals neunundzwanzig, läppische siebenunddreißig Jahre jünger als Sarah, und ungewöhnlich attraktiv, wenn auch kein

Édouard de Max

allzu guter Schauspieler. Aber das hatte Sarah ja noch nie gestört: Man denke nur an Angelo und Damala. Sie lernte ihn kennen und engagierte ihn vom Fleck weg für eine astronomisch hohe Gage, sicherte sich seine Dienste für die kommenden vier Jahre und nahm ihn mit nach New York, wo sie ihre nächste Amerikatournee beginnen wollte – und das alles, ohne ihn je spielen gesehen zu haben. In Amerika bekam er alle jugendlichen Hauptrollen, wurde selbstverständlich in Sarahs Privatwaggon einquartiert und erschien überall an ihrer Seite, was ihn beim Pariser Publikum zum Gespött und zum Hassobjekt bei Sarahs Familie machte. Sie erwog sogar, ihn zu heiraten.

Aus dem *Los Angeles Examiner* vom 23. November 1911: „In Paris wurde das Geheimnis gelüftet, dass Madame Sarah Bernhardt ihren jungen Hauptdarsteller, Monsieur Tellegen, heiraten wird." Dieser „diable de Tellegen", so fährt der Bericht fort, sei ein „*bel animal*, ein großer Kerl mit der Kinnpartie einer Dogge und den Zähnen eines jungen Wolfes: Was hätte er vor einem halben Jahrhundert doch für einen großartigen Gefährten für Sarah abgegeben, die ‚Pantherin der Liebe', wie sie im Quartier Latin genannt wurde." Sarah Bernhardt mag eine Pantherin gewesen sein, doch sie nennt ihn „einen Löwen und mustert ihn unter halb geschlossenen Lidern hervor, während ihre zarten Nasenflügel leise beben: ‚Ach, wie wunderbar es ist, so stark zu sein. Frauen lieben starke Männer.'" Aus dem *Chicago Examiner* vom folgenden Tag: „Madame Sarah Bernhardt erklärt, sie wolle nicht wieder heiraten." Noch kurz vor ihrer Begegnung mit Tellegen hatte ein vorwitziger Bekannter sie gefragt, wann sie denn gedenke, die Liebe aufzugeben. „Mit meinem letzten Atemzug", erwiderte sie. „Ich werde genau so weiterleben, wie ich immer gelebt habe." Suze Rueff erzählte sie einmal stolz: „Ich gehöre zu den größten *amoureuses* meiner Generation."

Von heute aus betrachtet macht Tellegen einen umgänglichen und einigermaßen anständigen Eindruck (vor allem im Vergleich mit Damala); auf jeden Fall ist er in seinem Buch voll des Lobes für Sarah und voller Dankbarkeit. „In jeder Sekunde, die ich mit ihr arbeitete, erlebte ich das Beste, was das Theater bieten kann, und im Gedenken an diese vier glorreichsten Jahre meines Lebens treten mir die Tränen

Lucien Guitry und Lou Tellegen

in die Augen, und mein Herz ruft einmal mehr: ‚Madame! Grande Madame! Wie einsam bin ich doch ohne Sie!'"

Sarah brachte ihn auch in ihren Filmen unter. Er spielte den Essex in *Queen Elizabeth* und den Armand in der *Dame aux Camélias*. Dann riet sie ihm, nach Amerika zurückzukehren, wo man ihn sehr schätzte. Heute wirkt Tellegens Essex geradezu albern, doch sein gutes Aussehen und das Prestige, an der Seite der Bernhardt gespielt zu haben, ebneten ihm den Weg. Er ging nach Hollywood, machte dort beim Stummfilm Karriere, heiratete die bekannte Operndiva Geraldine Farrar und anschließend noch drei weitere „kind women" und beging schließlich – schwer drogenabhängig und längst nicht mehr attraktiv – Selbstmord, indem er sieben Mal mit einer Schneiderschere auf sich einstach. Das Ganze hätte ein Stück von Sardou sein können – mit Sarah in der männlichen Hauptrolle.

# XIX

Den ernsten Kontrapunkt zur Idylle von Belle-Île und dem neuen jungen Liebhaber Tellegen bilden Sarahs angegriffene Gesundheit und ihre zunehmend eingeschränkte Beweglichkeit. Jahrzehnte zuvor hatte sie sich eine Knieverletzung zugezogen, als sie auf der Rückreise von einer der ersten Amerikatourneen an Deck des Schiffes gestürzt war und die Sache dann verschleppt hatte, weil sie eine Behandlung durch den Schiffsarzt verweigerte. Womöglich handelte es sich aber auch um eine Verletzung aus Kindertagen, die sie sich zuzog, als sie sich – falls es denn tatsächlich so war – vor die Kutsche ihrer Tante Rosine warf. Das Leiden verschlimmerte sich, nachdem Sarah auf dem Höhepunkt einer *Tosca*-Vorstellung von den Zinnen des Sant'-Angelo-Gefängnisses sprang und unten keine Matratze bereit lag, um den Sturz abzufedern. Von da an litt sie unter ständigen Schmerzen, die irgendwann so unerträglich wurden, dass sie 1915 beschloss, nicht weiter damit zu leben: Sie würde sich das Bein amputieren lassen. Ihre engsten Vertrauten waren entsetzt, doch Sarah blickte der Realität wie immer ruhig und entschlossen ins Auge und erklärte dem schluchzenden Maurice, wenn er den Gedanken an eine Amputation nicht ertragen könne, werde sie sich eben umbringen – die Entscheidung liege bei ihm. Er lenkte ein. Und nachdem Sarah ihrem geliebten Dr. Pozzi versichert hatte, dass sie auch nach vollbrachter Tat bestens zurechtkommen werde: „Ich werde Vortragsreisen machen, ich werde unterrichten und fröhlich sein. Ich will doch meine

Fröhlichkeit nicht verlieren", bestand sie darauf, umgehend operiert zu werden. Pozzi, der die Vorstellung nicht ertrug, sie könnte unter seinen Händen sterben, beauftragte einen jungen Chirurgen, einen gewissen Dr. Denucé, mit dem Eingriff.

Sarah blieb unerschütterlich tapfer. Nachdem sie eine Salve von Telegrammen an Freunde abgefeuert hatte – „Überglücklich – bekomme morgen Bein abgenommen!"; „Morgen Beinamputation. Denken Sie an mich und buchen Sie mir Vorträge für April" –, begab sie sich unters Messer. Die junge Frau, die für die Narkose zuständig war, erwies sich als aufmerksame, wenngleich höchst indiskrete Beobachterin:

> Um zehn Uhr morgens wurde die große Künstlerin in den Operationssaal gebracht. Sie trug einen Morgenmantel aus weißem Satin und war in rosarote Crêpe-de-Chine-Schleier gehüllt. Sie wirkte vollkommen ruhig. Noch einmal ließ sie nach ihrem Sohn Maurice schicken, der hereinkam und sie in die Arme schloss. Während dieser rührenden Szene hörte man sie sagen: „*Au revoir*, mein Liebster, mein Maurice, *au revoir*. Nun komm schon, ich bin doch bald wieder da."
> Es war dieselbe Stimme, die ich aus *La Tosca*, aus der *Dame aux Camélias*, aus *L'Aiglon* kannte. Dann wandte sie sich an Denucé und sagte: „Geben Sie mir einen Kuss, mein Schatz." Und schließlich zu mir: „Mademoiselle, ich begebe mich in Ihre Hände. Versprechen Sie mir, dass ich auch wirklich schlafen werde. Fangen wir an, rasch, rasch." Es war unmöglich, in all dem nicht die große Tragödin zu erkennen, die ihren Auftritt genießt. Ich kam mir vor wie im Theater, nur dass ich in diesem erschütternden Drama selbst eine Rolle spielte.

Die Operation verlief erfolgreich, die Genesung war langwierig und schmerzhaft, aber vollständig – abgesehen davon, dass von Sarahs rechtem Bein nur der Oberschenkel geblieben war. Sie probierte es mit einem Holzbein, doch das behagte ihr nicht. Krücken kamen ohnehin nicht in Frage. Schließlich entwarf sie selbst einen weißen Tragsessel, eine Art Sänfte, in dem sie sich bis zu ihrem Tod umhertragen ließ. Ein junger Bekannter aus Amerika besuchte sie kurz nach der Amputation am Krankenbett, und Sarah berichtete ihm beiläufig von den körperlichen Schwierigkeiten, die es zu bewältigen galt, bevor sie wieder spielen konnte. „Sie war dabei ganz sachlich und kein bisschen wehleidig. […] ‚Es gibt immer einen Weg. Erinnern Sie sich an mein Motto, *quand même*? Falls nötig, lasse ich mich eben an die Kulissen binden.'" Und dann zitierte sie die berühmt gewordenen letzten Worte eines Sterbenden aus der Zeit, in der sie selbst auf dem Höhepunkt ihres Ruhms stand: „Wenigstens muss ich jetzt nichts mehr von Sarah Bernhardt hören."

Eine komisch-makabre Anekdote am Rande: Nach der Operation erhielt sie angeblich ein Telegramm von dem amerikanischen Schausteller P. T. Barnum, der ihr zehntausend Dollar für ihr amputiertes Bein bot, worauf sie geantwortet haben soll: „Wenn Sie das rechte Bein wollen, wenden Sie sich an meine Ärzte; wenn Sie das linke wollen, wenden Sie sich an meinen Agenten in New York." Von dem berühmten Produzenten Daniel Frohman stammt eine andere Version dieser Geschichte – entscheiden Sie selbst: „Als sie sich gerade von der Beinamputation erholt hatte, erhielt sie ein Telegramm von einem meiner Bekannten – dem Leiter einer Sektion der Panama-Pacific International Exposition in San Francisco. Er besaß die Frechheit, sie um Erlaubnis zu bitten, bei der Ausstellung ihr Bein zu zeigen, und bot ihr dafür 100 000 Dollar, die sie einem wohltätigen Zweck ihrer Wahl zukommen lassen könne. Ihre Antwort bestand nur aus zwei Wörtern: ‚Welches Bein?'"

Die Operation, für deren Kosten größtenteils die Familie Rothschild aufkam, war in Bordeaux vorgenommen worden. Gegen Ende des Vorjahres, einige Monate nach Ausbruch des Ersten Weltkriegs, hatte die Regierung Sarah überredet, Paris zu verlassen – ihr Freund Georges Clemenceau, der damals noch nicht wieder Staatspräsident war, hatte erfahren, dass sie auf einer von den Deutschen im Vorgriff auf eine Invasion der Stadt erstellten Liste potentieller Geiseln stand. Als sie nun in die allem Anschein nach nicht mehr gefährdete Hauptstadt zurückkehrte, stürzte Sarah sich in die Kriegsarbeit. Da sie kein Lazarett mehr leiten konnte wie rund vierzig Jahre zuvor beim Krieg gegen Preußen, beschloss sie, vor den Soldaten an der Front aufzutreten. Wieder versuchte die Regierung einzugreifen, doch diesmal ohne Erfolg: Im Herbst 1915, mit Anfang siebzig, zog Sarah aus, die Truppen zu unterhalten.

Béatrix Dussane, damals eine der angesehensten jungen Schauspielerinnen Frankreichs (und später eine einflussreiche Expertin für französische Theatergeschichte im 20. Jahrhundert), durfte sie begleiten und hinterließ eine bewegende Schilderung ihrer gemeinsamen Abenteuer und der Sarah Bernhardt jener Zeit.

Sie wurde in Sarahs weißen Salon geführt, wo sie „in den Tiefen eines gewaltigen Ohrensessels ein höchst ungewöhnliches Geschöpf erblickte: zahllose Schichten aus Seide und Spitze, gekrönt von einem zerzausten roten Schopf, alterslose Züge, deren Falten unter einer dicken Schicht Schminke verschwanden. Es war erschütternd und auch ein wenig traurig: Sie wirkte so klein, so versehrt, die große, die strahlende Sarah! Nichts als ein Häuflein Asche."

Dann aber vollzieht sich das Wunder. „Zwei Stunden lang probte sie, ging ihren Text immer wieder durch, kürzte ihn, bestellte Tee, fragte mich nach unserer Reise aus und zeigte sich abwechselnd begeistert, bewegt und amüsiert. Sie sah alles, begriff alles, war auf alles gefasst. Das Häuflein Asche hörte keine Sekunde auf, Funken zu schlagen! Mir scheint, so ist es immer gewesen, seit sie zur Welt kam, und es wird ewig so weitergehen. Unter der dicken Schminke und dem prunkvollen Flitter der alten Schauspielerin strahlt eine unauslöschliche Sonne."

Sie treten auf einem offenen Platz vor dreitausend Soldaten auf; viele davon sind verwundet, und die meisten haben eigentlich auf einen Film gehofft. Am Ende ihres Vortrags ruft Sarah *Aux armes!*, die Marseillaise wird angestimmt, die Männer springen auf und jubeln. Die beiden Schauspielerinnen treten auf der Terrasse eines verlassenen Châteaus auf, in Lazaretten, in Messezelten, in einer zerstörten Scheune, wo selbst auf den verbliebenen Deckenbalken noch Zuschauer hocken. Béatrix Dussane:

> Ich erlebe Sarahs Genie, und ich erlebe ihre Tapferkeit. [...]
> Einmal musste ich ihr beim Ankleiden helfen. Um vom

Sarah an der Front, in der kleinen Sänfte, die sie seit der Amputation verwendete

Sessel zum Tisch zu kommen, stützte sie sich auf meinen Arm oder hüpfte auf ihrem geplagten, zweiundsiebzigjährigen Bein und sagte mit ihrem typischen, ansteckenden Lachen: „Sieh nur, ich hüpfe hier herum wie ein Vogel!"
Es war erhebend, wie sie ihre Behinderung ignorierte – ein Sieg des Geistes über das hinfällige Fleisch. Man bemitleidete sie nicht, man bewunderte sie. Ich werde sie immer in Erinnerung behalten, diese genialische alte Frau, wie sie in ihrer Sänfte oder auf ihrem einen Bein daherkam, um ihr brennendes Herz bereitwillig den tapferen Männern zu schenken, die für uns kämpften und für uns starben.

Im *Ladies' Home Journal* bezeichnete Sarah diese Zeit als „das allergrößte Abenteuer meines Lebens".

Einige Wochen später war sie erneut unterwegs, diesmal mit Lysiane, spielte in den Städten entlang der Marne und in Reims, vor der Kulisse der zerstörten Kathedrale. Sie besuchte eine Kleinstadt, die regelmäßig bombardiert wurde – nur nicht an dem Tag, als Sarah dort war. Sie bat um Erlaubnis, die Schützengräben zu besuchen, und konnte nur mit Mühe davon abgebracht werden. Wieder einmal setzte sie sich mit Leib und Seele für ihr Land ein. Hätte man sich nicht schon 1914 dazu durchgerungen, ihr den Orden der Ehrenlegion zu verleihen, wäre man nun endgültig nicht mehr darum herumgekommen.

Vermutlich entstanden während dieser Reisen ins Kriegsgebiet auch manche Szenen für den Film *Les Mères Françaises* – mit Sicherheit diejenige, in der Sarah um Mitternacht vor der Kathedrale von Reims steht (man hatte für die Szene die Sandsäcke, mit denen die Kathedrale vor Bombenangriffen geschützt wurde, für eine Viertelstunde entfernen lassen), und vielleicht auch die Szenen, in denen sie unter schwerem Beschuss halb durch die Schützengräben getragen wird, verzweifelt auf der Suche nach ihrem verwundeten Sohn. Der Film lief 1917 mit großem Erfolg sowohl in Frankreich als auch im Ausland: Er bezog Stellung gegen den Krieg und war gleichzeitig eine wirkungsvolle Propagandamaßnahme, um die Moral Frankreichs zu stärken. Und Sarah produziert sich darin zum ersten Mal nicht als Star, sondern macht sich zum Teil eines realistischen Dramas um die Bewohner eines einzelnen Dorfes, deren Leben vom Krieg zerstört wird. Nicht Sarah ist die eigentliche Heldin von *Les Mères Françaises*, sondern *La France*. Sarah war immer dreierlei: Schauspielerin, Mutter und Patriotin, und ihre Entscheidung, in *Les Mères Françaises* mitzuwirken, überrascht daher nicht, zumal das Drehbuch von ihrem einstigen Kollegen und Liebhaber Jean Richepin stammte.

Wieder einmal in Geldnöten brach Sarah im Herbst 1916 zu ihrer neunten und letzten Amerikatournee auf, wobei sie entschlossen war, die USA zum Eintritt in den Krieg zu bewegen. Durch die Amputation konnte sie keine abendfüllenden Stücke mehr spielen, stellte aber eine Auswahl kürzerer Szenen und einzelner Akte zusammen – beispielsweise einen aus *La Dame aux Camélias* –, die sie auf Varietébühnen ebenso spielen konnte wie in herkömmlichen Theatern. In vierzehn Monaten wollte sie neunundneunzig Städte besuchen, darunter allein auf einer Etappe Salem, Portland, Bridgeport, New Haven, Worcester, Springfield, Pittsfield, Albany, Port Huron, Saginaw, Flint, Lansing, Battle Creek und Grand Rapids. Eine Rezension aus der *Poughkeepsie Eagle-News* gibt uns einen Eindruck von diesen Auftritten:

> Das Programm bestand aus zwei Szenen: dem Tod der Kleopatra und der Gerichtsszene aus dem *Kaufmann von Venedig* sowie drei weiteren Nummern, die den unterhaltsamen Abend abrundeten. Man spielte auf Französisch, doch das dämpfte die allgemeine Inbrunst und Begeisterung kein bisschen, und am Ende der Vorstellung war die Euphorie grenzenlos. Madame Bernhardt musste sich ein ums andere Mal verbeugen, und das Publikum erhob sich geschlossen, um ihr zu applaudieren.
> 
> Alles war so inszeniert, dass Madame Bernhardt sich nicht auf der Bühne zu bewegen brauchte. Als Kleopatra ruhte sie auf einem Sofa, umgeben von mehreren ägyptischen Dienerinnen, und musste sich im Laufe der Handlung nur zwei oder drei Mal erheben. In der Gerichtsszene aus dem *Kaufmann von Venedig*, die bereits einige Zeit vor dem Auftritt

Portias einsetzt, fiel für einen Moment der Vorhang, während sie auf die Bühne gebracht wurde.

Die theatralische Wirkung war höchst bemerkenswert, und während bei *Cléopâtre* das Licht gedämpft blieb und man Madame Bernhardt nur undeutlich sehen konnte, stand sie beim *Kaufmann* im hellsten Scheinwerferlicht und sah keinen Tag älter aus, als man es von einer Portia erwartet.

Auf derselben Tournee trat sie auch als Shylock in der Gerichtsszene auf. Aus dem *Brooklyn Eagle:* „Ein teuflisch grausamer und rachsüchtiger Jude [...] Er misst den christlichen Kaufmann mit Blicken voll diabolischem Hass, und seine Augen glitzern in Erwartung seiner blutigen Vergeltung wie die von Kleopatras Viper." „Die Züge dieses Shylocks sind ganz hart und rechtwinklig", schreibt der *Christian Science Monitor.* „Auf dem Kopf trägt er strähniges graues Haar und am Kinn ein dünnes graues Spitzbärtchen." Es war mit Sicherheit das erste und auch letzte Mal in der Theatergeschichte, dass jemand in so rascher Folge zwischen den Rollen der Portia und des Shylock wechselte.

Die Tournee wurde vom erneuten Auftreten des schweren Nierenleidens unterbrochen, das Sarah seit Jahren immer wieder plagte. Nun rang sie in New York mit dem Tod, ein Weltmeer zwischen sich und ihren Lieben. Eine bemerkenswerte Abfolge von Schlagzeilen aus der *New York Times* beschreibt den Hergang:

**17. April 1917:**
SARAH BERNHARDT
MÖGLICHERWEISE VOR OPERATION

**18. April:**
THEATERPROMINENZ VERANSTALTET GEMEINSAMEN
BENEFIZABEND
Bernhardt schickt Publikum Grüße vom Krankenbett
im Mount Sinai Hospital

Sarah in ihrem Antikriegsfilm *Les Mères Françaises*

**Ebenfalls am 18. April:**
SARAH BERNHARDT OPERIERT – ÄRZTE GREIFEN
NACH LETZTEM STROHHALM, UM AN NIERENLEIDEN
ERKRANKTE SCHAUSPIELERIN ZU RETTEN –
EINGRIFF GUT VERLAUFEN
Dr. Leo Buerger führte den Eingriff mit fünf Assistenzärzten im Mount Sinai Hospital durch

**20. April:**
MADAME BERNHARDT
AUF DEM WEG DER BESSERUNG
Erstaunlicher Lebensmut der Schauspielerin macht Hoffnung auf vollständige Genesung

**21. April:**
MADAME BERNHARDT STABILER
Hoffnung auf Genesung – Königin Alexandra sendet Grußbotschaft

**22. April**
BERNHARDTS ZUSTAND UNVERÄNDERT

**25. April**
MADAME BERNHARDT
WEITER AUF DEM WEG DER BESSERUNG

**28. April**
SARAH BERNHARDT MACHT TÄGLICH FORTSCHRITTE

Es war eine Berichterstattung, wie sie sonst nur Präsidenten oder Königen zuteilwurde ... oder eben einer Königin.

Gepeinigt von Sorge brach Maurice umgehend mit Lysiane und Marcelle, seiner zweiten Frau, von Paris in Richtung New York auf, um Sarah beizustehen. Doch diese machte sich schon bald wieder auf den Weg, begleitet und umsorgt von Lysiane. Mit von der Partie in Sarahs

Privatwaggon war eine neue kleinere Menagerie: ein Pekinese, ein Airdale Terrier sowie ein Löwenjunges namens Hernani II., das „Milchsuppe trank und [Lysiane] aus traurigen, goldgesprenkelten Augen ansah. Es wuchs von Woche zu Woche, kratzte [sie] blutig und kletterte im Hotel die Vorhänge hoch. [...] Es dauerte nicht lange, da fraß Hernani rohes Fleisch und kaute krachend auf Knochen herum." Zudem machte das Tier „gewaltige Haufen, und zwar grundsätzlich beim Mittagessen und grundsätzlich auf den Teppich". Nach sechs Monaten wurde Hernani II. schweren Herzens einem Zirkus überlassen.

Neben ihren Auftritten setzte Sarah all ihre Kraft daran, das amerikanische Publikum für die Sache der Entente zu gewinnen. Sie gab Interviews, hielt flammende Appelle von der Bühne herab („Viel lieber als die Bernhardt wäre ich ein schlichter Gefreiter, der für Frankreich kämpft – so wahr ich hier stehe!") mit anschließendem Rezitieren der Marseillaise und sprach bei Versammlungen des Roten Kreuzes und bei anderen öffentlichen Veranstaltungen. In Amerika wurde sie ihrem Ruf als „größte Missionarin, die Frankreich oder irgendein anderes Land je ins Ausland entsandt hat", voll und ganz gerecht.

Sie äußerte sich auch zu anderen Themen, unter anderem zu Frauen („Für eine Frau gibt es im Leben nur drei Themen, ganz gleich, wie viele Varianten davon man aufzählt, und das sind Liebe, Mutterschaft und Leid") und zum Rassismus. So lobte sie den Rückhalt, den eine Schwarze bei einer Suffragetten-Versammlung erhielt, nachdem ihr der Zutritt zu dem Hotel, in dem die Versammlung stattfand, verweigert worden war: „Ich finde es einfach schändlich, wie wir Weißen die Schwarzen ausgrenzen."

Man bat sie zu allem um ihre Meinung, und sie äußerte sich bereitwillig. Nur beim heiklen Thema Religion zeigte sie sich ungewöhnlich wortkarg; doch 1917 schrieb ein befreundeter Journalist in der Zeitschrift *Munsey's:* „Obwohl sie, wie schon ihre große Vorgängerin Rachel, jüdischer Herkunft ist, bekennt sie sich doch zum katholischen Glauben. Wie strenggläubig sie ist, wage ich nicht zu beurteilen, doch nach allem, was sie mir in etlichen privaten Gesprächen anvertraut hat, würde ich ihre religiösen Ansichten am ehesten als ‚liberal' beschreiben. Ich bin mir sicher, dass sie an Gott glaubt. Doch ich würde sie weniger eine Katholikin nennen als vielmehr eine spirituelle, romantische Idealistin."

Im Herbst 1918 ging Sarah – finanziell saniert und voller Ungeduld, nach Hause und zu Maurice zurückzukehren – endlich an Bord eines Schiffes, das sie nach Frankreich bringen sollte. Es waren immer noch deutsche U-Boote unterwegs, doch als der Kapitän anbot, im Fall eines Torpedobeschusses zu Sarahs Schutz zwei Seeleute abzustellen, erwiderte Sarah ungehalten: „Die werden anderswo dringender gebraucht. Jüngere Leben sind viel wertvoller als mein altes." Das Schiff legte am 11. November 1918 in Bordeaux an, und Maurice eilte durch die wartende Menge auf sie zu. „Maman!", rief er. „Sie haben den Waffenstillstand unterzeichnet! Der Krieg ist vorbei!"

# XX

Die Jahre vor und nach dem Krieg waren für Sarah nicht nur erfüllt von einem nicht versiegenden Strom an neuen Stücken, Wiederaufnahmen und Tourneen, der Leitung ihres Theaters und der Erholung auf Belle-Île, sondern auch von diversen neuen und meist auch erfolgreichen Unternehmungen. So schrieb sie beispielsweise unablässig, zum einen etliche belanglose Romane im Stil von *Petite Idole*, die sie quasi über Nacht für schnelles (und meist dringend benötigtes) Geld zu Papier brachte, aber auch Unmengen nahezu unleserlicher Briefe, die sie täglich verfasste und die dieselbe Energie, dieselbe Wortgewandtheit und denselben Schwung versprühen wie ihre Memoiren und dazu noch die Unmittelbarkeit tagtäglicher Korrespondenz besitzen. Leider liegt bisher keine Sammlung ihrer Briefe vor. Es würde allerdings auch an eine Mammutaufgabe grenzen, denn sie sind auf verschiedenste Privatarchive in aller Welt verstreut. So ist beispielsweise in einem Familienarchiv in Norditalien ein Stapel Briefe Sarahs an Puccinis Librettisten zu finden, in denen es um die Arbeit an *Tosca* geht, und es existieren zweifellos Dutzende weiterer solcher Briefwechsel, von denen bisher niemand weiß. Allein die Briefe an Maurice würden vermutlich ein Buch füllen, wenn man sie denn entziffern könnte.

In ihren letzten drei Lebensjahren diktierte Sarah eine Reihe von Überlegungen zur Schauspielkunst, die anschließend redigiert, sortiert und im Jahr nach ihrem Tod unter dem Titel *L'Art du Théâtre* veröffentlicht wurden. Einige längere Passagen darin enthalten detaillierte Anweisungen, beispielsweise zum Thema Schminke: „Brünette Frauen sollten stets einen Teil ihrer Stirn zeigen, damit das Gesicht heller wirkt. Keinesfalls dürfen sie das Auge schwarz umranden, sondern es allenfalls mit einem braunen Konturstift optisch verlängern, jedoch nicht mit einem schwarzen." Die meisten ihrer Ratschläge bleiben allerdings sehr allgemein: Ein Schauspieler muss seine Rolle leben etc. Und auch fünfzig Jahre nach ihrer Zeit am Conservatoire schimpft sie noch auf den dortigen formalistischen Ansatz und die kontraproduktiven Vorschriften und fordert, jemand – der Staat etwa? – solle endlich eingreifen und den Lehrplan modernisieren. Ihre Verachtung für die Comédie-Française hatte ebenfalls nicht nachgelassen. Verneuil berichtet, er sei eines Sonntags mit ihr an dem Theater vorbeigefahren, wo etwa hundert Menschen vor dem Eingang warteten. Sarah: „Was wollen denn all die Leute dort?" Verneuil: „Sie warten darauf, dass die Schauspieler nach draußen kommen." Sarah (mit einem kleinen silbrigen Lachen): „Um sie zu lynchen?"

1906 hatte sie einen Lehrauftrag am Conservatoire angenommen – was genau ein Semester lang gut ging. Sarah war Schauspielerin, keine Pädagogin, und so sehr das Produkt ihrer eigenen Erfahrungen, dass niemand sich an ihr ein Beispiel nehmen konnte: Sarah Bernhardt war zugleich die Erste und die Letzte ihrer Art. „Sie wurde am Conservatoire nie anerkannt", schreibt ein Berichterstatter. „Ihre Beurteilungen wurden übergangen, ihre unkonventionellen Methoden fanden keinen Anklang." Dennoch gab sie eine Zeit lang auch Privatunterricht. Unter ihren Schülern war eine junge Frau namens May Agate, halb Französin, halb Engländerin, die fließend Französisch sprach und in England später tatsächlich Erfolge als Schauspielerin feierte. Ihre Mutter war seit langem mit Sarah befreundet, und ihr Bruder James Agate war auf dem Weg, einer der einflussreichsten Theaterkritiker Englands zu werden. Wie also war Sarah als Lehrerin? May Agate berichtet:

> Wir machten keine Übungen, wälzten keine Bücher, eigneten uns keine Konventionen an. Im Gegenteil: *La Tradition* (ein Ausdruck, den sie nur mit größter Verachtung verwendete)

war für sie ein rotes Tuch. Was nicht wahrhaftig und ehrlich war, das ließ sie nicht gelten.

Nie erhob sie sich aus ihrem Sessel, um etwas vorzumachen. Sie erklärte, hielt uns Vorträge und schmückte sie mit Anekdoten aus – kurzum, sie verwandelte die Figuren für uns in lebendige Menschen, erschloss uns die Gedanken hinter den Worten (oft sagte sie: „Das hat der Autor nur zu schreiben vergessen"), nur dass sie uns eben nie zeigte, *wie* man das machte. Ich bin überzeugt, das war Absicht und kein Zeichen von Gebrechlichkeit, denn bei Proben beobachtete ich oft, dass sie anderen Schauspielern zeigte, wie sie ihre Bewegungen strukturieren sollten. Bei ihren Schülern tat sie das jedoch nie. Das musste alles mit dem Herzen, dem Geist und dem Verstand begriffen werden – nicht nur über den rascheren Weg der Nachahmung, der keine bleibenden Ergebnisse gezeitigt hätte. […] Mir gefiel an ihrem Unterricht, wie sie jede einzelne Zeile mit ihrem gesunden Menschenverstand interpretierte, sodass es stets schien, als spräche da ein echter Mensch, wie blumig die Sprache auch sein mochte. Für diejenigen, die sich, wenn sie nur gekonnt hätten, mit konventionellen Darstellungen zufrieden gegeben hätten, war das eine verheerende Methode. Man musste denken, scharf nachdenken und zwar ununterbrochen.

Zudem, das darf man nicht vergessen, leitete Sarah ein großes Theater, was bei ihr hieß, dass sie sich um jedes kleinste Detail selbst kümmerte. Zahllose Anekdoten belegen, dass sie sich jeder noch so geringfügigen Aufgabe annahm. May Agate liefert ein Beispiel: „Weil sie so großen Wert darauf legte, dass alle Einzelheiten stimmen, war sie sich auch nicht zu schade, ein Paar neue Stiefel, die ein Statistenkind bei einer Kostümprobe trug, auf ‚alt' zu trimmen. Sie ließ sich die Stiefel umgehend bringen und machte sich daran, aus feuchter Tonerde und Fettschminke eine Art Schlamm zu mischen, mit dem sie das anstößige Leder dann eigenhändig bearbeitete, bis es ihr nicht mehr anstößig erschien! Das weiß ich nicht vom Hörensagen – ich habe es mit eigenen Augen gesehen."

1899 beschrieb der vergötterte Edmond Rostand, wie ein normaler Arbeitstag bei Sarah aussah:

> Vor der Tür hält eine Kutsche; eine Dame springt, in Pelze gehüllt, heraus, drängt sich lächelnd durch die vom Klingeln der Glöckchen an den Geschirren angelockte Menge und erklimmt dann eine Wendeltreppe, stürmt in ein Zimmer voller Blumen, das überheizt ist wie ein Treibhaus, wirft ihre kleine, bebänderte Börse, deren Inhalt schier unerschöpflich scheint, in die eine Ecke und ihre Hutkreation in die andere, streift die Pelze ab, und plötzlich ist nur noch ein in weiße Seide gehüllter Stecken von ihr übrig; dann eilt sie auf die schwach erleuchtete Bühne und erweckt mit einem Schlag einen ganzen Trupp lustloser, gähnender, verbummelter Menschen zum Leben, huscht hierhin und dorthin und steckt alle an mit ihrer fiebrigen Energie, steigt zur Souffleuse in den Kasten, sagt die Szenen an, erläutert die passenden Gesten und Stimmlagen, springt wutentbrannt auf und beharrt darauf, dass alles noch einmal wiederholt werde, brüllt vor Zorn, setzt sich wieder, lächelt, trinkt einen Tee, macht sich dann daran, ihre eigene Rolle zu proben, und rührt damit gestandene Schauspieler zu Tränen, die gebannt den Kopf aus den Kulissen strecken, um ihr zuzusehen; dann kehrt sie in ihr Zimmer zurück, wo die Bühnenbildner warten, macht deren Pläne vollkommen zunichte und entwirft alles neu, sinkt in einen Sessel, tupft sich die Stirn mit einem Spitzentaschentuch und erwägt kurz eine Ohnmacht, stürmt dann aber stattdessen in den fünften Stock, rückt in die Räumlichkeiten der überraschten Schneiderin vor, durchwühlt die Schränke, stellt ein Kostüm zusammen, dämpft es und steckt es zurecht, kehrt in ihr Zimmer zurück und weist die Statistinnen an, wie sie sich zu frisieren haben; während sie die Buketts arrangiert, lässt sie sich ein Stück vorlesen, lauscht Hunderten von Briefen, weint über ein Unglücksmärchen und zückt ihre unerschöpflich klingelnde Börse, berät sich mit dem englischen

*perruquier*, kehrt wieder auf die Bühne zurück, um das Ausleuchten einer Szene zu überwachen, übt heftigste Kritik an den Scheinwerfern und bringt den Techniker vorübergehend an den Rand des Wahnsinns, entdeckt einen Statisten, der tags zuvor einen Fehler gemacht hat, erinnert sich daran und überschüttet ihn mit ihrer Empörung, geht auf ihr Zimmer, um das Abendessen einzunehmen, setzt sich, fabelhaft bleich vor Müdigkeit, zu Tisch, grübelt über ihre weiteren Pläne, speist unter ständigem mädchenhaften Kichern und lässt die Hälfte stehen, weil sie sich bereits für die abendliche Vorstellung umkleiden muss, während der Direktor ihr von der anderen Seite des Vorhangs Bericht erstattet, spielt mit Herz und Seele, führt zwischen den Akten geschäftliche Gespräche und bleibt auch nach der Vorstellung noch im Theater, um bis drei Uhr früh Vorbereitungen zu treffen, kann sich nicht zum Gehen entschließen, merkt endlich, dass ihre Angestellten sich nur noch aus Höflichkeit bemühen, wach zu bleiben; dann steigt sie in ihre Kutsche, hüllt sich in ihre Pelze und freut sich darauf, sich endlich hinzulegen und auszuruhen, bricht dann in Lachen aus, als ihr einfällt, dass daheim noch jemand auf sie wartet, um ihr ein fünfaktiges Stück vorzulesen, fährt nach Hause, hört sich das Stück an, gerät in Wallung, weint, nimmt es an, stellt fest, dass sie nicht schlafen kann, und nutzt die Gelegenheit, um eine weitere Rolle einzustudieren! [...] Das ist die Sarah, wie ich sie schon immer kenne. Die Bekanntschaft der Sarah mit Sarg und Alligatoren habe ich nie gemacht. Ich kenne nur eine Sarah, die nämlich, die unermüdlich arbeitet.

Für manche war sie aber auch eine Witzfigur. Schon 1890 lancierte die aufstrebende Varietékünstlerin Yvette Guilbert im Zuge der Sardou-Bernhardt'schen *Cléopâtre* ein satirisches Lied mit dem Titel „Le petit serpent de Sarah". Es handelte von einer armen kleinen Viper, deren Zähne nichts zum Beißen finden, als Sarah sie an ihren nicht vorhandenen Busen drückt. Alle Welt amüsierte sich darüber – nur Sarah nicht.

Vielleicht erkannte sie bei Guilbert ja die gleiche leidenschaftlich-entschlossene Veranlagung wie bei sich selbst. 1893 hieß es, Yvettes Erfolge in den Pariser Konzerthallen seien bereits so groß, dass ihr Russland die gleiche Gage geboten habe wie seinerzeit Sarah Bernhardt.

Im Lauf der Jahre begegneten sie einander noch etliche Male, mit wechselnder Herzlich- respektive Feindseligkeit, bis Yvette 1917 Sarah im Mount Sinai Hospital in New York besuchte. Yvette schreibt darüber in ihren Memoiren:

> Ich traf sie ganz entstellt von Schminke und Puder an, die Augen dick mit Schwarz umrandet, die Lippen grellrot, das rote Haar gekräuselt und toupiert – eine Löwin im Krankenbett! Sie jagte mir Angst ein. Grundgütiger! Nicht einmal in Fieber und Qual man selbst sein dürfen, immer eine Maske tragen und nach dramatischen Effekten haschen müssen – wem macht man damit etwas vor? Sie sprach von ihrem Sohn. „Wenn er doch nur käme", sagte sie, „sie wollen mich operieren... Käme er doch nur!", und dabei erstrahlten ihre Augen in tiefer Zärtlichkeit. Dann griff sie auf der Daunendecke nach meiner Hand und sagte: „Sie sind so lieb, Yvette. Ich danke Ihnen, dass Sie gekommen sind..." Da musste ich gehen, weil ich spürte, wie es mir die Kehle zusammenschnürte, und ich fürchtete, weinen zu müssen. Es brach mir das Herz, sie so zu sehen. Am liebsten hätte ich ihr die Schminke abgerieben und ihrem traurigen Gesicht seine Schönheit zurückgegeben. Ich küsste sie und floh.

Eine bewegende, wenn auch etwas gönnerhafte Schilderung – doch der Wunsch, Sarah möge sich wenigstens im Angesicht des möglichen Todes gehen lassen, zeigt schlicht und einfach, dass Yvette nicht fähig war zu begreifen, wen sie da vor sich hatte.

Eine ernsthaftere Unvereinbarkeit der Temperamente herrschte zwischen Sarah und Eleonora Duse, der einzigen echten Rivalin, die Sarah in der zweiten Hälfte ihrer Laufbahn hatte. Ihre Begegnungen erfüllten sämtliche komischen Klischees über verfeindete Diven, und sie unter-

Karikatur von Léandre: Sarah im Kampf mit Yvette Guilbert

schieden sich tatsächlich von Grund auf, sowohl in ihrem Spiel als auch in ihrem Leben. Sarah hatte für den Ruf der Duse als zutiefst natürliche Künstlerin, die Schminke und ähnliche Affektiertheiten ablehnte und die Abgründe menschlichen Leids auslotete, nur Verachtung übrig. Die Duse hingegen hatte als junges Mädchen einen Auftritt Sarahs in Turin als Offenbarung empfunden: „Alle Welt sprach nur noch von ihr. [...] Dass eine Frau so viel erreichen konnte! Ich fühlte mich dadurch wie befreit, glaubte plötzlich, tun zu können, was immer ich wollte [...]". Paris allerdings mied sie sicherheitshalber noch lange, selbst als sie längst an allen anderen wichtigen Orten bejubelt wurde. Jenseits der ganz natürlichen Angst, die berühmteste Schauspielerin der Welt auf deren Territorium herauszufordern, war auch das Repertoire ein Problem. Die Duse galt zwar als Botschafterin des Neuen – sie spielte insbesondere Ibsen, aber auch Sudermann und ihren Liebhaber D'Annunzio –, doch viele Rollen teilte sie auch mit Sarah: *La Dame aux Camélias, Fédora, La Femme de Claude, Adrienne Lecouvreur.* 1897, als es der Duse schließlich an der Zeit schien, sich nach Paris zu wagen, bot Sarah ihr das Théâtre de la Renaissance an: nach ihrer Aussage unentgeltlich, der Duse zufolge zu einem horrenden Preis und – damit nicht genug – ohne Zugang zu Sarahs grandiosen Garderobenräumen, die offiziell wegen Instandsetzung geschlossen waren.

Vor dem ersten Auftritt der Duse lud Sarah sie zu einer Vorstellung von *La Samaritaine* ein, und jedes Mal, wenn Sarah auf die Bühne kam, sprang die Duse in ihrer Loge auf und lenkte dadurch das Publikum ab. Damit ging die erste Runde an die Duse. Doch als sie dann ihrerseits mit der *Dame aux Camélias* Premiere feierte, saß eine prächtig gekleidete und mit Schmuck behängte Sarah in ihrer angestammten Loge und bildete einen eindrucksvollen Kontrast zu der so gar nicht kurtisanenhaften, nervösen Duse in der Rolle der Marguerite. Und als sie von einem Reporter gefragt wurde, was sie von der Duse halte, antwortete Sarah nur lächelnd: „Eine der Besten."

Einmal traten beide sogar gemeinsam bei einer Benefizveranstaltung auf, um Geld für eine Statue von Dumas *fils* zu sammeln, dem sie beide so viel verdankten. Doch mit dem wachsenden Erfolg der Duse verschlechterte sich ihr Verhältnis stetig. Der entscheidende Schlag gelang dann Sarah. Sie riss sich nicht nur D'Annunzios neuestes Stück, *La Città Morta*, das die Duse eigentlich in Italien uraufführen wollte, unter den Nagel, sondern auch D'Annunzio selbst: Für sie war es nur eine kurze Affäre, um die Rivalin zu demütigen, aber für die Duse, die das sadistische Verhalten ihres Geliebten eigentlich hätte gewöhnt sein müssen, eine emotionale Katastrophe. Als der Dichter Sarah zum ersten Mal besuchte, rief er taktlos: „Madame, Sie sind grandios! Geradezu d'annunzianisch!" Gold und Fizdale bemerken dazu: „Die schmeichelhaft gemeinte Bemerkung kam nicht allzu gut an, denn Sarah, selbst mit einem gesunden Selbstbewusstsein gesegnet, zog es vor, sich als ‚bernhardtianisch' zu betrachten."

Vorwürfe und Gegenvorwürfe begleiteten das Gastspiel der Duse in Paris: Wer hatte wen ausgenutzt? Wer wen beleidigt? Und welche von beiden hatte gesiegt? Aber das war ja auch zu erwarten. Abgesehen von ihren Memoiren, in denen sie ausführlich erläutert, warum die Duse zwar eine große Schauspielerin, aber keine große Künstlerin sei, blieb Sarah in der Öffentlichkeit höflich. Im Privaten war sie jedoch weniger taktvoll. So äußerte sie Reynaldo Hahn gegenüber: „Was für ein reizender Kopf! Dieser verächtliche Zug um den Mund, diese weißen Zähne, diese Augen, die lächeln und doch traurig sind. Und dieser Charme! Eine großartige Schauspielerin!" Um dann, als fiele es ihr eben erst ein, nachzuschieben: „Ein Jammer, dass sie so affektiert ist!" Später, zu einem Zeitpunkt, als die Duse eine Durststrecke durchlitt, hörte Sarah einmal ihren Namen und erkundigte sich mit gespielter Unschuld: „Ach, was ist denn aus der alten Dame geworden?" Die „alte Dame" war fünfzehn Jahre jünger als sie.

Sarahs große Vorgängerin Rachel als Phädra

# XXI

Die schauspielerischen Unterschiede zwischen Sarah und der Duse hielten Kritiker und Zuschauer jahrzehntelang in Atem, so wie Sarah zu Beginn ihrer Karriere ständig mit der glorreichen Erinnerung an Rachel konfrontiert war. Rachel war allerdings bereits 1858 jung gestorben, und Sarah hatte sie nie auf der Bühne gesehen. Dennoch hatten sie vieles gemeinsam: ihre jüdische Herkunft (und den unverhohlenen Spott darüber), ihre leichtsinnigen Liebschaften, die sie nicht vor der Öffentlichkeit versteckten, und natürlich ihr künstlerisches Genie. Doch was ihr Spiel betraf, hätten sie unterschiedlicher nicht sein können. Rachel verfügte über so viel tragisches Potential, beherrschte die Bühne so sehr, dass sie von ihrem ersten Auftritt an der unangefochtene Star der Comédie-Française war – kein Vergleich mit Sarahs holprigem Start. Ihre Stimme war weder Gold noch Silber: Sie war bronzen, und ihre Ausstrahlung war respektgebietend wie die eines Marmorstandbilds. Ihr Lieblingsautor war Corneille mit seinem strengen Appell zur Pflichterfüllung statt zur Liebe. Rachels Phädra galt allgemein als erhaben, ihre Vergehen waren der tragische Makel einer Göttin, während Sarah ihre Phädra als zutiefst menschlich zeigte, als Frau, als Opfer ihrer unbezwingbaren Leidenschaft. Vor Rachel erstarrte man in Ehrfurcht; bei Sarah litt man mit.

Diese Unterschiedlichkeit entsprang nicht nur verschiedenen Temperamenten, sondern auch einer einschneidenden kulturellen Veränderung. Rachel war klassizistisch, Sarah ein Kind der Romantik und ihr Theater eines des Gefühls, der Rebellion, des Ich. Rachel herrschte; Sarah bezauberte, vor allem in ihren Anfangsjahren. Was ihr an Imposanz fehlte, machte sie durch andere Vorzüge wett, durch den Reiz ihrer vergleichsweise schwachen Stimme etwa und durch ihre perfekte Artikulation. Mochte sie sich den harschen Vorschriften ihrer Lehrer am Conservatoire auch oft widersetzt haben, deren Grundregeln, wie man sprach und wie man sich bewegte, hatte sie sich doch zueigen gemacht. Eine zweite Rachel konnte sie nicht werden, aber das wollte sie auch gar nicht: Alles musste auf ihre, Sarahs, eigene Weise geschehen. Wir dürfen nicht vergessen, dass sie ihre Ausbildung als junge Frau nicht begann, weil sie unbedingt spielen wollte und die Bühne einen unwiderstehlichen Reiz auf sie ausübte, sondern weil sie einen Ausweg aus einer schwierigen Lebenssituation suchte. Hier verlangte also kein loderndes Talent nach Ausdruck. Voraussetzung für ihren Erfolg als Schauspielerin war vielmehr der schiere Wille zum Erfolg. Und wenn Sarah sich einmal ein Ziel in den Kopf gesetzt hatte, erreichte sie es auch – je größer die Herausforderungen auf dem Weg dorthin, desto besser.

Zudem besaß sie trotz – oder gerade wegen? – ihrer höchst unkonventionellen Erscheinung eine ganz besondere Anziehungskraft: Als sie sich endlich die Rollen nahm, die ihr entsprachen, hob sie sich mit ihrer übermäßig schlanken Figur, dem blassen Teint, dem exotischen Gesicht und dem lyrischen Charme von jeder anderen Schauspielerin ab. Es lag etwas Hysterisches, vielleicht sogar Gefährliches in ihrer Bereitschaft, ihre Gefühle zu offenbaren, sie den Zuschauern aufzuzwingen. Doch ihre Eleganz, der Zauber ihrer Stimme und der untrügliche Instinkt, mit dem sie ihren Text sprach, bewahrten sie davor, unangenehm aggressiv zu wirken.

Zahllose Zeugnisse sprechen von Sarahs Schauspielkunst: mehrere tausend Rezensionen von Theaterkritikern aus Paris und aller Welt, hunderte Äußerungen von Freunden und Kollegen zu dieser oder jener Vorstellung, Versuche von Biographen und Historikern, die Qualität und Wirkung ihres Schaffens zu erfassen. Neben der grundsätzlichen Schwierigkeit, die Wirkung nicht aufgezeichneter Aufführungen aus einem vergangenen Jahrhundert nachzuvollziehen, erschwert uns ein ganz spezielles Problem, zu begreifen, wie Sarah auf der Bühne war: Die meis-

Sarahs Erzrivalin Eleonora Duse als Kameliendame

ten Schauspieler verfolgen einen einmal gefundenen Weg immer weiter, doch im Fall Sarahs verhält es sich anders. Ihre bemerkenswert lange, sechzigjährige Bühnentätigkeit und die wechselnden Ansätze, mit denen sie sich ihrer Kunst näherte, sorgten dafür, dass sie sich nicht einfach nur verbesserte oder verschlechterte, sondern sich zu unterschiedlichen Zeitpunkten ihrer Laufbahn auch immer wieder als Schauspielerin neu erfand. Es gehört zu den Ironien ihres Lebens, dass sie anfangs – verglichen mit den Stilisierungen einer Rachel – als Paradebeispiel eines neuen schauspielerischen Realismus betrachtet wurde und fünfunddreißig Jahre später dann selbst als Vertreterin einer stilisierten und überholten Schauspielkunst galt, während die Duse für den neuen Naturalismus stand.

Nachdem sie den Status einer Anfängerin hinter sich gelassen hatte, beruhten Sarahs erste Erfolge am Odéon auf ihrem ungeheuren Talent, Verse zu rezitieren, und auf ihrem neuartigen Reiz: In *Le Passant* zeigte sie androgynen Charme, in *Ruy Blas* weibliche Eleganz und Würde. Später, an der Comédie-Française, baute sie ihre Position dann aus, feierte als Phädra Triumphe und zeigte sich Mounet-Sully an Kraft und Autorität ebenbürtig. Dennoch blieb sie entschlossen, die Vorgaben des Comédie-Française-Ansatzes abzuschütteln und einen ganz und gar individuellen Stil zu entwickeln.

Bis zu diesem Zeitpunkt reichte ihr Repertoire zwar vom Chérubin in *Le Mariage de Figaro* bis hin zur blinden Alten aus *Rome Vaincue*, doch hat man den Eindruck, dass diese Rollen nur sportliche Herausforderungen für sie waren und ihr keine Ausdrucksmöglichkeit dessen boten, was sie als Frau und Schauspielerin ausmachte. Sarah wollte sich damals noch immer beweisen – vor ihrer Mutter, vor Perrin, vor Sarcey, vor sich selbst. Ihr Selbstbewusstsein wirkt noch ungefestigt, teilweise sicherlich, weil sie die Grenzen ihres Stimmumfangs sehr wohl kannte. Im Lauf der Jahre wiesen immer wieder Kritiker darauf hin, wie gepresst Sarah klang, wenn sie laut sprach oder schrie. Ab 1870, noch an der Comédie-Française, entwickelte sie ihre eigene Taktik im Umgang mit diesem Problem. Sie sprach ihre Zeilen einfach so schnell, dass man ihr häufig nicht mehr folgen konnte, und setzte in eine fast heruntergeleierte Passage hin und wieder ein, zwei explosiv betonte Wörter. Das

Sarahs Autoren: Alexandre Dumas *fils*...

Publikum war hingerissen, doch Sarcey kämpfte zwanzig Jahre lang erbittert dagegen an. 1879 schrieb er:

> Mademoiselle Sarah Bernhardt beharrt auf einem Fehler, auf den wir sie bereits mehrfach hingewiesen haben, wenngleich ohne sichtlichen Erfolg. Manche Passagen spricht sie [...] so rasch, dass niemand auch nur ein Wort versteht, nicht einmal in den ersten Reihen des Parketts. Im Theaterjargon bezeichnet man das als *déblayage*. Nun ist gegen *déblayage* im Grunde nichts einzuwenden, sofern sie dazu dient, bestimmte Passagen hervorzuheben [...] Man darf jedoch nicht an den Punkt gelangen, wo die *déblayage* zum bloßen Kauderwelsch verkommt.

Vier Jahre später ist er der Ansicht, dieser Kunstgriff, an dem Sarah weiterhin festhielt, sei nichts als der Trick einer Schmierenkomödiantin. In den Neunzigerjahren hatte sie allerdings auch diesen Makel bei sich ausgemerzt und wurde in der Presse dazu beglückwünscht.

Weitere Spannungen mit der Comédie-Française entstanden, weil das Theater auf ein Ensemble aus hochkarätigen Schauspielern in anspruchsvollen Stücken setzte, während Sarahs natürliche Neigung dahin ging, sich von der Menge abzuheben. Selbst wenn sie es nicht direkt äußerte, wollte sie doch vor allem eine Reihe von Paraderollen, zugeschnitten auf ihre einzigartige Persönlichkeit. Sicher, mit ihrem Talent für die Dichtkunst und dem Glanz ihrer silbrigen Stimme konnte sie sich als Racine'sche Prinzessin ebenso durchsetzen wie sie es durch ihr exotisches Äußeres und ihr geheimnisvolles Wesen in banaleren Stücken wie *Le Sphinx* oder *L'Étrangère* mit Sophie Croizette aufnehmen konnte. Doch das waren alles keine Bernhardt-Stücke. Selbst in *Hernani* und *Ruy Blas* waren ihr noch Grenzen gesetzt: durch die Komplexität der Handlung in Victor Hugos Texten und durch die Wucht ihres Mit- und Gegenspielers Mounet-Sully. Der wahre Stil der Bernhardt konnte sich in diesem Umfeld noch nicht entfalten. Als es schließlich soweit war, wurden die Unterschiede rasch offensichtlich. Man könnte sagen, dass die Entwicklung von Sarah Bernhardts Schauspielkunst dem etwa zeit-

…Victorien Sardou…

gleichen Übergang der Oper vom Belcanto zum Verismo ähnelt. Die entscheidende Veränderung trat 1880 ein, als Sarah die Comédie-Française verließ und es auf eigene Faust versuchte. Jetzt traf sie alle Entscheidungen selbst, und sie erarbeitete sich umgehend ein neues Repertoire, bei dem nicht der Autor oder das Ensemble im Mittelpunkt standen, sondern sie allein. Einen ganz ähnlichen Weg nahm dreißig Jahre später Anna Pavlova, als sie zunächst Russland und danach Diaghilevs Ballets Russes verließ, um mit ihrer eigenen Truppe und ihrem eigenen ganz auf sie zugeschnittenen Repertoire um die Welt zu reisen.

Die drei Stücke, die Sarah während ihrer ersten Amerikatournee am häufigsten spielte – *La Dame aux Camélias* (65 Vorstellungen), *Froufrou* (41) und *Adrienne Lecouvreur* (17) –, heißen jeweils nach einer tragischen weiblichen Hauptfigur, um die sich alles dreht. Alle endeten mit einer ergreifenden Sterbeszene, und keines hatte Sarah zuvor in Paris gespielt. Auch von *Phèdre*, in dem ebenfalls eine eindrucksvolle Sterbeszene vorkommt, gestattete sie sich sechs Vorstellungen. In all diesen Stücken sah die Welt nun endlich „Sarah Bernhardt in…" und nicht mehr beispielsweise „*Hernani* mit Sarah Bernhardt". Und dabei sollte es für die nächsten vierzig Jahre bleiben.

Von nun an passte Sarah ihr einzigartiges Talent nicht mehr den Wünschen von Autoren an, sondern nutzte deren Stücke dazu, ihre unbändige emotionale Spannweite zu kanalisieren. *Ihre* Autoren – allen voran Sardou – begriffen das und boten ihr Gelegenheit, die Welt mit ihrer Leidenschaft, ihrem Zorn und ihrem Pathos zu überfluten. Womöglich konnte Sarah nur auf diese Weise die traumatischen Erfahrungen ihrer Kindheit und Jugend verarbeiten, indem sie ihren heftigen Empfindungen in einem geschützten Raum Luft machte. In den zahllosen Selbstmord- und Mordszenen war es ihr möglich, sowohl ihren oft geäußerten Todeswunsch als auch den Zorn auf ihre Peiniger auszuagieren.

Diese obligatorischen Todesszenen – in denen Sarah durch Gift, Messer, die Garrotte, Feuer, Tuberkulose oder einen Fenstersturz starb – befriedigten nicht nur die Erwartungen des Publikums, sondern hatten zweifellos auch Auswirkungen auf ihr Seelenleben. Ihr Freund, Kritiker und Liebhaber Jules Lemaître formulierte das folgendermaßen: „Durch Sardou hat sie sich so sehr an Szenen der Gewalt und des Leidens

...und Edmond Rostand

gewöhnt, dass sie nach und nach die Fähigkeit verloren hat, normale, alltägliche Gefühle auszudrücken. Sie ist nur sie selbst, wenn sie tötet oder stirbt." Akribisch studierte sie Krankheitssymptome, besuchte Krankenhäuser, Leichenhallen und sogar Hinrichtungen, um ihre Sterbeszenen nicht nur effektvoll, sondern auch realitätsgetreu zu gestalten. Doch am Ende liefen sie alle doch auf dasselbe hinaus: eine ekstatische Selbstauslöschung, extreme Gefühle, die in höchster Kunstfertigkeit ihren Ausdruck fanden.

Die Melodramen der Bernhardt hingen zudem nicht so sehr von ihrer stimmlichen Brillanz oder ihrem lyrischen Genie ab und eigneten sich folglich sehr viel besser als die Klassiker, wenn sie bei ihren weltweiten Tourneen vor Menschen spielte, die kein Französisch verstanden. Wollte man einem nichtfranzösischen Publikum vermitteln, was sich auf der Bühne abspielte, verlor der Text an Bedeutung, und je länger Sarah im Ausland auftrat, umso schneller sprach sie – die wenigsten Zuschauer verstanden noch, was sie sagte, selbst wenn sie dem Text mit einer Übersetzung zu folgen versuchten. Sarah setzte andere Mittel ein, um ihre Wirkung zu erzielen: prächtige Bühnenbilder und aufwendige Kostüme natürlich, vor allem aber eine Sprache der *plastique*, der übertriebenen Gestik, die das gesprochene Wort ersetzen oder zumindest ergänzen sollte. Und dazu kam stets ihre enorme Attraktivität. Noch einmal Lemaître: „Sie legt nicht nur ihr ganzes Herz, ihre Seele und ihre äußerliche Anmut in die Rollen, sondern auch ihr ganzes erotisches Potential." Das blieb die ewige Trumpfkarte: ihr glamouröses, erregendes, verführerisches Wesen.

George Bernard Shaw sah sich durch Sarahs Methode, sich selbst zum eigentlichen Kunstobjekt zu machen, zu seiner gehässigsten Invektive gegen sie veranlasst:

> Madame Bernhardt hat beschlossen, die Welt zu bereisen, dabei wahlweise mit Beilen oder Hutnadeln zu morden und, so vermute ich, bergeweise Geld zu scheffeln. Ich wünsche ihr jeden erdenklichen Erfolg, werde sie aber ganz sicher nie als Theaterkünstlerin ersten Ranges behandeln, es sei denn, sie zahlte mich angemessen dafür.

> Ihr kindisches, ichbezogenes Spiel [...] hat nichts zu tun mit einer Kunst, die den Zuschauer zu hehren Gedanken oder tieferen Empfindungen anregt, sondern will ihn vielmehr dazu bringen, sie selbst zu bewundern, zu bemitleiden, zu verteidigen, mit ihr zu weinen, über ihre Scherze zu lachen, ihrem Schicksal atemlos zu folgen und ihr, wenn der Vorhang fällt, frenetisch zu applaudieren. [...] Und immer ist es Sarah Bernhardt selbst, die das auslöst. Die Kostüme, der Titel des Stücks, die Anordnung der Worte – das alles mag variieren, doch die Frau bleibt stets dieselbe. Sie macht sich die Hauptfigur nicht zu eigen; sie setzt sich an ihre Stelle.
>
> Wenn Madame Bernhardt uns ihr Katzengold präsentiert und dazu ein Spiel, das schlecht durchdacht und mit diversen Bestandteilen früherer Rollen gespickt ist, wenn sie zetert und wettert und damit ein Londoner Theater ebenso zum Toben bringt wie eines in der amerikanischen Provinz – dann sollten wir ihr klar machen, dass sie zu Besserem fähig ist und wir nicht weniger als ihre beste Leistung von ihr erwarten. [...] Psalmodieren ist nicht weiter schwierig – als hielte man auf dem Akkordeon unentwegt dieselbe Taste gedrückt und lächelte dabei lieblich –, doch es entmenschlicht die Sprache und macht einen schon nach wenigen Minuten so wahnsinnig, dass jeder Funken Witz, jeder Wutausbruch umso willkommener ist, weil er für einen Augenblick das Ewiggleiche in Ton und Timbre unterbricht.

Und 1897 schrieb er in einem Brief an Ellen Terry: „Obwohl Sara [sic!] B. sich auf das denkbar mechanischste Einerlei beschränkt, kann sie nicht verbergen, was für eine abgehalfterte Schmierentragödin sie ist." Wie wir wissen, verehrte die Terry Sarah sehr, als Schauspielerin wie auch als Freundin.

Die vernichtenden Kritiken, mit denen Shaw die Bernhardt attackierte, sind wohl die berühmtesten Theaterrezensionen, die uns vorliegen. Und doch muss man sie im Kontext sehen. Mitte der 1890er Jahre befand sich Shaw auf dem Höhepunkt seines Kreuzzugs für Ibsen, und das erforderte einen polemischen Frontalangriff auf einen, seines Erachtens, veralteten, gekünstelten Schauspielstil zugunsten des Naturalismus einer Duse. Wieder und wieder setzt er die Duse als Waffe gegen die Bernhardt ein – oder zumindest die Bernhardt seiner Zeit. Die frühere Sarah Bernhardt, die Racine und Hugo spielte, respektierte er anscheinend. Auf dieselbe Weise verwendet er Ibsen, um Rostand zu geißeln – das nennt man mit Kanonen auf Spatzen schießen! Der Schauspielstil der Comédie-Française missfällt Shaw, er lamentiert über Mounet-Sully und de Max und empfindet den ganzen französischen Theateransatz als hoffnungslos überaltert, künstlich und ärgerlich. Dass er selbst kaum Französisch sprach, machte die Sache nicht besser.

Abgesehen davon, dass es ein Vergnügen ist, Shaw zu lesen, liegt seine Bedeutung weniger in der Stichhaltigkeit seines Urteils (oder dem Mangel daran), sondern darin, dass er sich für eine Theaterrevolution einsetzte, an der Sarah Bernhardt weder Anteil noch Interesse hatte. Sie war, wie sie war, und entweder erlag man ihrem Zauber oder eben nicht. Shaw erlag ihm nicht, und es ehrt ihn, dass er viel später, im Alter, schriftlich gestand: „Ich konnte Sarah B. als Theaterkritiker einfach nicht gerecht werden, weil sie mich so sehr an meine Tante Georgina erinnerte – was ich damals aber nicht sagen konnte, da meine Tante Georgina noch am Leben war."

Wie schlecht oder gut die Sarah Bernhardt der 1890er Jahre nach unseren Maßstäben war, wie wir heute auf sie reagieren würden, wenn wir die Möglichkeit zu einer Zeitreise hätten – das werden wir nie herausfinden. Die Bandbreite zeitgenössischer Reaktionen auf ihr Spiel ist nahezu endlos, vom prüden William Winter, dem bedeutendsten amerikanischen Theaterkritiker Ende des 19. Jahrhunderts, der zwar ihr Talent anerkannte, die unmoralischen, ja verderbten Stücke, die sie spielte, allerdings verteufelte (wenn auch nicht ganz so sehr, wie er Ibsen verteufelte), bis hin zu beispielsweise Clement Scott, der sie geradezu vergötterte. Während andere wichtige britische Kritiker sie rückhaltlos bewunderten, rügte der gestrenge William Archer 1895: „Ihre ganze Kunst ist zu einem großartigen, eintönigen und häufig geradezu geschmacklosen Virtuosentum verkommen. Sie ist die Ausgeburt aller Manieriertheit und treibt diese auf die Spitze. Seit mindestens zehn Jah-

Sarahs Spiel der großen Geste (in *Phèdre*)

ren hat sie dem Arsenal ihrer Allüren und Affektiertheiten, ihres Zitterns und Zürnens nichts Neues hinzugefügt. [...] Sie ist keine Künstlerin mehr, sondern eine internationale Institution."

Mit die klügsten Worte über Sarahs Kunst – aufgeschlossen und unvoreingenommen zugleich (seine Sympathien gehörten eigentlich der Duse) – stammen von Stark Young, dem herausragenden Theaterkritiker Amerikas in der ersten Hälfte des 20. Jahrhunderts:

> Das Genie der Bernhardt war dem Grund und Wesen nach ein öffentliches, und kein Geist konnte so beschränkt oder ungebildet, kein Auge so blind sein, nicht zu erkennen, wie das Universum, wenn sie spielte, in seinen Grundfesten erbebte und Leidenschaften, die vielleicht längst gezähmt oder gemildert waren, plötzlich wieder aufwallten und losbrandeten. Sie hatte ihre Grenzen, das war offensichtlich. Sie verfügte nur über eine beschränkte Palette von Posen, die Verführerin beispielsweise, der Schmerz und der Zorn – etwa der berühmte Wutausbruch unter Tränen – und die endlosen Todeszuckungen. Sie hegte bestimmte stereotype Vorstellungen – beschränkt lediglich in der Komplexität, nicht in ihrer rohen Urgewalt – vom Leidenschaftlichen, vom Prachtvollen, vom Majestätischen, vom Komischen, vom Lyrischen. Ihr Ausdruck, so überzeugend und nachdrücklich er auch scheinen mochte, war über weite Strecken monoton. Ihre körperlichen Voraussetzungen – allen voran die unsterbliche Stimme – waren außergewöhnlich und doch begrenzt in ihren Gestaltungsmöglichkeiten. Zudem besaß sie einen grenzenlosen Egoismus, der oft genug das Stück, die übrigen Schauspieler und auch alles andere unter sich begrub und nur ihr Verhältnis zum Zuschauer übrigließ. Für die Bernhardt war jede Kunst eine Leidenschaft des Ich, das Zelebrieren der Stimmungslage einer Künstlerin, wobei ihr die Kunst zugleich alles bedeutete.

Sarahs Spiel der großen Geste (in *Phèdre*)

So wurde sie also von differenzierten Kritikern gesehen und von Zuschauern, die sich von ihren Auftritten zwar fesseln ließen, dabei aber begriffen, dass nur eines sie fesselte: Sarah. Sie selbst sah sich allerdings ganz anders. In ihren Schriften zur Schauspielkunst pocht sie darauf, dass man sich als Schauspieler auf sein Verhältnis zum wahren Gefühl konzentrieren und die Rolle leben müsse:

> Ich behaupte, dass es unerlässlich ist, alle Gefühle nachzuempfinden, die die Seele der darzustellenden Figur aufwühlen. Die eigene Persönlichkeit lässt der Künstler in der Garderobe zurück: Seine Seele muss von eigenen Empfindungen entkleidet und in die niederen oder hehren Eigenschaften gehüllt werden, die er auf der Bühne zeigen soll.
>
> Reden wir uns nicht ein, dass wir das Kleid einer fremden Seele tragen und uns dabei unsere eigene bewahren könnten; geben wir uns keine Sekunde lang der Annahme hin, wir könnten ein künstliches Äußeres erschaffen und unsere alltäglichen Gefühle davon unberührt lassen. Der Schauspieler kann seine Persönlichkeit nicht zwischen sich und der Rolle aufteilen: Während er auf der Bühne steht, verliert er sein eigenes Ich.
>
> Wir müssen die Figuren zum Leben erwecken, und das gelingt uns am besten, wenn wir unser eigenes Wesen aufgeben, um in einem anderen aufzugehen.

Das nimmt das spätere „Method-Acting" vorweg und steht der Art und Weise, wie Sarah Bernhardt wahrgenommen wurde, diametral entgegen. Glaubte sie wirklich, dass sie sich auf der Bühne der Figur, die sie spielte, völlig unterordnete? Dass sie ganz aufging in Fédora, in Théodora, in Tosca und der Kameliendame – ja, sogar im jungen Aar und Hamlet? Durchschaute sie denn nicht, dass diese und all die anderen Rollen ihr die gegenständliche Entsprechung ihres inneren Aufruhrs und damit ein

Ventil boten statt der Möglichkeit, das Seelenleben anderer zu begreifen und der Welt zu vermitteln? Und – noch viel unglaublicher – wusste sie wirklich nicht um die enorme Macht ihrer eigenen Persönlichkeit? Andere hatten diese durchaus erkannt.

> Es gibt fünf Klassen von Schauspielerinnen: schlechte
> Schauspielerinnen, mittelmäßige Schauspielerinnen, gute
> Schauspielerinnen, große Schauspielerinnen – und dann
> gibt es noch Sarah Bernhardt. – Mark Twain

> Nach den ersten Worten ihrer liebreichen, vibrierenden
> Stimme hatte ich das Gefühl, sie seit Jahren zu kennen. […]
> Ein eigenartiges Wesen: Ich kann mir vorstellen, dass
> sie im Leben überhaupt nicht anders zu sein braucht als
> auf der Bühne. – Sigmund Freud

> Ach, sie zu sehen, sie zu hören, dieses ungezähmte Geschöpf,
> diese Gazelle mit der Würde und Wildheit eines wunderschönen Panthers, sie seufzt wie ein zu Tode verwundetes Reh
> und ist dabei ständig eingehüllt vom Glanz der Seide, vom
> Glitzern der Diamanten. […] Sie verkörpert die ursprüngliche
> Leidenschaft der Frau und ist ganz außerordentlich
> faszinierend. – D. H. Lawrence

> Die Stürme ihrer Leidenschaft blenden uns mit ihrer lebhaften Kraft. […] Sie sind wie Blitze, schon verschwunden,
> ehe man sie noch ganz erblickt hat, und unbeschreiblich
> in ihrer Strahlkraft. – Willa Cather

In einer scharfsinnigen Würdigung kurz nach Sarahs Tod resümiert Lytton Strachey:

> Nichts wäre der Wahrheit ferner als die Annahme, die große
> Französin habe jenem leichtlebigen Stamm hohlköpfiger
> Darsteller angehört, die seit Irving die Geißel insbesondere

der englischen Bühne sind. So glanzvoll und göttlich sie auch sein mochte, sie war doch von unermüdlichem Fleiß und unentwegt beschäftigt – und zwar keineswegs nur mit kostspieligen Requisiten, aufwendigen Schminkprozeduren und historisch akkuraten Bühnenbildern, sondern schlicht mit dem Spielen. Sir Herbert Tree erzielte keine Wirkung, weil er weder wusste, wie man spielt, noch sich dafür interessierte; er begnügte sich damit, ein geschickter Unterhaltungskünstler zu sein. Sarah Bernhardts Schwäche, falls man dabei von Schwäche reden kann, ist das genaue Gegenteil: Sie stellte so hohe Ansprüche an ihr Spiel, dass es ihr zur Passion geriet.

So kam es, dass ihr außergewöhnliches Genie seinen charakteristischen Ausdruck vor allem in literarisch weniger hochwertigen Stücken erhielt. Dort fand sie, was sie brauchte. Große Dramen wollte sie nicht, begriff sie nicht; stattdessen suchte sie Gelegenheiten zum Spiel, und genau die boten ihr die Toscas, die Kameliendamen und die vielen anderen Rollen aufs Wunderbarste. Hier brachte sie ihre bemerkenswert virtuose Darstellung von Leidenschaft zur Vollendung; hier konnte sie Effekt um Effekt erzielen, sich ihrer Zuschauer bemächtigen und deren Nerven bis zum Zerreißen spannen, hier konnte sie die Gemüter bewegen und Angst einflößen. Hier konnte sie die Grenzen ihres erstaunlichen Talents, vor allem aber die ihrer Persönlichkeit ausloten. Schauspielerei beutet unweigerlich die Persönlichkeit aus; doch im Spiel der Sarah Bernhardt war das die bestimmende Qualität, das Fundament ihrer Kunst. Darin lagen ihre Stärke und auch ihre Schwäche. In ihren besten Jahren nutzte sie ihre Persönlichkeit als künstlerisches Werkzeug; doch schließlich gewann das Werkzeug die Oberhand. Sowohl die Frau als auch das Publikum fielen dieser Persönlichkeit zum Opfer, die Künstlerin verschwand im Göttlichen, und alles Echte, Mutige und Einzigartige an ihr trieb auf dem Meer des ewig ersehnten, aber völlig beliebigen Beifalls davon.

# XXII

Die letzen zwei Lebensjahrzehnte Sarahs – die Jahre nach dem Triumph von *L'Aiglon* – begannen auf gewohnte Weise. Ein Strauß neuer Stücke, die meisten davon bedeutungslos, sowie zahllose Wiederauflagen ihrer früheren Erfolge: die Sardou-Reißer, *Phèdre, Adrienne,* die unvermeidliche *Dame aux Camélias.* Auch mit den Tourneen ging es weiter, wenn auch oft unter eigentümlichen Umständen. So notierte die englische Schriftstellerin Stella Benson 1911 in ihrem Tagebuch:

> Mutter und ich fuhren nach London. Wir aßen mit Tante
> Louisa zu Mittag, und anschließend sahen wir Sarah
> Bernhardt im Coliseum, *Procès de Jeanne d'Arc.* Sie ließ sich
> Zeit mit ihrem Auftritt, es mussten erst etliche Varieté-
> nummern absolviert werden, bis es soweit war. Eine Dame
> im Balletttrikot tanzte und sang, ein Zauberer pflückte
> lebende Goldfische aus der Luft und tat noch weitere auf-
> regende Dinge, mehrere Riegen von Komikern stießen
> sich gegenseitig den Hut vom Kopf und ahmten Hühner und
> Hähne nach, ein von sich selbst allzu überzeugter Bariton
> aus Beechams Opernensemble gab eine Kostprobe seiner
> Kunst, und Cecelia Loftus ahmte äußerst gekonnt Promi-
> nente nach. Und schließlich: Sarah Bernhardt. Sie war
> großartig, wenn auch längst nicht so schlicht, wie ich mir
> Jeanne d'Arc bei ihrem Prozess immer vorgestellt hatte…

Es folgten einige seltsam anmutende Repertoireentscheidungen: *Werther*, *Circé* (ein von einem Amateur verfasstes Versdrama), Racines *Esther* (Sarah spielte darin den König Ahasver) sowie eine ganze Reihe kurzer Kriegsstücke, eigens mit Rücksicht auf ihre eingeschränkte Beweglichkeit verfasst. Darunter war auch ein effektvolles patriotisches Historienspiel in Versen von Eugène Morand, das den Titel *Les Cathédrales* trug; Sarah war als Kathedrale von Straßburg zu sehen. Es gehörte zu den Stücken, mit denen sie an die Front reiste.

1913 feierte sie einen Erfolg mit Tristan Bernards *Jeanne Doré*, einer bewegenden Darstellung von Mutterliebe – sie kauert vor der Gefängniszelle ihres Sohnes, der am nächsten Morgen hingerichtet werden soll – und eines der wenigen Stücke, in denen Sarah eine Frau aus dem Volk spielte. Sie triumphierte mit *Athalie* und unternahm einige heroische Versuche, ihrem einstigen Meister Victor Hugo zu neuen Ehren zu verhelfen, indem sie zwei seiner Prosastücke wiederaufnahm: *Lucrèce Borgia* und *Angelo, Tyran de Padoue*. Und schließlich spielte sie die Stücke zweier junger Dramatiker, denen sie aus biographischen Gründen emotional verbunden war, die einander allerdings nicht leiden konnten und sich gegenseitig aufs Bösartigste schmähten: Maurice Rostand und Louis Verneuil. Letzterer verfasste das Stück *Daniel* (1920), in dem Sarah, ohne kaum je das Bett zu verlassen, einen sterbenden einunddreißigjährigen Drogensüchtigen verkörperte. Rouben Mamoulian, bekannter Bühnen- und späterer Filmregisseur, schrieb mehr als fünfunddreißig Jahre später über den Auftritt:

> Von Kissen gestützt, lag sie im Bett und starb. In den letzten Sekunden, als ihr das Leben noch durchs Herz strömte, richtete sie sich kerzengerade auf. Plötzlich schlich sich etwas Fremdes, Mächtiges in ihre Stimme und auch in ihre Miene, trotz der weißen, puppenhaften Maske aus Schminke, die ihr Gesicht bedeckte. Noch ein paar hingehauchte Worte, und das Leben war vorüber.
> Nun bin ich mir sicher, dass jede andere Schauspielerin bei dieser Sterbeszene in die Kissen zurückgesunken wäre, die Arme elegant neben sich, das bleiche Gesicht umrahmt

Sarah als leidgeprüfte Mutter in *Jeanne Doré*

vom lockigen Haar, um vor den Augen des versammelten Publikums in den Kissen zu liegen, ein letztes strahlendes, beseeltes, trauriges oder sonstwie geartetes Lächeln auf den Lippen. Nicht so die Bernhardt. Ganz unerwartet, so abrupt, dass man auf seinem Platz hochfuhr und schauderte, fiel sie nach vorn, schwer und starr, als wäre sie aus Blei, die Arme jämmerlich und linkisch neben sich, die Handflächen nach oben gekehrt. Sie rührte sich nicht mehr. Da war der Tod – brutal, endgültig, frei von jeder Pose – jedenfalls schien es so, und eben das war große Kunst. Dieses eine Detail verkündete: Das dort auf der Bühne ist Sarah Bernhardt, die Große! Das Haus erbebte unter spontanen Beifallsstürmen. Die Menschen sprangen auf ihren Sitzen auf und ab. Es gab zahllose Vorhänge. Sarahs Verbeugungen waren aufs Schönste einstudiert. Sie stand in der Mitte der Bühne, die Arme zur Seite gestreckt, von zwei Schauspielern gestützt, den Kopf tief gesenkt: ein perfektes Abbild von Christus am Kreuze. An dieser Haltung veränderte sie während aller Vorhänge nichts, nur hin und wieder hob sie den Kopf, um ihn dann erneut auf die Brust sinken zu lassen.
Nie wieder habe ich solchen Lärm im Theater gehört.
Und ich stimmte in den allgemeinen Aufruhr ein, klatschte, bis mir die Hände wehtaten, und jubelte aus voller Kehle.

Von dieser Sterbeszene gibt es eine Filmaufnahme. Sarah Bernhardt ist kreidebleich, zurückgenommen, faszinierend, grotesk.
Ihre Filmkarriere war zwar lukrativ, doch im Großen und Ganzen wurden die Filme ihrem Können nicht gerecht. Sie interessierte sich zwar sehr für dieses neue Medium, erkannte aber bald, dass sie es nicht mehr beherrschen würde. Ihre großen Gesten – die weit ausgebreiteten Arme, die an den Kopf gepressten Hände – wirken auf der Leinwand outriert und altmodisch, und ihre Überzeugung, immer noch jung auszusehen, geriet massiv ins Wanken, als sie sich auf Film gebannt sah. Angeblich fiel sie beim Sichten der Aufnahmen zur *Dame aux Camélias* in Ohnmacht, und ihre *Tosca* hielt sie sogar bewusst zurück.

Sarah als junger Drogenabhängiger in *Daniel*

Der Film mit der größten Breitenwirkung, der Sarah im Alter von achtundsechzig Jahren zum ersten internationalen Filmstar machte, war *Queen Elizabeth* oder *Elizabeth, Queen of England* von 1912. Adolph Zukor, der über Paramount herrschen sollte, bis er sechsundachtzig war, hatte eine Produktionsfirma namens Famous Players gegründet und brachte vierzigtausend Dollar auf, um *Elizabeth* zu drehen und die amerikanischen Rechte zu erwerben. Sarah war zwar erst kurz zuvor und nicht allzu erfolgreich in einem Stück über Elizabeth aufgetreten, doch ein Langfilm mit der berühmtesten Schauspielerin der Welt war etwas ganz anderes, ein kulturelles Großereignis, der prestigeträchtigste Film, der bis dahin gezeigt worden war. Zukor nutzte das weidlich aus, verlangte den Lichtspielhäusern Rekordsummen ab und brachte den Film unter seinem Firmenmotto heraus: „Famous Players in Famous Plays" – mit außergewöhnlich großer Resonanz. Die Produktion wurde nicht nur der erste erfolgreiche Spielfilm, sie lockte auch erstmals die gebildete Oberschicht ins Kino. Wie Zukor es in seinen Memoiren formuliert: „Ihr [Sarahs] Auftritt war deshalb von historischer Bedeutung, weil er einiges dazu beitrug, die Vorurteile des Theaterpublikums gegenüber den Lichtspielhäusern abzubauen."

Dennoch schrieb ebenfalls 1912 der angesehene amerikanische Kritiker Percy Hammond über Sarah:

> Allgemein heißt es, die interessanteste Phase in der Laufbahn einer Künstlerin sei die ihres Niedergangs. Falls dem so ist, dürfte Madame Sarah den Zenit erreicht haben. Seit Jahren schon ist sie nur noch der mehr oder weniger schillernde Abklatsch einer Schauspielerin, das Aushängeschild eines großartigen Systems, die Erinnerung an eine wunderbare Persönlichkeit, die Virtuosin der Tradition, die Dampfmaschine, der Mühlstein, die Sarah Barnum des Theaters. Begabt, waghalsig, tapfer, unermüdlich, energisch und – leider – auch schon etwas senil tritt sie bei einer Abschiedstournee nach der nächsten auf: ein Phänomen, faszinierend und in mancher Hinsicht ganz erstaunlich, doch immer auch Anlass zum Spott.

Werbeanzeige für Sarah Bernhardts Langfilm *Queen Elizabeth*

> Für mich ist sie in jeder Rolle wie die Mona Lisa, unbeteiligt, mit der Andeutung eines Lächelns und unergründlich, bis auf den Umstand, dass sie darauf beharrt, allabendlich mit frisch gedruckten Hundert-Dollar-Scheinen bezahlt zu werden. Ihre wirkungsvollsten Momente in *Lucrèce Borgia* gestern Abend erfolgten fast gewohnheitsmäßig, automatisch. Diese Gewohnheit ist bloße Mechanik, eine Sache von Augen, Mund und Händen. Der Nachhall einer großen Phantasie, vielleicht auch eines großen Gefühls ist zwar vorhanden, doch ist er alt und hohl und ausgezehrt, wie längst zu Grabe getragen. Wenn sie ihre Zeilen haucht, riecht es modrig. Es ist zu spät – zu schade."

Dass ihre Wirkung nachließ und ihr deklamatorischer Stil der Vergangenheit angehörte, wurde also immer offensichtlicher. Die Menschen strömten zwar immer noch in Massen herbei, um sie zu sehen, doch es war zunehmend so, als besichtigten sie ein berühmtes Denkmal. Eltern nahmen ihre Kinder mit, damit die eines Tages ihren eigenen Kindern und Enkelkindern erzählen konnten, sie hätten die große Sarah Bernhardt noch spielen gesehen. Ihr Ruhm war ungebrochen – womöglich war sie sogar berühmter als je zuvor –, doch galt die Verehrung nicht mehr der Schauspielerin, sondern dem bewunderten Relikt einer anderen Epoche. Ihr Patriotismus, ihr freier Geist und die Weigerung, das Alter oder sonstige Einschränkungen anzuerkennen – all das machte sie zu einem Nationalheiligtum, einem kulturellen Wahrzeichen, einer großen Tochter, ja einem Symbol Frankreichs; doch künstlerisch einflussreich war sie nicht mehr. Vergessen die Skandale, die Launen, die Provokationen. Selbst dass sie Jüdin war, spielte keine Rolle mehr.

Viele ihrer engsten Freunde waren tot: Rostand (der schweren Grippeepidemie nach dem Krieg erlegen), Clairin, Geoffroy, Pozzi (von einem Wahnsinnigen ermordet). Simone, ihre ältere Enkelin, hatte einen britischen Geschäftsmann geheiratet und war nach London gezogen. Maurice war zwar weiterhin an ihrer Seite, doch ihm machte eine Parkinsonerkrankung zu schaffen. Er hatte Sarahs Theater gemeinsam mit ihr geleitet, hin und wieder ein unbedeutendes Stück verfasst oder

Sarah mit Mitte siebzig

mitverfasst und ein Leben als verwöhnter, distinguierter alternder Lebemann geführt. Louis Verneuil hatte ihn 1919 kennengelernt, als Maurice fast fünfundfünfzig war, „groß, schlank, mit edlen Gesichtszügen", zweifellos einer der bestaussehenden Männer seiner Generation. „Doch die *Paralysis Agitans,* die ihn 1914 heimgesucht hatte und stetig schlimmer geworden war, hatte ihn vorzeitig altern lassen. Anfangs war nur der kleine Finger der rechten Hand betroffen. Doch bald breitete sich das ständige Zittern auf alle Finger aus, dann auf die ganze Hand und inzwischen auch auf den Unterarm. Seither wusste er nicht mehr, was Ruhe heißt, weder bei Tag noch bei Nacht. Schon 1919 musste er die rechte Hand mit der linken festhalten, um zu schreiben." (Maurice sollte 1928 sterben, nur fünf Jahre nach seiner Mutter. Zumindest seinen Tod musste sie nicht erleben.)

Mit Sarahs eigener Gesundheit ging es bereits seit Jahren bergab – die verheerenden Schmerzen im Bein und der schwere Eingriff der Amputation, der jahrelange Kampf gegen das wiederkehrende Nierenleiden –, sodass sie, nachdem sie lange Zeit so unnatürlich jung gewirkt hatte, mit einem Mal unnatürlich alt schien.

Maurice und Lysiane versuchten, sie zu überreden, sich von der Bühne zurückzuziehen und sich auf dem Land zur Ruhe zu setzen, doch Sarah erwiderte recht unverblümt: „Und wer zahlt dann deine Schulden, Maurice? Wer inszeniert die Stücke deines Verneuil, Lysiane?" Und so ging alles weiter wie gehabt. Sarahs letzter Auftritt vor Publikum – in Verneuils Stück *Régine Armand* – fand am 29. November 1922 in Turin statt. Passenderweise befand sie sich gerade auf Tournee und just in der Stadt, in der sie vierzig Jahre zuvor die Duse inspiriert hatte. (Eleonora Duse sollte sie nur um ein knappes Jahr überleben.)

Unter den Besuchern, die sie während ihrer letzten Monate empfing, war auch Colette, die ihre Eindrücke umgehend festhielt:

> Ich hatte eine Einladung erhalten, die eher wie ein Befehl klang: „Madame Bernhardt erwartet Sie am soundsovielten zum Mittagessen."
>
> Aus solcher Nähe hatte ich sie noch nie gesehen. Sie erwartete mich am Ende eines langen Korridors, in ihrem

eigenen Museum voller Palmen, getrockneter Blumensträuße, Gedenktafeln und anderer Huldigungen. Das Fehlen des Beines fiel gar nicht auf, denn sie war in zahllose Schichten aus dunklem Stoff gehüllt. Das weiße Gesicht und die zierlichen Hände leuchteten wie zerknickte Blüten. Ich wurde nicht müde, in ihre blauen Augen zu blicken, die mit jeder lebhaften Bewegung des kleinen, gebieterischen Hauptes die Farbe zu wechseln schienen.

Kurz vor dem Mittagessen verschwand Sarah, wie weggezaubert durch einen Bühnentrick oder einfach von treusorgenden Händen. Wir trafen sie ein Stockwerk höher wieder, wo sie in ihrem gotischen Stuhl am Tisch thronte. Sie aß oder ließ es zumindest so aussehen. Jedes Mal, wenn das Gespräch sich dem Theater zuwandte, lebte sie auf. Ihre Urteilskraft, ihre Meinungen und die Art, wie sie diese zum Ausdruck brachte, waren ganz außergewöhnlich. Mit boshafter Strenge beurteilte sie eine Schauspielerin, die sich unlängst an *L'Aiglon* versucht hatte. „Das arme Kind ist einfach nicht Manns genug, um vergessen zu machen, dass sie eine Frau ist, und nicht Fraus genug, um verführerisch zu sein."

Dann unterbrach sie das Gespräch über das Theater gerade lange genug, um sich einer großen, tönernen Kaffeekanne zuzuwenden, die an den Tisch gebracht worden war. Sie maß das Kaffeepulver ab, übergoss es mit heißem Wasser, schenkte uns ein und nahm dann ihr wohlverdientes Lob von uns entgegen. „Ist mein Kaffee nicht mindestens ebenso gut wie der von Catulle Mendès?", fragte sie mich und beugte sich von den Höhen ihres königlichen Sitzes zu mir herab.

Ich möchte hier diese letzten Gesten einer großen Tragödin festhalten, die bereits auf die achtzig zuging: die zarte, welke Hand, die mir die gefüllte Tasse reicht, das Kornblumenblau ihrer Augen, so jugendlich und doch gefangen in einem Netz aus Falten, die fragend-kokette Art, wie sie lächelnd den Kopf neigt. Und dieser unermüdliche, unendliche Wunsch zu bezaubern, noch einmal zu bezaubern, selbst noch im Angesicht des Todes.

Als hätte Sarah sich jemals eingestanden, dass sie am Ende ihrer Laufbahn stand, geschweige denn, dass sie bald sterben würde. Wenige Monate vor ihrem Tod wurde sie von Alexander Woollcott interviewt und erzählte ihm, sie denke über eine weitere Amerikatournee nach. Diesmal allerdings keine ganz so lange, sie sei ja „viel zu alt dafür, noch kreuz und quer durchs Land zu tingeln [...] Aber natürlich werde ich in Boston spielen, in New York, in Philadelphia und in Washington. Und vielleicht auch noch in Buffalo, Cleveland, Detroit, Kansas City, St. Louis, Denver und San Francisco..." Natürlich. Wie hätte sie auch aufhören sollen? Wie die Pavlova, wie Nurejew – und wie die Duse –, so war auch Sarah eine getriebene Künstlerin, ein *monstre sacré*, das seine Kunst immer weiterentwickeln, beständig unterwegs sein musste.

Und dann war das Glück ihr hold: Sacha Guitry, inzwischen die größte Hoffnung des französischen Theaters, hatte ihr in seinem neuen, modernen Stück *Un Sujet de Roman* (etwa: „Ein Thema für einen Roman") eine wunderbare Rolle auf den Leib geschrieben. Es sollte eine Familienproduktion werden, in der auch Sacha selbst, seine Frau, die wunderbare Sängerin und Schauspielerin Yvonne Printemps, und sein Vater Lucien, Sarahs einstiger Kollege und guter Freund, mitwirken sollten.

Die Proben verliefen reibungslos, da auf die gebrechliche Sarah jede erdenkliche Rücksicht genommen wurde. In seinen Memoiren erinnert Sacha sich an die Generalprobe:

> Im letzten Akt hatte Sarah einen langen Monolog. Es war die furchtbare Szene, in der die Frau ihrem Mann gesteht, dass sie ihn verstehen kann, und er, der sie eigentlich hasst, sich dazu durchringt, ihr zu vergeben. Sarah war an diesem Tag auf dem Höhepunkt ihrer Leistungsfähigkeit. Ohne einen einzigen Hänger sprach sie ihre Zeilen mit grausig dünner, abgehackter, grandioser, herzzerreißender Stimme. Mein Vater saß ihr am Tisch gegenüber, den Hut tief in die

Augen gezogen. Als sie geendet hatte, griff er, anstatt zu antworten, nach ihrer Hand und murmelte: „Einen Augenblick." Er konnte nicht weiterspielen. Er musste weinen. Alles nur Theater? Ja, aber das Theater war ihrer beider Leben, es war ihr Tod, ihr Ein und Alles. Als wir fertig waren, fragte Sarah mich, ob sie sich in meiner Garderobe ein wenig hinlegen dürfe. Doch gegen sieben Uhr begann sie heftig zu husten, und wir brachten sie nach Hause.

Leider sollte sie sich nicht mehr erholen – und nie mehr ein Theater betreten. Das Stück wurde ohne sie gespielt, eine andere Schauspielerin übernahm ihre Rolle, und am Premierenabend flüsterte Sarah daheim im Bett ihren Text, während die Vorstellung über die Bühne ging.

Auch wenn sie ihr Haus nicht mehr verlassen konnte, war sie doch noch nicht am Ende: Sie bekam ein Angebot für einen weiteren Film, *La Voyante* („Die Wahrsagerin"). Das Drehbuch stammte von ihrem Sacha, zu den Mitspielern gehörten Lili Damita und der großartige Harry Baur. Aus Rücksicht auf Sarah wurde in ihrem Haus gedreht und sie für ihre Szenen nach unten geholt. Doch auch den Film konnte sie nicht fertigstellen: Die Niereninsuffizienz, die sie 1917 überlebt hatte, behielt diesmal die Oberhand.

Zwei Monate lang vegetierte sie dahin, unermüdlich umsorgt von Maurice und seiner Familie, von Louise Abbéma und ihrem Arzt. Einige enge Freunde – Reynaldo Hahn, Maurice Rostand – durften sie noch besuchen. Als sie immer schwächer wurde, erhielt sie die letzte Ölung. Mehrere Tage lang versammelte sich eine Menschenmenge vor ihrem Haus, und die Reporter standen bereit und warteten auf ihren Tod. „Sollen sie nur warten", sagte Sarah lächelnd. „Sie haben mich mein Leben lang geplagt, jetzt kann ich es ihnen heimzahlen." Es waren ihre letzten Worte, bevor sie in Maurices Armen starb. Um acht Uhr abends am 26. März 1923 beugte sich ihr Arzt aus dem Fenster und verkündete der wartenden Menge: „Madame Sarah Bernhardt ist von uns gegangen." Die Nachricht erreichte ihr Theater während des ersten Akts einer Aufführung von *L'Aiglon*. Der Vorhang wurde heruntergelassen, das Publikum verließ schweigend den Saal, und die Schauspieler machten sich in Kostüm und Maske auf zu Sarahs Haus, um ihr die letzte Ehre zu erweisen.

Drei Tage lang defilierten Tausende an ihrem Leichnam vorbei, der in ihrem berühmten Sarg aufgebahrt lag, den Orden der Ehrenlegion an der Brust. Die Beisetzung wurde vom Pariser Stadtrat ausgerichtet. Hunderttausende – manche sprechen von einer halben Million – säumten die Straßen, etliche knieten und unzählige weinten, als der Sarg zunächst in die Kirche St. François de Sales und dann – nach kurzem Verweilen vor dem Théâtre Sarah Bernhardt – weiter zum Friedhof Père-Lachaise gebracht wurde. Seit dem Begräbnis von Victor Hugo hatte Paris nichts Vergleichbares erlebt.

Jahre zuvor hatte Sarah eine Art Grabspruch für sich ersonnen: „Der liebe Gott hat mir ein triumphales Leben geschenkt. Ich glaube, es wird auch im Triumph enden." Doch auf ihrem Grabstein stand einfach nur SARAH BERNHARDT, die Lebensdaten wurden später hinzugefügt. Mehr war nicht nötig. Ganz Frankreich und die ganze Welt wussten schließlich, wer sie war.

Sarahs Trauerzug nähert sich ihrem Theater

Das Grab auf dem Friedhof Père-Lachaise

# Epilog

Über ein Vierteljahrhundert nach Sarahs Tod, im Jahr 1950, schrieb ihr geliebter Maurice Rostand – von dem es heißt, er habe sich vor lauter Bewunderung für Sarah Bernhardt das Haar so frisieren und färben lassen, dass es ihrem glich, und sich sogar entsprechend geschminkt – in seinen Memoiren: „Ach! Für ein Wesen wie Sarah ist der Tod nicht nur ein Ende, sondern auch ein Anfang. Das Leben mag beendet sein, doch die Legende bleibt bestehen. Sarah wurde weder vergessen, noch trat irgendjemand an ihre Stelle. [...] Ihr geheimnisvoller Thron bleibt leer!"

Heute, bereits ein gutes Stück im neuen Jahrtausend, erkennen wir, wie recht er mit dieser Prophezeiung hatte. Name und Reputation dieser Schauspielerin aus dem 19. Jahrhundert haben bis heute kaum etwas von ihrer Strahlkraft eingebüßt. Zunächst zog ihr Tod natürlich eine wahre Flutwelle von Stellungnahmen nach sich. Der Nachruf der Londoner *Times* soll hier stellvertretend für alle anderen gelten:

> Womöglich gab es nie zuvor ein theatralischeres Temperament als das der Madame Bernhardt. Ihre Memoiren zu lesen, heißt in einen Strudel aus Leidenschaft und Abenteuer einzutauchen: Sturzbäche von Tränen, Stürme des Zorns, tödliche Krankheit und unvergleichliche Lebenslust und Energie, Taten leichtfertigsten Wagemuts, unbeschreibliche und unfassbare

Capricen. Diese wundersame, goldene Stimme, die große Bandbreite schönster Bewegungen, majestätisch, biegsam, grauenerregend und verführerisch, diese heftige Leidenschaftlichkeit und diese berückende Süße haben Männer wie Frauen jeder Couleur – vom Berufskritiker bis zum Viehzüchter, vom Anarchisten bis zum Fürsten, vom Lebemann bis zur züchtigen Puritanerin – in Anbetung zu ihren Füßen versammelt.

Es folgte ein Strom von Erinnerungen und Biographien, der bis heute nicht abreißt: Allein in jüngerer Zeit sind ein gutes Dutzend Bücher über Sarah erschienen, manche hochspezialisiert, andere allgemeiner, mindestens drei Romane sowie – besonders charmant – ein Band der Comic-Reihe *Lucky Luke,* die in Frankreich bei Kindern fast so beliebt ist wie *Tim und Struppi* oder *Asterix.* Sarah ist darin auf Amerikatournee im Wilden Westen, und Präsident Rutherford B. Hayes unterstellt sie dem Schutz des Cowboys Lucky Luke. Es gab einen Film, *Die unglaubliche Sarah,* mit einer grotesk fehlbesetzten Glenda Jackson, einen uninspirierten französischen Dokumentarfilm mit Voice-Over von Susan Sontag und vor zwei oder drei Jahren ein überladenes modernes Tanzstück von Jacqulyn Buglisi.

In den Vierziger- und Fünfzigerjahren war Sarah in Hollywood ein beliebter Bezugspunkt, von Marilyn Monroe in *Das verflixte 7. Jahr* („Wissen Sie, die wenigsten machen sich klar, dass ich in einer einzigen Edelweiß-Stunde [eine Zahnpastawerbung im Fernsehen] vor ein viel größeres Publikum trete als die berühmte Schauspielerin Sarah Bernhardt in ihrem ganzen Leben.") über Judy Garland als wenig überzeugender junger Aar in *Babes on Broadway* bis hin zu einer peinlich ungeeigneten Ginger Rogers, die in *Die Tänzer vom Broadway* als ganz junge Sarah die Marseillaise anstimmt. Und die Zuschauer dieser Filme wussten immer ganz genau, wer Sarah war und wofür sie stand.

Laut *Sarah Bernhardt: The Art of High Drama,* dem großartigen Katalog zur aufschlussreichen Bernhardt-Ausstellung des Jüdischen Museums New York 2005, sind unter den weiteren Schauspielern, die Sarahs Namen auf der Leinwand beschwören, John Barrymore in *Napoleon vom Broadway* (1934), Joseph Cotten in *Jenny* (1949), Jane

Lucky Luke steht Sarah Bernhardt im Wilden Westen bei

Cover eines mexikanischen Comics über Sarah Bernhardt von 1973

Powell in *Nancy geht nach Rio* (1950), Julie Andrews in *Star!* (1968) und Nicole Kidman in *Moulin Rouge* (2001). Und Hollywood hat Sarah auch ganz offiziell geehrt: Sie hat auf dem Walk of Fame ihren eigenen Stern, an der Vine Street Nummer 1751 (wie Johnny Carson; Joan Crawford hat ihren an der Nummer 1750). Auch in Frankreich hat sie den Status einer Ikone: 1945 wurde sie auf einer Briefmarke abgebildet, als erste Frau nach Madame Curie – die sich diese Ehre noch mit ihrem Mann teilen musste.

Das Produkt Sarah verkauft sich bis heute gut: Auf eBay findet man eine „Kameliendame"-Gedenkplakette von 1986, ein Buch mit Sarah-Bernhardt-Ausschneidepuppen, eine Sarah-Bernhardt-Puppe von Madame Alexander, „asymetrische" [sic!] Sarah-Bernhardt-Ohrringe sowie die „historische" Pfingstrose namens Sarah Bernhardt, außerdem zahllose Reproduktionen der berühmten Jugendstilplakate von Mucha und eine Reihe von darauf basierenden Stickvorlagen: Sticken Sie sich Ihre eigene Gismonda! Inzwischen wahrscheinlich vergriffen: ein mexikanischer Comic von 1973 mit dem Titel *Sara, la Artista Dramática Más Famosa en la Historia del Teatro*. Aber sicher kann man auch weiterhin ein Exemplar von Andy Warhols Siebdruckporträt erwerben, das er im Rahmen der Serie *Ten Portraits of Jews of the Twentieth Century* von Sarah gemacht hat, und außerdem einen Currier-und-Ives-Druck von ihrer ersten Amerikatournee, der sie mit flammend rotem Haar zeigt – einen krasseren künstlerischen Gegensatz kann man sich kaum denken.

Sarahs Einfluss auf die bildende Kunst und die Mode ist geradezu unermesslich. Ihre Haltung im Sitzen wie im Stehen, ihre Kleider – all das verkörperte die Ästhetik des Jugendstils. „Es ist bemerkenswert", hatte Reynaldo Hahn einst geschrieben,

> dass sie bei all ihren „offiziellen Kleidern", für welchen Anlass sie auch gedacht sein mögen, immer auf diesem ganz typischen Sarah-Bernhardt-Schnitt besteht: ein eng am Körper liegendes Oberteil und ein Rock, der an den Beinen enger sitzt als um die Hüften und sie spiralförmig zu umhüllen scheint. Die Spirale war überhaupt Sarahs Formel.

Die berühmte Spiralen-Pose

Karikatur der „Spirale" von Léandre

All ihre Bewegungen sind vom Prinzip der Spirale bestimmt. Selbst im Sitzen verlängern das fließend um sie drapierte Kleid und die Schleppe am Boden noch die Spiralform, die Kopf und Oberkörper von oben vorgeben.

Seit Anbruch der Sardou-Phase war alles, was Sarah an Kleidung und Schmuck trug, von überwältigender Pracht – mit Ausnahme der klassisch weißen Gewänder der Phädra oder der schlicht-pragmatischen Männerkleidung: Stets war sie mit Brokat und Juwelen bedeckt, mit Rüschen und Pelzen, mit Gemmen und Stolen, Diademen und Kronen. Und all diese Accessoires waren aufs Edelste gestaltet und gearbeitet: die hohe Schule des Jugendstils von Künstlern wie Lalique oder auch Mucha persönlich, der für *Cléopâtre* seinen berühmten Schlangenarmreif entwarf. Sarah war ein wandelndes Museum.

Und schließlich wird ihr nachgesagt, zwei weltweit angesehenen Schriftstellern als Vorbild für ihre Figuren gedient zu haben. Ob sie tatsächlich, wie vielfach behauptet wird, hinter Miriam Rooth aus Henry James' Roman *The Tragic Muse* von 1890 steht? In James' ausführlicher, für die New York Edition seiner Werke verfasster Einleitung zu dem Roman bleibt sie unerwähnt, und auch ihre Lebensgeschichte ähnelt der Miriams kein bisschen, doch beide besitzen sie eine gesteigerte Gier nach Kunst und nach dem Leben. Und obwohl damals noch mehr als dreißig Jahre ihrer Karriere vor Sarah lagen, sagt James doch auf fast schon unheimliche Weise ihr weiteres Leben voraus: lange Reisen um die Welt, „während ihr ganze Völker und Delegierte, Reporter und Photographen, Plakate und Interviews und Bankette, Dampfschiffe, Zugwaggons, Dollars, Diamanten, große Reden und künstlerischer Ruin auf dem Fuße folgten." Und mit dem ihm eigenen Weitblick prophezeit er auch, dass „Miriam, von unerwarteten Missgeschicken einmal abgesehen, es weiter bringen würde als irgendjemand vor ihr seit Menschengedenken, zumindest in England." (Kurioserweise zeigt das Umschlagbild der Penguin-Ausgabe von *The Tragic Muse* kein Porträt Sarahs, sondern eines von Rachel.)

Völlig außer Zweifel steht jedoch, dass sie Proust zur Figur der großartigen Schauspielerin Berma in *À la Recherche du Temps Perdu (Auf*

Drei von Sarahs berühmtesten Kopfbedeckungen: *Théodora* ...

*der Suche nach der verlorenen Zeit)* inspirierte – sie war die ideale Verkörperung seiner Reflexionen über die künstlerische Vorstellungskraft. Berma zieht sich durch den ganzen Roman, sowohl als aktiv Handelnde als auch – gemeinsam mit dem Maler Elstir und dem Komponisten Vinteuil – als Sinnbild für das ewige Bemühen des Autors, das Wesen der Kunst und des Künstlers zu begreifen.

In den Gedanken von Prousts Erzähler ist Berma untrennbar mit ihrem Auftritt als Phädra verbunden. Ein zauberhafter (und erschöpfender) Ausschnitt aus *Guermantes* zeigt, wie kraftvoll und komplex Prousts Vorstellung von der Bernhardt, der Berma und der Künstlerin an sich war:

> Die Arme der Berma, die sich unter der eigentlichen Wirkung der Verse an ihre Brust zu heben schienen, getragen von demselben Ausströmen, das auch ihre Stimme über die Lippen drängte, wie Laubwerk von überquellendem Wasser bewegt wird; ihre Haltung auf der Bühne, die sie langsam herangebildet hatte und wieder ändern würde, die aus Gedanken von einer ganz anderen Tiefgründigkeit bestand als jene, deren Spur man in den Gebärden ihrer Mitspieler erkannte, aus Gedanken jedoch, die, von ihrem willentlichen Ausgangspunkt losgelöst, in einer Art Strahlung aufgingen, wo sie rings um die Person der Phèdre reiche und vielfältige Elemente zum Schwingen brachten, die der gebannte Zuschauer nicht für die Leistung der Künstlerin, sondern für eine Gegebenheit des Lebens hielt; selbst die weißen Schleier, die, ermattet und ergeben, belebter Stoff zu sein schienen, gewoben aus jenem halb heidnischen, halb jansenistischen Leiden, um das sie sich wie ein fragiler, fröstelnder Kokon zusammenzogen; all das, Stimme, Haltungen, Gebärden, Schleier waren für jenen Leib einer Idee, den ein Vers darstellt (einen Leib, der im Gegensatz zum menschlichen Leib vor die Seele nicht eine undurchsichtige Schranke setzt, die es verhindert, jene wahrzunehmen, sondern etwas wie ein geläutertes, von Leben durchhauchtes Kleid, wo jene

...König Ahasverus in *Esther*...

...*La Princesse Lointaine*

sich ausbreitet und man sie auffindet), nur darüber gebreitete, zusätzliche Hüllen, die, anstatt die Seele zu verschleiern, sie im Gegenteil um so leuchtender aufschimmern ließ – die Seele hatte sie sich ganz angeglichen und sie mit ihrem Wesen durchdrungen –, wie durchscheinend gewordene Lagerungen verschiedener Substanzen, deren Schichtung den zuinnerst eingeschlossenen Strahl, der sie durchdringt, nur um so reicher bricht und den flammendurchtränkten Stoff, der ihn umhüllt, nur um so reichhaltiger, kostbarer und schöner macht. So umgab die Interpretation der Berma das Werk mit einem zweiten, gleichfalls vom Genius lebendig durchhauchten Werk.

Und so ist Sarah Bernhardt immer noch unter uns: durch Proust und Ginger Rogers, durch den Jugendstil, die Pfingstrose und die Ausschneidepuppen. Ihr Name steht für „große Schauspielerin", so wie der Name der Pavlova für „Ballerina" oder der Name Einstein für „Genie" steht. Bis heute ist sie die berühmteste Französin nach Jeanne d'Arc und nach Napoleon die berühmteste französische Persönlichkeit des 19. Jahrhunderts. Und auch die *Diva* hat sie erfunden. Es kommt nicht von ungefähr, dass Barbara Streisand in einem Interview von 2009 der *Los Angeles Times* stolz erzählte: „Als wir 1968 den Film *Hello Dolly!* drehten, wurde ich gefragt, wie ich denn meinen Garderobenwagen eingerichtet haben wolle. Ich sagte, ich wolle den Zugwaggon von Sarah Bernhardt. Und wissen Sie was – den habe ich auch bekommen!"

Doch am dauerhaftesten hallen ihr Name und ihr Ruhm wohl in den Köpfen all der Frauen nach, die, wenn sie als kleine Mädchen Theater machten, von ihren Eltern liebevoll mit den Worten getadelt wurden: „Du führst dich ja auf wie Sarah Bernhardt!"

## Anmerkung zur Quellenlage

Es gibt eine Unmenge an Literatur zu Sarah Bernhardt, sowohl auf Französisch als auch auf Englisch. Leider ist sie auch extrem widersprüchlich. Da die notwendigen Belege oft fehlen und Sarah Bernhardt selbst zur Dramatisierung ihrer eigenen Person neigte und sich nicht immer strikt an die Wahrheit hielt, folgen ihre Biographen den eigenen Neigungen: Glaube ich der Darstellung von X? Von Y? Oder von Z?

Auf Englisch existieren drei umfangreiche Biographien, die allesamt längst vergriffen sind. Dasselbe gilt, soweit überhaupt vorhanden, für die deutschen Übersetzungen. Cornelia Otis Skinners Bestseller *Madame Sarah* hat den großen Vorzug, von einer Schauspielerin verfasst worden zu sein, die mit der berühmtesten aller Schauspielerinnen fühlte und ihre Schwierigkeiten und Entscheidungen nachvollziehen konnte. Skinner ist zwar keine Wissenschaftlerin, hat aber sehr sorgfältig gearbeitet, und ihr Buch ist ebenso unterhaltsam wie kompetent, wenn auch nicht immer ganz zuverlässig.

*Being Divine*, das Buch von Ruth Brandon, dringt besonders tief in die Psyche der Bernhardt ein und ermöglicht viele scharfsinnige Einsichten. Es verfolgt einen maßvoll feministischen Ansatz und erzählt Sarahs Lebensgeschichte sehr einfühlsam. Obwohl Brandon auch das Berufsleben verständnisvoll erörtert, liegt ihre größte Stärke doch in der Schilderung des Privaten. Sie gibt uns das Gefühl, sie habe Sarah verstanden, und dadurch können auch wir sie verstehen.

Arthur Gold und Robert Fizdale offenbaren mit *The Divine Sarah*, an dessen Veröffentlichung ich beteiligt war, ein brillantes Verständnis des gesellschaftlichen und künstlerischen Klimas im Paris der Sarah Bernhardt. *Misia*, das vorherige Gemeinschaftsprojekt der beiden Autoren, das von Diaghilevs Freundin und Mäzenin Misia Sert handelt, war die perfekte Vorbereitung auf die Bernhardt und diente ihnen als Eintrittskarte zu dem, was von Sarahs Welt noch übrig war. In beiden Büchern spielt die Vorliebe der Autoren für Klatschgeschichten eine große Rolle. So verdanken wir ihnen beispielsweise die Wiederentdeckung und Übersetzung der Briefe zwischen Sarah und Mounet-Sully. Zudem schreiben sie ausgesprochen fesselnd.

Joanna Richardsons Biographie *Sarah Bernhardt* ist kompakter als die drei vorgenannten, bietet aber eine höchst überzeugende Zusammenfassung des vorhandenen Materials; ihr Buch *Sarah Bernhardt and Her World* setzt hauptsächlich auf Bilder und offenbart darin sowohl Sarahs Persönlichkeit und ihre unmittelbare Umgebung als auch den Kontext, in dem sie sich bewegte.

Natürlich gibt es auch einige umfangreiche französische Lebensbeschreibungen. 2006 erschien eine Biographie von Henri Gidel, eine solide, aber wenig originelle Darstellung längst bekannter Tatsachen, und 2009 eine von Hélène Tierchant, gespickt mit einer bemerkenswerten Anzahl neuer, fesselnder Anekdoten, hinsichtlich der Quellenlage allerdings eher schwach. Philippe Jullian (1977) liest sich faszinierend, ist aber indiskret. André Castelot (1973) schreibt stets sympathisch und bestens informiert, kann aber kaum als maßgeblich bezeichnet werden.

Das wichtigste französischsprachige Buch über die Bernhardt wurde während des Zweiten Weltkriegs von dem Schweizer Ernest Pronier verfasst und später posthum in Genf veröffentlicht. Es trägt den Titel *Une Vie au Théâtre* und ist eine sehr genaue Analyse von Sarahs Theaterleben ebenso wie eine sensible und einfühlsame Schilderung ihres Lebens und Erkundung ihrer Hintergründe. Am Anfang steht ein höchst nützlicher Abriss über andere wichtige Schauspielerinnen, sowohl Vorgängerinnen als auch Zeitgenossinnen Sarahs. Doch seine größte Leistung ist die akribische, fast schon obsessive Schilderung, welche Rolle Sarah wann und wo gespielt und häufig auch, wie sie diese gespielt hat. Der großherzige, bescheidene Pronier hat mit seiner außergewöhnlichen Detektivarbeit ein Verzeichnis von Sarah Bernhardts Karriere erstellt, ohne das seit 1941 kein Biograph mehr auskommt.

Natürlich sind auch Sarahs eigene Memoiren eine wesentliche Quelle dessen, was wir über ihr Leben bis zum Ende ihrer ersten Amerikatournee 1880–1881 wissen. Sie sind zwar nicht sehr verlässlich, häufig aber alles, worauf wir uns berufen können – und vor allem eine wunderbare Lektüre. Sowohl ihre Enkelin Lysiane als auch deren Ehemann, Louis Verneuil, haben auf der Basis der Gespräche, die sie in den letzten ein, zwei Jahren vor ihrem Tod mit Sarah führten, Biographien verfasst. Die Lebensbeschreibung von Jules Huret, die 1898 erschien, ist das Ergebnis ausführlicher Interviews, die Sarah Bernhardt ihm mit Blick auf ein Buch gewährte.

Die Bücher zweier Frauen, die Sarah gut kannten – Marie Colombier und Thérèse Berton – stecken zwar voller Feindseligkeit, versorgen uns aber mit wichtigen Daten und Einsichten, die leider nicht immer ganz für bare Münze genommen werden können.

Unter den zahllosen Erinnerungen der engen Freunde und Kollegen ist keine so hellsichtig und verständnisvoll wie die des großartigen Komponisten Reynaldo Hahn.

Die detailliertesten und klügsten Bücher, die sich mit Sarahs Schauspielkunst befassen, stammen beide von der US-Wissenschaftlerin Gerda Taranow: *Sarah Bernhardt: The Art within the Legend* und *The Bernhardt Hamlet: Culture and Context*. Es gibt akademische Werke über Sarahs erste Amerikatournee, über die Australientournee und die Tourneen durch Kanada. Und schließlich die gesammelten Rezensionen der großen französischen Kritiker, unter denen Francisque Sarcey wohl der wichtigste ist. Glücklicherweise habe ich die siebenbändige Sammlung schon fast fünfzig Jahre vor meiner Arbeit am vorliegenden Buch einmal aus einer Laune heraus erstanden.

Auch die Rezensionen vieler englischer und amerikanischer Theaterkritiker liegen vor, darunter *The Scenic Art* von Henry James und natürlich das dreibändige Werk George Bernard Shaws, *Our Theatre in the Nineties*, sowie Max Beerbohms *Around Theatres*. Mit die überzeugendsten Kommentare zu Sarahs Kunst und ihrer Persönlichkeit stammen von Lytton Strachey und Maurice Baring. David

Menefees Buch *Sarah Bernhardt in the Theatre of Films and Sound Recordings* ist unerlässlich, wenn man ihre Karriere in diesen Bereichen nachvollziehen will.

Unter den vielen Werken, die sich mit ihrer Darstellung in der Kunst befassen, ist das ausführlichste und eindrucksvollste im englischen Sprachraum *Sarah Bernhardt: The Art of High Drama*, das Begleitbuch zu der hervorragenden Bernhardt-Ausstellung im Jüdischen Museum von New York, das Carol Ockman und Kenneth E. Silver herausgegeben haben; es enthält auch eine Reihe höchst informativer Aufsätze.

Zahllose Romane beschäftigen sich mit Sarah, darunter auch einige aktuelle, die jedoch alle reißerisch und nicht überzeugend sind.

Und schließlich die ganzen anderen Memorabilia – einschließlich des vermutlich ungewöhnlichsten Buches, das je über sie geschrieben wurde: *Sarah Bernhardt, ou Le Rire Incassable (Die Lust zu leben)* von Françoise Sagan, ein fiktiver Briefwechsel der Autorin mit der längst verstorbenen Sarah Bernhardt. Natürlich alles andere als eine zuverlässige Quelle, aber absolut faszinierend!

# Bibliographie

Arthur, George. *Sarah Bernhardt*. London: Heinemann, 1923.

Aston, Elaine. *Sarah Bernhardt: A French Actress on the English Stage*. Oxford: Berg, 1989.

Baring, Maurice. *Maurice Baring Restored: Selections from His Work*. Hg. Paul Horgan. New York: Farrar, Straus and Giroux, 1970.
—. *The Puppet Show of Memory*. Boston: Little, Brown, 1922.
—. *Sarah Bernhardt*. New York: D. Appleton-Century, 1934.

Beerbohm, Max. *Around Theatres*. New York: Knopf, 1930.

Bernhardt, Lysiane. *Sarah Bernhardt, Ma Grand-Mère*. Paris: Éditions du Pavois, 1947.

Bernhardt, Sarah. *Ma Double Vie: Mémoires de Sarah Bernhardt*. Paris: Charpentier & Fasquelle, 1907.
—. *L'Art du Théâtre*. Paris: Nilsson, 1923.

Bolitho, William. *Leviathan*. New York: Harper and Brothers, 1924.

Brandon, Ruth. *Being Divine: A Biography of Sarah Bernhardt*. London: Secker and Warburg, 1991.

Brownstein, Rachel M. *Tragic Muse: Rachel of the Comédie-Française*. New York: Knopf, 1993.

Campbell, Mrs. Patrick [Beatrice Stella Cornwallis-West]. *My Life and Some Letters*. New York: Dodd, Mead, 1922.

Castelot, André. *Sarah Bernhardt*. Paris: Le Livre Contemporain, 1961.

Cocteau, Jean. *Portraits-Souvenir*. Paris: Grasset, 1935.

Colombier, Marie. *Les Mémoires de Sarah Barnum*. Paris 1883.
—. *Le Voyage de Sarah Bernhardt en Amérique*. Paris: Maurice Dreyfous, 1882.

Dickens, Charles. *The Letters of Charles Dickens*. Bd. 8: 1856–1858, hg. Graham Story u. Kathleen Tillotson. Oxford: Clarendon, 1995.

Dupont-Nivel, Jean. *Sarah Bernhardt: Reine de Théâtre et Souveraine de Belle-Île-en-Mer*. Rennes: Ouest-France, 1996.

Dussane, Béatrix. *Dieux des Planches*. Paris: Flammarion, 1964.

Emboden, William. *Sarah Bernhardt*. London: Studio Vista, 1974.

Farrar, Geraldine. *Such Sweet Compulsion: The Autobiography of Geraldine Farrar.* New York: Greystone, 1938.

Feuillet, Mme. Octave [Valérie Marie Elvire Dubois Feuillet]. *Souvenirs et Correspondances.* Paris: Calmann Lévy, 1896.

Fraser, Corille. *Come to Dazzle: Sarah Bernhardt's Australian Tour.* Sydney: Currency, 1998.

Geller, G. G. *Sarah Bernhardt, Divine Eccentric.* New York: Frederick A. Stokes, 1933.

Gidel, Henri. *Sarah Bernhardt: Biographie.* Paris: Flammarion, 2006.

Gold, Arthur u. Fizdale, Robert. *The Divine Sarah: A Life of Sarah Bernhardt.* New York: Knopf, 1991.

Goncourt, Edmond de. *La Faustin.* Paris: G. Charpentier, 1882.

Goncourt, Edmond de u. Jules de. *Journals: Mémoires de la Vie Littéraire.* Paris: G. Charpentier, 1887–1888.

Guibert, Noëlle. *Portrait(s) de Sarah Bernhardt.* Paris: Bibliothèque Nationale de France, 2000.

Guilbert, Yvette. *La Chanson de Ma Vie (Mes Mémoires).* Paris: B. Grasset, 1927.

Guitry, Sacha. *Si J'ai Bonne Mémoire.* Paris 1934.

Hahn, Reynaldo. *La Grande Sarah: Souvenirs.* Paris: Hachette, 1930.

Hammond, Percy. *This Atom in the Audience: A Digest of Reviews and Comment.* New York: Ferris, 1940.

Hatch, Alden. *Red Carpet for Mamie.* New York: Holt, 1954.

Hathorn, Ramon. *Our Lady of the Snows: Sarah Bernhardt in Canada.* New York: Lang, 1996.

Huret, Jules. *Sarah Bernhardt.* Trans. G. A. Raper. London: Chapman and Hall, 1899.

James, Henry. *The Scenic Art: Notes on Acting and the Drama, 1872–1901,* hg. Allan Wade. New Brunswick, N.J.: Rutgers University Press, 1948.
—. *The Tragic Muse.* Boston: Houghton Mifflin, 1890.

Jullian, Philippe. *Sarah Bernhardt.* Paris: Balland, 1977.

Kirsch, Adam. *Benjamin Disraeli.* New York: Nextbook/Schocken, 2008.

Knapp, Bettina Liebowitz u. Chipman, Myra. *That Was Yvette: The Biography of Yvette Guilbert, the Great Diseuse.* New York: Holt, Rinehart and Winston, 1964.

Lifar, Serge. *The Three Graces: Anna Pavlova, Tamara Karsavina, Olga Spessivtzeva: The Legends and the Truth.* Übersetzt v. Gerard Hopkins. London: Cassell, 1959.

Lorcey, Jacques. *Sarah Bernhardt: L'Art et la Vie.* Paris: Séguier, 2005.

MacCarthy, Desmond. *Drama.* London: Putnam, 1940.

Mamoulian, Rouben. „Bernhardt versus Duse." *Theatre Arts,* September 1957.

Marks, Patricia. *Sarah Bernhardt's First American Theatrical Tour, 1880–1881.* Jefferson, N.C.: McFarland, 2003.

Melba, Nellie. *Melodies and Memories.* London: T. Butterworth, 1925.

Menefee, David. *Sarah Bernhardt in the Theatre of Films and Sound Recordings.* Jefferson, N.C.: McFarland, 2003.

Moreno, Marguerite. *Souvenirs de Ma Vie.* Paris: Flore, 1948.

Morris, Xavier Fauche u. Léturgie, Jean. *Lucky Luke: Sarah Bernhardt.* Paris Dargaud, 1982.

Ockman, Carol u. Kenneth E. Silver. *Sarah Bernhardt: The Art of High Drama.* New York: Jewish Museum; New Haven: Yale University Press, 2005.

Pougy, Liane de. *Mes Cahiers Bleus.* Paris: Plon, 1979.

Pronier, Ernest. *Une Vie au Théâtre: Sarah Bernhardt.* Genf: Jullien, 1942.

Proust, Marcel. *Guermantes.* Übersetzt v. Eva Rechel-Mertens, bearbeitet v. Luzius Keller u. Sibylla Laemmel. Frankfurt/Main: Suhrkamp, 1996.

Renard, Jules. *Journal.* Paris: Gallimard, 1935.

Richardson, Joanna. *Sarah Bernhardt.* London: Reinhardt, 1959.
—. *Sarah Bernhardt and Her World.* New York: Putnam, 1977.

Robertson, W. Graham. *Life Was Worth Living: The Reminiscences of W. Graham Robertson.* New York: Harper, 1931.

Rostand, Maurice. *Sarah Bernhardt.* Paris: Calmann-Levy, 1950.

Rueff, Suze. *I Knew Sarah Bernhardt.* London: Muller, 1951.

Sagan, Françoise. *Sarah Bernhardt: Le Rire Incassable.* Paris: Laffont, 1987.

Sarcey, Francisque. *Quarante Ans de Théâtre.* Paris: Bibliothèque des Annales politiques et littéraires, 1900–1902.

Scott, Clement. *Some Notable „Hamlets" of the Present Time (Sarah Bernhardt, Henry Irving, Wilson Barrett, Beerbohm Tree, and Forbes Robertson).* London: Greening, 1905.

Shaw, George Bernard. *Our Theatres in the Nineties.* New York: Brentano's, 1906.

Skinner, Cornelia Otis. *Madame Sarah.* Boston: Houghton Mifflin, 1967.

Spivakoff, Pierre. *Sarah Bernhardt Vue par les Nadar.* Paris: Herscher, 1982.

Strachey, Lytton. „Sarah Bernhardt", *The Nation and the Athenaeum,* May 5, 1923 u. in der Sammlung *Biographical Essays,* New York: Harcourt, Brace, 1949.

Taranow, Gerda. *The Bernhardt Hamlet: Culture and Context.* New York: Lang, 1996.

—. *Sarah Bernhardt: The Art within the Legend.* Princeton: Princeton University Press, 1972.

Tellegen, Lou. *Women Have Been Kind.* New York: Vanguard, 1931.

Terry, Ellen. *The Story of My Life: Recollections and Reflections.* New York: McClure, 1908.

Tierchant, Hélène. *Sarah Bernhardt: Madame „Quand même."* Paris: Editions SW Télémaque, 2009.

Tschechow, Anton. *Über Theater.* Übersetzt v. Peter Urban. Frankfurt/Main: Verlag der Autoren, 2004.

Winter, William. *Shadows of the Stage.* Vol. 2. New York: Macmillan, 1893.

Verneuil, Louis. *La Vie Merveilleuse de Sarah Bernhardt.* Montréal: Éditions Variétés, 1942.

Vizetelly, Ernest Alfred. *Paris and Her People under the Third Republic.* London: Chatto and Windus, 1919.

Webster, Margaret. *The Same Only Different: Five Generations of a Great Theatre Family.* New York: Knopf, 1969.

Woon, Basil [unter Verwendung der Unterlagen von Mme. Pierre Berton]. *The Real Sarah Bernhardt, Whom Her Audiences Never Knew.* New York: Boni and Liveright, 1924.

Young, Stark. *The Flower in Drama* and *Glamour: Theatre Essays and Criticism.* New York: Scribner's, 1955.

Žukor, Adolph mit Kramer, Dale. *The Public Is Never Wrong: The Autobiography of Adolph Žukor.* Putnam, 1953.

## Personenregister

Abbéma, Louise 118 f., 186, 194, 196, 198, 201, 263
Abbey, Henry 140
Agar, Marie 73 ff., 144
Agate, James 224
Agate, May 224 f.
Aguado, Olympe 66
Alexander III 144
Andrews, Julie 270
Angelo, Édouard 77, 134, 139 f., 146, 208
Archer, William 244
Auber, Daniel 36 f.
Augier, Émile 107

Banville, Théodore de 75, 90
Baring, Maurice 177, 180, 202
Barnum, P. T. 48, 213,
Barrymore, John 268
Bataille, Henri 204
Baur, Harry 263
Beerbohm, Max 180, 204
Benson, Stella 251
Bernard, Maurice 12
Bernard, Tristan 252
Bernhardt, Édouard (Vater) 13, 17 f., 25, 27
Bernhardt, Édouard (Onkel) 12 f.
Bernhardt, Jeanne (Schwes-ter) 15, 18, 20, 23 f., 27, 50, 54, 58, 65 ff., 77, 83, 132, 148, 150, 191
Bernhardt, Lysiane (Enkelin) 7, 14, 26, 34, 60, 62, 150, 188, 194, 216, 220 f., 260
Bernhardt, Marcelle (Schwiegertochter) 220
Bernhardt, Maurice (Sohn) 17 f., 30, 40, 58 ff., 65, 70, 76, 83, 104, 108, 110, 135, 146, 148 ff. 186 ff., 194, 197 f., 200, 211 f., 220, 222 f., 258, 260, 263
Bernhardt, Régine (Schwester) 15, 27, 47, 50, 54 f., 58, 67, 83, 85, 112, 114
Bernhardt, Simone (Enkelin) 188, 194, 258
Bernhardt, Terka (Schwiegertochter) 188, 191, 194
Berton, Charles 72, 74, 77
Berton, Pierre 16, 73 f., 77, 94, 145
Berton, Thérèse 16 f., 19 f., 24, 42, 47, 54, 65 f., 74, 148
Bey, Khalil 66
Brabender, Mlle de 29 f., 32, 36, 47
Brandon, Ruth 21
Brimont, Robert de 66
Brohan, Augustine 63
Buglisi, Jacqulyn 268

Callas, Maria 149
Campbell, Mrs. Patrick 104, 171, 183
Canrobert, Marschall 66, 87
Carson, Johnny 270
Cather, Willa 249
Caux, Marquis de 66, 77
Chilly, Charles de 69, 71 f., 89
Clairin, Georges 116, 118, 120 ff., 186, 190, 194, 198, 200 f., 203, 258
Clarence, Herzog von 59
Clemenceau, Georges 213
Cocteau, Jean 126, 206
Colette 50, 122, 206
Colombier, Marie 48, 50 f., 62 f., 66 f., 75, 80, 82, 114, 128, 132, 139 f., 149 ff.
Coppée, François 74 f., 185
Coquelin 92, 102, 170, 177 f., 186
Corneille 36, 233
Cotten, Joseph 268
Crawford, Joan 53, 270
Croizette, Sophie 46 f., 66, 92, 94 f., 97, 99, 102, 105, 238

Damala, Jacques (Aristides) 146 ff., 191, 174, 208
Damita, Lili 263
D'Annunzio, Gabriele de 149, 183, 230 f.
Daudet, Alphonse 101
Daudet, Léon 186
Denucé, Dr. 212

285

Dickens, Charles 39
Disraeli, Benjamin 192
Doré, Gustave 118, 122, 125
Doucet, Camille 42, 51, 69, 71
Doucet, Jacques 111
Dreyfus, Alfred 177, 190, 193 f.
Dumas, Alexandre *fils* 9, 99, 230, 237
Dumas, Alexandre *père* 10, 32, 34, 36, 60, 72, 92
Duncan, Isadora 149, 206
Duquesnel, Félix 69 ff., 74, 77, 79, 89, 109
Duse, Eleonora 149, 183, 228, 230 f., 233, 235 ff., 244, 246, 260, 262
Dussane, Béatrix 214 f.

Edison, Thomas 139
Edward, Prince von Wales 75
Eisenhower, Mamie Doud 178

Farrar, Geraldine 210
Faure, Felix und Henriette 12 f., 25 f., 30
Favart, Mme 92
Feuillet, Octave 46, 94 f.
Fizdale, Robert 40, 124, 175, 231
Flaubert, Gustave 122
Foch, Marechal Ferdinand 82
Fontaine, La 36
Fonteyn, Margot 149
Forster, John 39
France, Anatole 179

Fraser, Corille 173
Fressard, Mme 23, 25
Friedrich, Erzherzog 144
Frohman, Daniel 213

Garland, Judy 268
Garnier, Charles 118
Garnier, Philippe 145 f.
Gautier, Théophile 78
Geoffroy, Édouard 194, 196, 200, 258
Gide, André 206
Girardin, Émile de 66
Gladstone, William 116
Gold, Arthur 40, 124, 175, 231
Goncourt, Edmond de 50, 128
Gounod, Charles 185
Guérard, Mme 30, 33 f., 36, 42, 47, 60, 62, 80, 92, 104, 150
Guilbert, Yvette 227 ff.
Guitry, Lucien 40, 175, 204, 209
Guitry, Sacha 40, 262 f.

Haas, Charles 76, 125
Hahn, Reynaldo 185, 188, 190, 200 f., 231, 263, 270
Halévy, Ludovic 109
Hammond, Percy 256
Howells, William Dean 181
Hugo, Victor 59, 72, 86 ff., 100 ff., 183, 238, 244, 252, 264
Huret, Jules 14, 20, 30, 40, 182

Ibsen, Henrik 183, 230, 244

d'Indy, Vincent 185
Irving, Henry 104, 249

Jackson, Glenda 268
James, Henry 94, 99 f., 110, 272
Jarrett, Edward 102, 108, 132, 142

Keratry, Émile de 50 f., 80
Kidman, Nicole 270
Kirsch, Adam 192

Lambquin, Mme 80
Larrey, Baron 10, 19
Lawrence, D. H. 249
Léandre 229, 271
Legouvé, Ernest 108
Lemaître, Jules 152, 240
Ligne, Henri de 56, 59, 61, 65 f., 76, 186
Lincoln, Mary Todd 131 f.
Longfellow, Henry Wadsworth 139

Maeterlinck, Maurice 171, 183
Maître G. 30, 32
Mamoulian, Rouben 252
Marivaux, Pierre de 71
Marks, Patricia 135
Massenet, Jules 185
Max, Édouard de 175, 204, 206 f., 244
Meilhac, Henri 109
Mendès, Catulle 186, 190, 261
Meydieu, M. 30
Meyer, Arthur 66, 76, 190, 194
Molière 32, 54, 100, 106, 178

286

Monroe, Marilyn 268
Morand, Eugène 252
Morel (Marineoffizier) 12 f.
Morny, Duc de 12, 17, 24, 32, 34 f., 37, 42, 51
Mounet-Sully 77, 93 ff., 122 ff., 149, 179 f., 236, 238, 244
Mucha, Alphonse 111, 172, 186, 270, 272
Musset, Alfred de 179

Nadar, Félix 43 ff., 49
Napoléon III. 10, 59, 75, 78 f., 84, 129
Nathalie, Mme 55

O'Connor, Hauptmann 84

Parker, Dorothy 206
Patti, Adelina 66, 77
Perrin, Émile 89, 91 f., 95 ff., 102, 106 f., 114, 116, 120, 122, 127, 185, 236
Picasso, Pablo 116
Pitou (Sekretär) 201
Porel, Jacques 40
Porel, Paul 40 f., 85
Powell, Jane 268 ff.
Pozzi, Samuel 122, 128, 211 f., 258
Proust, Marcel 76, 200, 272, 274, 276
Provost (Lehrer am Conservatoire) 41, 96

Racine, Jean 23, 32, 36, 53, 71, 98, 100, 102, 183, 238, 244, 252

Régis, Monsieur 30, 32, 42, 57
Régnier, François 41, 98
Réjane 40, 171
Renard, Jules 183, 186
Richardson, Joanna 175
Richepin, Jean 125, 149, 217
Robertson, W. Graham 197
Rodin, Auguste 116
Rogers, Ginger 268, 276
Rossini, Gioachino 10, 51
Rostand, Edmond 40, 118, 176 f., 185 f., 190, 226, 241, 244, 258
Rostand, Maurice 40, 252, 263, 267
Rostand, Rosemonde 176
Rothschild 213
Rueff, Suze 202, 208

Saint-Saëns, Camille 185
Sand, George 77
Sarcey, Francisque 53 f., 72, 88 f., 91 f., 98, 100, 105, 108, 124, 236, 238
Scott, Clement 181, 244
Scribe, Eugène 54, 108
Shaw, George Bernard 175, 242 ff.
Skinner, Cornelia Otis 204
Sontag, Susan 268
Sophie, Mutter Saint- 26 ff.
Stern, Jacques 66, 85
Stoker, Bram 149
Strachey, Lytton 98 f., 249 f.
Strindberg, August 183
Sudermann, Hermann 183, 230

Taranow, Gerda 178 f., 181
Tellegen, Lou 54, 206, 208 ff.
Terry, Ellen 104, 243
Therard, Paul de (vergleiche Édouard Bernhardt)
Thiers, Adolphe 84
Tierchant, Hélène 127, 188
Tree, Sir Herbert Beerbohm 104, 250
Tschechow, Anton 144 f.
Twain, Mark 249

Vanderbilt, Cornelius 138
Van Hard, Julie (Großmutter) 12
Van Hard, Rosine 12, 17, 20, 24 f., 29, 30 f., 42, 50 f., 80, 83, 150, 211
Van Hard, Youle (Judith, Julie) 8, 10 ff., 18 ff., 23 ff., 32, 34, 36, 42, 47 f., 50 f., 54, 57 f., 62, 77, 92, 150
Verneuil, Louis 14, 19, 25, 34, 36, 37, 59 f., 62, 102, 224, 252, 260
Vitu, Auguste 108
Voltaire 41, 96, 102

Warhol, Andy 270
Wilde, Oscar 104, 183
Winter, William 244

Young, Stark 246

Zola, Émile 116, 190, 195
Zukor, Adolph 256

287

# Danksagung

Ich möchte folgenden Personen danken, die mir mit Rat,
Tat und Ermunterung zur Seite gestanden haben:
Mindy Aloff, Adam Begley, Anka Begley, Mary Blume, der verstorbenen
Marie-Claude de Brunhoff, Carolyn Burke, Robert Cornfield, der verstorbenen
Barbara Epstein, Mimi Gnoli (für das Autorenfoto), Anabel Goff-Davis,
Yasmine Ergas, Lizzie Gottlieb, Richard Howard, Andy Hughes (für seine großzügige
Hilfe mit den Bildern), Diane Johnson, Julie Kavanaugh, Alastair Macaulay,
Janet Malcolm, Daniel Mendelsohn, Agnès Montenay, Richard Overstreet
(für das Foto von Sarahs Grabmal), Claudia Roth Pierpont, Sarah Rothbard
(für alles), Robert Silvers, Maria Tucci sowie den Mitarbeitern der Theater Collection
in der New York Public Library of Performing Arts im Lincoln Center und allen,
die mich bei Yale University Press unterstützt haben.

Titel der amerikanischen Originalausgabe
„Sarah – The Life of Sarah Bernhardt"
© 2010 Robert Gottlieb

1. Auflage 2012
© für die deutsche Ausgabe: L.S.D. (Lagerfeld, Steidl, Druckerei Verlag)
im Steidl Verlag, Göttingen 2012
Alle deutschen Rechte vorbehalten
Übersetzung: Tanja Handels und Ursula Wulfekamp
Lektorat: Melanie Heusel
Gestaltung: Steidl Design / Sarah Winter
Einbandgestaltung und Vignette von Karl Lagerfeld

Satz, Druck, Bindung:
Steidl, Düstere Str. 4, 37073 Göttingen
www.steidl.de

Printed in Germany by Steidl
ISBN 978-3-86930-471-7

9783869304717.3